オウム真理教事件と解離性障害

——中川智正伝

久保田正志

春秋社

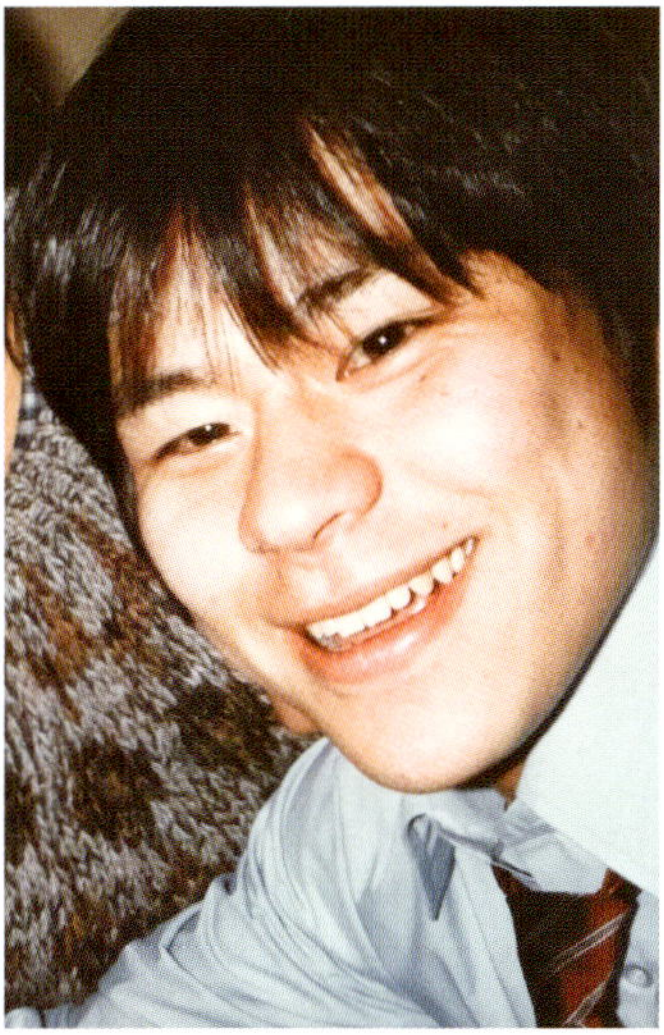

昭和60年の中学同窓会の際の
智正。彼は酒に強く、この時
も最後まで飲んでいた。

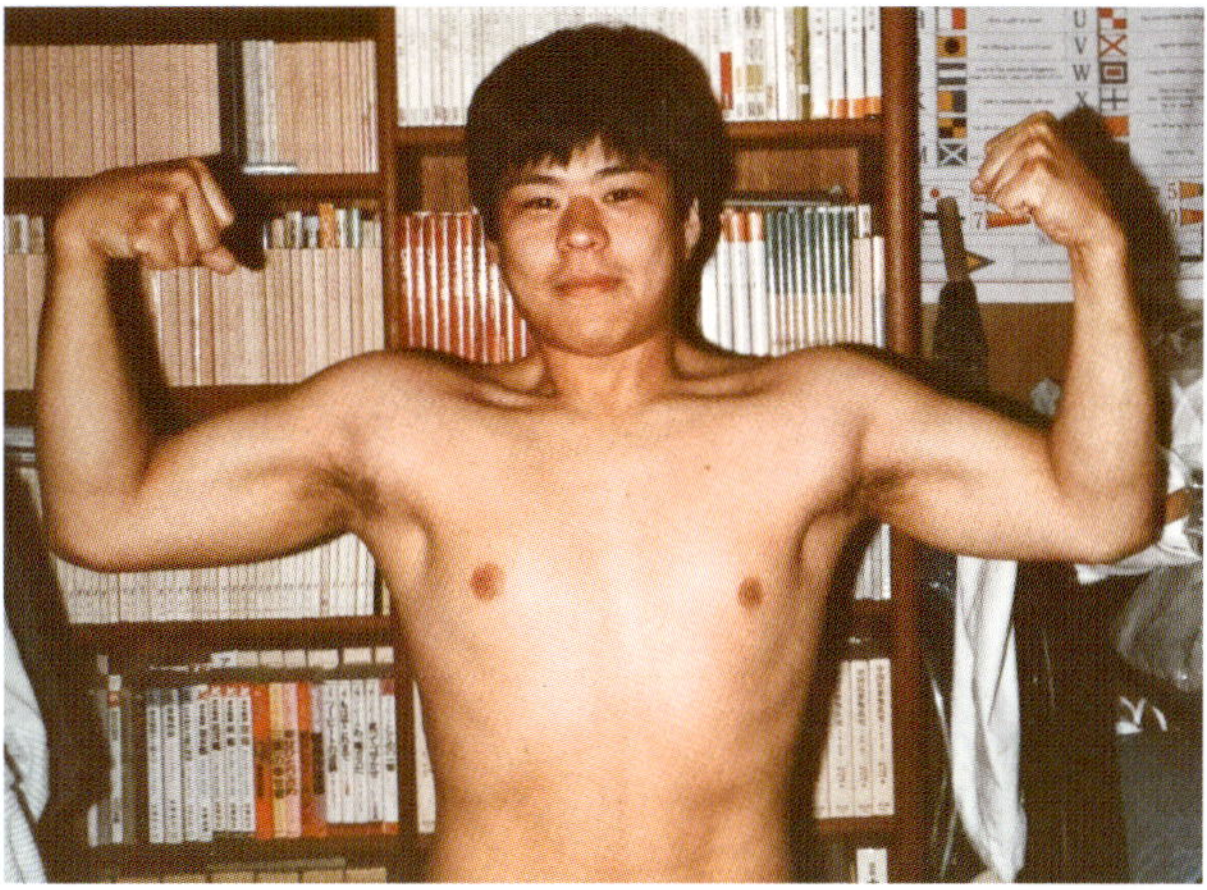

昭和59年に筆者宅で柔道で鍛えた筋肉を誇示する智正。昭和63年の巫病の本格発症について「柔道部を引退して筋肉の鎧の押さえがなくなったのが原因」と後に語っている。

はしがき

中川智正は、本来なら伝記など残されるような人間ではなかったろうし、また、なるべきでもなかった。

彼にこうした伝記が必要となったのは、彼がオウム真理教団に加わり重大事件に関与したためであることは論を待たない。しかも、彼はよくある狂信者として犯罪に関与したのではなく、幼少期から巫病《ふびょう》者（＝巫者《ふしゃ》※）の兆候があったところ、二五歳にして本格的に解離性障害を発症し、それゆえに重大事件に関わったという理解されにくい背景があるので、特にこの点を記録しておくことは後世に意味がある。

また、彼が東京拘置所において自身の巫病について何とか折り合いをつけた上で、類似の症状に苦しむ者などへのカウンセリングを判決確定まで行い続けていたこと、彼の上告趣意書中にもあるように、絞首刑の残虐性について医者としての見地から見識を述べていたこと、あるいはサリンやＶＸといった化学兵器によるテロ対策について国際機関に協力し、論文を書くなど社会的に意義のあることも行っており、こうした足跡を紹介しておくのもあながち無意味ではないだろう。

中川智正は、彼の上告が最高裁判所において棄却された平成二三年一一月一八日に彼の弁護団を通じて短歌を三首発表した。その一首目が、

りんご樹を　この世の隅に　今植える　あす朝罪で　身は滅ぶとも

である。

本書は、中川智正が植え育てようとしたりんご樹とその土壌を、多少なりとも世に知らしむることを目的としている。

※註　「巫病」とは、文化人類学で使われる概念で、シャーマン（シャマン：巫者）になるプロセスの途中などで神秘体験と結び付いて起こる心身の異常である。故佐々木雄司博士によると、精神医学的には智正は解離性障害ないしは祈祷性精神病と言われる状態にあった。

オウム真理教事件と解離性障害——中川智正伝　目次

資料

凡例

・本書において括弧書きの日付は筆者が中川智正と接見（面会）して話を聞き取った日である。
・手紙については括弧内に発信日付と「来書」の文字を記してある。
・本文中はすべて敬称は省略した。
・引用文中の筆者の補足は〔　〕で示した。

オウム真理教事件と解離性障害——中川智正伝

第一　生い立ち（昭和三七年から昭和六三年）

一　出生から岡山大学教育学部附属学園時代

中川智正は、昭和三七年一〇月二五日に紳士服店を営む夫婦の長男として岡山市の日赤病院で生まれた。生まれた際は臍の緒が巻きつき、仮死状態だったところを蘇生させられた。平成一三年一二月二一日の東京地方裁判所での被告人質問でこのことを語った際、智正は「このことは何となく記憶がある。ものすごく苦しい思いをしたという記憶がある」と述べている。

智正の両親は、父方の祖父母と共に現在の岡山市北区の商店街で紳士服店を営んでいた。当時、住居とともにあった本店は祖父母が仕切ってお針子が一人おり、父は支店にいてそこでも使用人が一人二人いたというから、手広く商売をしていたとしてよかろう。

紳士服店は祖父が開業したもので、祖父は姫路から岡山に来て丁稚奉公から始めて店を持った。祖父は智正には怖い人だったが色々なところに連れて行ってくれたといい、祖母は影の薄い優しい人で、智正を怒ったこともなく、また人の悪口を言わない人だったと智正は後に述懐している（平成一三年一二月二一日東京地裁被告人質問）。

智正にはその後、妹、弟、妹の順で兄弟が増え、四人兄弟の長男として弟妹の面倒をよく見ていた。智正と一番下の妹とは九歳離れていたが、その面倒をよく見ていたと高校時代の友人、河本陽介は回想する（平成一四年一一月二九日東京地裁証人尋問）。両親・祖父母もいたから、当時としても珍しい大家族であり、そのなかで温かい雰囲気で育ったのである。

智正は、四歳のときに岡山大学教育学部附属幼稚園に入園し、以降、同附属小学校、同附属中学校と進学する。いわゆる「附属学園」に一一年間在籍していたことになる。幼稚園の入園決定は試験とその後のくじによるが、智正は周囲の人々からは「くじで受かった」と言われていた。

附属学園は岡山市中区東山にあり、表町とは旭川を隔てていた。智正は、後に県立岡山朝日高等学校に進学しており、幼稚園入園から高校補習科修了まで一五年間、日々旭川を渡っていた。

後に智正が裁判所に提出した上申書（「上申書　教団を知る前（10112５＝二〇一〇年（平成二二年）一一月二五日作成）」）の冒頭には日々渡った旭川の記憶が記されている。それによれば、智正は、幼稚園のときは父の運転するバイク、小中学校の頃は電車、高校時代は自転車で旭川を毎日渡っていて「京橋の上から川の上流に目を向けると、青い空を切り取ったようにバックに黒い岡山城の天守閣が見えました」としている。市電東山線に乗って京橋を渡る際に北側に見える風景が彼の岡山の原風景であった。

智正は、幼少期の原風景を前掲の上申書でさらに次のように記す。

今も憶えてるのは、夏の暑い日、小学校のプールで泳いだこと。校庭で鳴くセミの声。雷とスコールのような夕立。夜店のざわめきと花火大会。思い出す故郷は終わらない夏休みです。

最近、〔商店街の〕アーケードの中を大きなオニヤンマがひとつ飛んでいた光景がよく心に浮かんできます。迷い込んで来て出られなくなったようでした。何度も上がってはそのたびにアーケードに「ポン」とぶつかって少し落ちます。木の葉が舞うように手の届く所まで降りて来たので、私が捕まえてアーケードのない所で放してやりました。オニヤンマはフラフラと空へ上がっていって見えなくなりました。どこへ飛んでいくのかなあと眺めていた自分を思い出すのです。

この記述は、平成二二年、智正が出家して故郷を去ってから二一年後のものであるが、幼少期の追憶と故郷への想いが滲み出ている。

智正は、昭和四二年四月に幼稚園に入園した。入園については、附属ということで選抜があった。同期には武本洋典がいて、智正逮捕後も色々な形で彼を支えていくことになる。

智正は、幼少期あるいは小学校時代から「神秘体験」はあるいは「神秘状態」というべきもの

があった。前掲上申書では、

私が子供の頃には、まだ傷痍軍人の人が道端に座って、お金を乞うような姿が時折ありました。太平洋戦争で手足がなくなった人が、ぼろぼろの軍服を着てうずくまっているのを見ると、何か自分の手足もなくなってしまったような感覚がありました。

また、遠くの山などを一人で眺めていると、霧雨が降るように上から光の粒がサーっと私に落ちてくることがありました。それは私の体の中を上から下へ流れて行きます。光の粒は体の中に入ると心地よい冷感に変わりました。時間にして一、二分でしょうか、全身が痺れて私は立ち尽くしました。年に一回か二回くらいそんなことがあったのです。

と述べている。後年、彼がオウムに入信するに際して生じた「光の体験」あるいは「人の影響が入ってくる体験」の原形のようなものの洗礼をすでにこの当時から受けていた。こうした経験を母親に話したところ、「他言しないように」と言われたため、智正は友人たちに自分の経験を語ることはなかった。ただ、武本は、智正がたまに「違う世界に意識が行っている」ような印象を与えていたことを回顧している。

智正は、幼少期から科学に興味を持っていた。前掲上申書では、小学校二年の時に大阪で開かれた万国博覧会は私が思い描いていた科学万能の世界でした。父が運転する車で千里の丘陵地帯を抜け、丘と丘の間から万博のパビリオンを初めて観た時、私は夢を見ているのではないかと本当に思いました。

と述べている。

もっとも、科学好きと成績とは比例しなかったようで、勉強はあまり好きではなかったと述べている。好きな科目は理科・社会で、集中力が要る算数は好きではなく計算問題は苦手だった。「計算に集中すると意識が算数の問題から離れて、映画や本の話が勝手に始まってしまうので、考えることは好きでも計算ドリルとかソロバンは駄目だった」と後日法廷で語っているが（平成一八年五月二二日東京高裁第二回公判）、これも彼の神秘状態への伏線の一つだったかもしれない。

智正の初期の神秘体験としては、小学校三年生のとき（昭和四六年一一月二一日）に母方の祖父を亡くした際のものがある。この点について、前掲上申書では次のように記す。

母方の祖父が農作業中の事故で亡くなりました。近くに対応可能な病院がなく、タクシーを使って祖父を岡山市内の大学病院（川崎医科大学）まで搬送しました。母が慌ただしくどこかへ出て行った後、父方の祖母が「おじいはん、亡くならはったんやて」と、岡山弁でなく関西弁で教えてくれました。それから母が取り乱した様子で帰ってきました。病院に着いた時点で祖父は既に息を引き取っていたそうです。その夜はすぐそばに祖父がいて、私に語りかけているような感じがして不思議な気持ちがしました。私はベッドに横になって暗い天井を見ながら「おじいちゃん、そばにおるじゃろ」と独り言をつぶやいたりしていました。

当時、母の実家はまだ土葬でした。岡山県の郡部ではそれが普通のことでした。裏山に少なくとも江戸時代までたどることのできる一族の墓地があり、そこに墓穴を掘って埋めたのです。白い装束をつけて、伯父や私の父、年長の従兄などが祖父の棺をかついで山に向かいました。私たちもそれに続きました。祖父の棺を穴に入れた後、ごはんが山盛りの茶碗に箸を立てて、私の父方の祖父がそれを墓穴に投げ入れました。茶碗と箸は祖父が使っていたものでした。私は何故ごはんに箸を立てたら怒られるのかよく分かって、それからはやらなくなりました。

また、翌年の祖父の初盆では、祖父の魂が帰ってくるのを迎えるために、墓のある山から家までの道の両側に沢山の松明を燃やしていました。

「初めてのお盆で帰ってくるのに暗かったら道がわからんじゃろ」

誰か大人が教えてくれました。夜の間、裏山に向かって松明の炎が二筋続いていました。翌朝見ると、その松明が黒く燃え尽きていて、何か寂しい気分になったのを憶えています。しかし、祖父が亡くなった頃に、ノストラダムスの預言が流行り始め、また公害が大きな問題になり、私は科学には限界があると思い始めました。

上中書ではここで終わっているが、法廷での被告人質問（平成一八年五月一二日東京高裁第二回公判）ではこれに加えて、祖父の死んだ夜だけではなく、それから数週間後、断続的に祖父が側にいる気配を感じた、また、後述する中学校二年の学年末に盲腸で入院した際も祖父の気配を感じたと述べている。人の死に関わっての神秘体験ということで、強く記憶されたものと思われる。

しかし、智正はこうした体験をいくつかした以外は普通の小学生であった。附属小学校は、一学年一二〇人で、附属幼稚園からの持ち上がり組が五〇人程度でほかは外部から新たに入った者であった。小学校からの友人としては、佐藤賢治、居樹秀明などがいる。

附属小学校は、地域の中では比較的成績の良い子が集まってくるが、それ以上に社長とか大学教授とか医者とかの「良い家」の子が多かった。智正はその中で成績は真ん中あたりを上下していた。夏休みの計画を出させられた際、無理して一日四、五時間勉強するような計画にしたら、先生に「ほかの子は八時間とかもっとしている子もいる」と言われて計画を出し直させられたという。

智正は、自ら「のんびりしていた」と語るように、学校では池でザリガニを捕ったり鬼ごっこをし、家では本を読み、テレビを見、ゲームセンターに行ったり将棋をしたりしていた。本は、高学年の頃からは科学書を読み始めたという。

また、ハーモニカを習い始めたのも小学生時代で、高校一年まで続けた。母親の主導によるもので、「落ち着きがないから」というのが理由だった。智正と一緒にハーモニカを習っていた者として、小中高校も一緒だった守時辰巳（タツミ。ミュージシャン）がいる。

智正は、ハーモニカ教室を辞めた後もハーモニカを時折吹いていた。高校時代、旭川の河原で夜、同級生が集まった際、智正がハーモニカを吹いていたと河本陽介は証言している。また、京都府立医科大学時代、智正は学園祭である「トリアス祭」の実行委員長を務めるが、それに関連して昭和六一年一〇月二五日に京都教育文化センターで行われた「プレフェスティヴァル86」でのプログラム冒頭に「委員長中川智正口琴独奏」の題目があったと当時、同大学の教務課職員だった俳人江里昭彦は『ジャム・セッション創刊号』（二〇一二年八月）のあとがきに記している。

なお、智正はハーモニカを吹く少年としてテレビの取材を受け、その際のレポーターが落語家の笑福亭仁智で、その際「河童みたいな子供」と言われた。その話を聞いてから、筆者は時折「河童くん」と彼に呼びかけていた。

後年、智正が逮捕されて浅草署に拘留されていた際、署長の厚意でハーモニカを吹かせてもらい、録音したテープを実家に送ったと本人は言っている。もっとも、息がすぐ上がってしまったという。

小学校四、五年の頃の同級生には、後に歌手となる甲本浩人（ヒロト）がいて、学級新聞の名前を何にしようかと諮られた際、甲本は当時流行っていた「レインボーマン」にあやかって「死ね死ね新聞」にしようと主張したが、却下されて結局「なでしこ新聞」になったと智正は懐かしげに語っていた。

智正は昭和五〇年四月に岡山大学教育学部附属中学校に進学した。附属小学校から一二〇人、受験を経て中学から入ってきた生徒が一一〇人で合計、一学年二三〇人、五クラス編成であった。中川智正は一年A組、二年D組、三年A組と上がる。中学から入った主な生徒には後に漫才師・参議院議員となる小野正芳（水道橋博士）、大宅壮一ノンフィクション賞を受けた川口（島田）有美子、久保田正志（筆者）などがいる。小野、島田は中川智正と同じクラスにはなっていないが、筆者は一年生で同級となり、以降、親交を結ぶ。専ら将棋で親しくなり、勝率は互角だった。下世話な話や猥談をしつつ、一時間に五、六番指すという早指しであった。棋力は、もう少し真面目にやれば初段を窺えたかも、という程度だったろうか。

当時の智正の行動で印象に残るのは、運動会の際、他の学年の種目で暇な時間を利用して彼がカマキリを捕まえてきて、その尻の部分を水たまりに浸け、ハリガネムシを出そうとしていた光景である。筆者もカマキリにハリガネムシが寄生していることは知っていたが、水に浸けると出てくることまでは知らなかった。智正の知識に感心するとともに、「ハリガネムシとカマキリは仲良くやっているのだから無理に出さなくてもよかろう」と少し反発を覚えた記憶もある。

部活動は友人の武本洋典と共にサッカー部に入ったものの、足が遅いこともあってすぐに辞めている。その後二年生になって同級生の小西彰に「パンを買ってやる」と言われて科学部に入ったが、入部について特に強い意志があったわけではない。筆者の記憶には、智正が文化祭の際に展示を見に来た人に配るための葉脈標本をせっせと作っていたことがある。後に平成一三年一二月の東京地裁被告人質問において「科学部への在籍が教団での役割に影響を与えたわけではない」と述べているが、それはそのとおりである。

智正は、一年のときは筆者のほか、附属小学校から上がってきた佐藤賢治、服部拓と親しかった。中学二年の夏休みに、この四人で長野に自分たちだけで旅行しようとして、教師から中止勧告されたほどであった。

その服部が中学二年の三学期（昭和五二年三月二日）に死んだ。服部の死は智正に強烈な印象を与えた。上申書で智正は以下のように綴る。

　中学二年の三月に、友人が亡くなりました。学校に来てないなと思ってたら、ある朝、彼の机に花が飾られて何人かの友人が泣いていました。白血病だったそうで、あっという間でした。仲が良かったのに私は何も知らなくてそれもショックでした。

筆者は、服部が死んだ翌朝、その死の噂が立った際、本当かどうか確かめるべく教室の向かい側にある校舎に智正と共に行き、服部のクラスである二年B組の彼の席に花が飾ってあるのを見てその死を改めて確認した記憶がある。服部の死は、同学年の者にとっては一様にショックだった。

中学二年の三学期が終わった春休みに智正は盲腸で入院した。この点について上申書では次のように記す。

その三週間くらい後に、私は腹膜炎を伴った虫垂炎になりました。夜中に七転八倒しながら食べた物を吐きました。祖父が亡くなった時と同じように、その友人が自分の傍にいるような感覚がありました。

私は、すぐに医者に行かず、終業式に出たりしてから医者にかかりました。カチ、カチ。医者が白血球数を手に持ったカウンターで数えます。「ああ、これは……。だいぶ我慢しとったじゃろ」私はそれで済みましたが、私のいない所で母が医者に怒られたと聞きました。あと少し遅れていたら命が危なかったとのことでした。その日のうちに緊急手術になりました。

その時までには、白血病で亡くなった友人〔服部拓〕が、亡くなる前に「僕、死ぬん？」と母上に言ったと聞いていました。私は医者や母の慌てる様子を見ていて不安になり、何か彼の気持ちがわかるような気がしました。手術は無事に終わりましたが、腹膜炎がひどく、三週間ほど入院することになりました。手術の後も、彼が側にいてくれているような気持ちがありました。

平成一三年一二月の東京地裁での被告人質問では、服部のほか、亡くなった祖父も近くにいるような感じがあったと補足している。また、「病院に行くのが遅れたのは自分が終業式まではと頑張ったためだった。服部は治療が遅れて死んだが、自分も治療が遅れた。服部が生きて自分が死んでもおかしくないと思った。助かったことで運命的なものを感じた」旨も述懐している。

智正が入院した河島外科病院は、筆者の家から近かったので、春休みということもあり、筆者は毎日見舞いに行った。最初は個室にいたが、後に八人くらいの相部屋に移されていた。最初、個室にいたときに結構、大声で喋る癖がついてしまい、後に相部屋に移ったときに「うるさい」と同室の患者から怒られたこともあった。以来、我々は廊下でひそひそ話すようになっていた。この見舞いのときも、服部の話題は出たが、智正に「隣在感」まであったとは、筆者や時々見舞いに来ていた佐藤賢治も知らされていなかった。

なお、手術の影響について智正は「腹膜炎になっていて一月くらい入院した。膿を抜き取るために傷口が塞げず、膿を出してから退院した。手術の影響としては、傷口から自分の気が漏れているような感覚があるとしている。これはオウムに入信してから体験している。現在でもそうで工夫して克服している」と平成一三年の被告人質問で述べている。服部拓の死と盲腸・腹膜炎は一ヶ月以内に相次いで生じており、思春期の心身に大きな影響があったことは間違いなかろう。

智正は読書家であった。筆者は将棋を指しにしばしば中川家を訪れた。彼の本箱には乱雑に本が積まれていて『ノストラダムスの大予言』のようなオカルト系の本が多少あったのが印象的だった。智正は一時期、タロット占いに凝っていて、タロットカードを探し求めて岡山市内の玩具の問屋を回るのに筆者も付き合わされている。また、厳密には宗教書とは言えないが、手塚治虫の漫画『仏陀』を読んだのも中学時代で、これが宗教に関心を持つきっかけの一つだったと述べている（杉本繁郎・豊田亨・廣瀬健一第一審公判、平成九年四月三〇日）。もっとも、『仏陀』の漫画を智正は自ら購入したわけではなく、近所の本屋で立ち読みして完読したものであった。

この当時、智正が読んだなかで一番印象に残っているのは科学書であった。前掲上申書よると、

中学の時に読んだ、高木仁三郎氏の『プルトーンの火』（社会思想社）という本は、プルトニウムという放射性元素や原子力そのものの危険性を書いた本でした。このタイトルは、プルトニウムという元素名の語源となったギリシャ神話の冥界の王の名「プルトーン」と、同じくギリシャ神話で神の世界からプロメテウスが火を盗んだ話に由来しています。この本の中に「人類は（プロメテウスが火を盗んだように）自ら制御できないような巨大なエネルギー（原子力）を手に入れたが、それをどうやって扱っていくかが問題だ」、「科学が細分化されていって、その全体を把握し難くなり、その全体を把握できる人がいなくなっている。鉄は石（鉄鉱石）からも出来るのかとつぶやいたタタラ師から我々はどれだけ離れた所に来てしまったのだろう」などの内容があって、その通りだと思いました。また、私は中学時代くらいから、占いや超能力のようなものに興味を持ち始めました。

としていて、科学系とともに占い、超能力への関心も述べている。

こうした関心を促進した要因の一つとして智正は中学三年生のとき、課外授業として見た「忍者の末裔」のパフォーマンスを挙げている。

すなわち、平成一三年一二月二一日に東京地裁で行われた被告人質問では、

学校に忍者の末裔と称する人が来た。理科の吉田先生の話では、いきなり学校に来て「私の術を見せたい」と言ったそうである。五、六十歳位の人で、子供の頃から忍術の修業をやっていたと言っていた。エキセントリックな人ではなかった。手品師でもなかった。体育館に集められて五、六時間目に見ていた。スーツを着てネクタイ・ワイシャツ姿であった。気合いをかけてくるくる回って舞台に上がった生徒を金縛りにした。催眠術ではなかった。握り拳大の自然石を素手で割ったり、紙を手刀で真っ二つに裂いたり、体をズボンが落ちるほど一瞬にして痩せさせたり、黒板に文章を書かせて一読し、また目を逸らして全部読みあげたりした。呆気にとられた。インパクトがあった。インチキとは思わなかった。修業で不思議な力が付いてもおかしくないとは思った。自分でやろうとは思わなかった。手品ではない。教師もそれでは通さないだろう。自分で修業したいとは思わなかった。そういう世界もあるのかと思った。今も手品ではないと思うが説明できない。

といった旨を述べている。

筆者も同じパフォーマンスを同時に見ているが、ここまで感銘を受けた者がいるとは正直、思わなかった。なお、この「忍者」のパフォーマンスは、市内の中学に割り当てられた催し物の一つで、芝居等いくつかの選択肢があり、吉田先生とは別の教師の話によると、「面白そうだ」ということで、このパフォーマンスを附属学園の教師が選んだとのことであった。忍者の末裔がいきなり個別の学校に飛び込みの営業をかけていたわけではなかった。

智正の中学時代の成績は取り立てて良いわけではなかったが、筆者のように成績の悪い者には必須となる「補修」で見かけたこともなかったから真ん中ぐらいとしてよいだろう。中学三年の二学期の中間試験の総合成績は二三〇人中六〇番くらいでかなり上昇している。筆者は父親の都合で東京への転校が必至だったが、智正と一緒にいたかったので広島大学附属福山高校を受けることを提案し、彼も乗った。しかし、筆者は二学期末で岡山から東京に引っ越して同校の受験はできなくなった。ただ、智正はすでに準備をしていたため、同校を受けて落ちている。

智正は他の多くの学友と同じく、岡山の県立高校の総合選抜（朝日、操山、大安寺、芳泉）を受けて合格した。附属中学の生徒は一応希望は記せるものの、成績により機械的に四校内で振り分けられるのだが、運良く希望していた岡山朝日高等学校に進学できた。ちなみに、中学最後の学力試験で彼は学年三位となった。一位の者は後に現役で京都大学医学部に進み、二位の者は同じく現役で岡山大学医学部に進んでいる。

附属学園時代、智正にはすでに「神秘状態」の萌芽ともとれる体験があったこと、友人の死とその直後の自身の腹膜炎による長期入院で死や運命について強く考えさせられるきっかけがあったことは指摘できる。また、忍術のパフォーマンスを見たりして超能力的なものに惹かれる心性が形成されていたことも推測される。

二　県立岡山朝日高等学校時代

智正は昭和五三年四月に総合選抜の中の第一希望だった県立岡山朝日高等学校（以下、朝日高校）に進学した。朝日高校を第一希望とした理由について智正は、「岡山で一番の伝統校であること、自宅から近いこと、宿題を出さないこと」を挙げている。なお、逮捕後、最初に弁護人となる河原昭文弁護士も同校の卒業生である。

クラスは一年A組、二年F組、三年E組で二年から理系のクラスとなっている。附属学園から朝日高校には四〇人程度進んだが、付き合いの深かった者の多くは他校に進学したため、人間関係は大きく変わった。部活動は当初、ハンドボール部に入ったものの、すぐに辞めている。同期の河本陽介は智正が映画部にもいたと証言しているが、本人によると卒業アルバム撮影時に部の人たちに混ざって写っただけで、在籍はしていなかったとのことである。

附属学園時代からの友人がいなかった分、高校で新たに多くの友人を得ており、中でも河本（後に大阪大学医学部に進学）とは、大学に入ってからも頻繁に往来していた。河本は智正の性格について「もう一言で言えば温厚ですね。とにかく高校時代、大学もそうですけども、声を荒げて怒っているとか、人の悪口を言っているというのもほとんど聞いたことがない」と法廷で証言している（平成一四年一一月二九日東京地裁）。これは、中学時代あるいは東京拘置所においても同じであり、彼の性格は生涯通して「温厚」の一言に尽きると言ってよかろう。

アルバイトは自宅の近所にあったマクドナルドの厨房をやっていたが、上達が遅くてよく怒られたという。河本は、智正が要領が悪い人間だったとするが、これは一つの傍証となろう。ただ、副店長に励まされてアルバイトは楽しかったとのことで、バイト代は本代と後述する京都への旅費になった。

智正は、科学関係には依然興味を持っていた。ハンダごてを使ってラジオやストップウォッチを作り、コンピューターゲームもしていた。また、二年のときに好きだった一学年下の女子に「ココロとなく」器械を手渡している。実際、高校一年の夏休みに上京した際、筆者は智正を秋葉原に連れて行き、ダイオードやトランジスタといったマイクロコンピューター関係の部品の購入に付き合っている。また、後述する阿含宗入信に伴い京都に行った際も帰路、大阪に立ち寄って色々な部品を購入していたから、彼の趣味は一貫していた。

智正が三年生時に属したクラスは、秋の運動会で映画「スタートレック」に出てくる宇宙船の模型で高さ四メートル、長さ一〇メートルというものを廃車のフレームを使って作ったが、智正は、知識があるということで、内部で点滅するフラッシュの配線を任された。コードの総延長は二〜三キロメートルだったという。

この配線作業において、智正はPERTという計画を立てる手法を使った。智正は、この手法は『計画の科学』から学んだという。PERTは、仕事の手順をA→B→C→Dというネットワークを作って書き下ろして整理するというもので、人の配置や作業量が分かり、誰に作業を回せるか、自分がするべき仕事なのかを決められたという。PERTの手法を使うには、計画をチェックする人がいるし、基礎的な実験はやっておかなくてはいけないということで、配線に際しては、乾電池でフラッシュを焚けるかどうか確認している。このときの経験は、オウム入信後に役立ったが、オウム教団の計画は「計画であって計画でない」と在籍時にも思ったという。ちなみに、運動会でこの装置は無事に点滅した。

高校生時代の智正の大きな転機は阿含宗との出会いであった。入信の経緯について、上申書では次のように記している。

私は高校時代、科学とともに宗教への関心が高くなりました。生化学の本の中に、細胞内の中にある構造物をバラバラに分解しても、放っておいたら繋がって元と同じ構造物になって、また働き始めると書いてありました。その現象を描写する科学者が「私は科学者であるが、同時に神の存在を信ずる」と書いていました。この言葉にも共感するところがありました。

私は高校時代に阿含宗に入りました。「人には運命があって、その運命は知ることができる。しかも、その運命を変えることができる」という阿含宗の触れ込みに魅かれたのです。ですが、恥ずかしくて友人には誰にも言いませんでした。宗教に入るなど恥ずかしいことだと思っていました。

阿含宗への入信の経緯については平成一三年一二月二一日の被告人質問でより詳しく述べているが、それによると、占いへの興味から桐山靖雄『密教占星術1、2』を高校一年から二年の時期にかけて読み、桐山が宗教家であることを知り、それに続けて『密教――超能力の秘密』、『チャンネルをまわせ』、『密教誕生』といった宗教書を読んだとしている。阿含宗に惹かれたのは、伝統仏教の改革を標榜していていかがわしさを感じさせなかったこと、能力開発がされること、信じなくてもよいこと、といったことを理由にしている。

智正が阿含宗に入信したのは高校二年の夏で、その関西総本部がある京都に行って千座行の法具の授与についての手続きをした。入信の理由としては「桐山氏が運命を変える方法を知っていると信じた」ことによる。阿含宗の教義は市販の本には書いていなくて判断不能だったともしている。月一回桐山が来る京都での例祭で法具の授与を受けねばならず、智正は入信して教典を購入し、千座行を毎日やるようになった。

千座行は、お経・真言を毎日唱えるというもので千日連続してやらねばならず、一日一回、二、三〇分かけてやっていたが、間違えると最初からやり直さないといけないと思っていたので間違えたときは二時間くらいかかることもあった。また、何日か寝てしまうとカウントがゼロになってしまい、またやり直さなければならなかった。千座行の位置付けは「運命を変えるのは因縁で、それを把握して因縁をなくすのが解脱で、そのための修行が千座行」という理解だった。

桐山の説法は月に一回京都であり、智正は時々通った。また、入信後に岡山に阿含宗の連絡所ができると、そこでビデオを見ることが多かった。

阿含宗への入信については、智正の家族は知っていたが、友人たちは誰も知らなかった。当時、筆者は東京から月二回くらい智正に電話していたが、その話は聞いていない。「入信は恥ずかしいと思ったが、（阿含宗には）運命を変える能力はあると思った。忍者を見て修行で何かができると考える基礎があった。また。桐山氏の文章は旨かった。忍者と宗教は別だが、そこを信じて飛び越えた」といった旨を平成一三年一二月の被告人質問で智正は述べている。

智正は当初、桐山に魅力を感じたようで「桐山氏の話は、教義そのものよりも、宗教絡みの話が多かった。本が売れたとか。銀行に『優良企業』と言われたとか。阿含宗の教義自体明確でないので、宗教史、歴史、文学の話をしていて面白かった。場を持たせる能力があった」と回想している。

ただ、智正は入信して早々に阿含宗に物足りなさを感じたようで、上申書では次のように記している。

入信して初めて分かったのですが、運命を変える方法は本に書いてあるだけでした。それを教えてもらうことはありませんでした。決定的だったのは、阿含宗にスキャンダルがあった時に「阿含宗の管長が焚く護摩には仏様が出ているから信じなさい」という話をされた時でした。護摩の中の仏様は、特殊な印を教えてもらわなければ見えないことになっていて、私には判断不能だったからです。信ずるということのいかがわしさを知ってしまったような気がして、阿含宗に対する気持ちは急速に冷めてしまいました。

また、平成一三年一二月二一日の被告人質問では、桐山があまりお経の講義をしなかったこと、運命を知る方法は「伝法会」に行けば教えてもらえるとのことだったが、伝法会の出席に高額の金銭を要し、しかも後にはそこでは教えてもらえないということを知ったと話している。また、岡山の支部長は独自に姓名判断を行っていたし、入信して二、三〇年の古参の信徒も運命を知る方法は教えてもらっていなかったとしている。

一方、桐山は智正入信の直後から「不成仏霊」と言い始め（死んだ後の人の心が残っていて因縁となり解脱できないということ）、教義のポイントも変わった。また、桐山の焚く護摩の中に竜神が出るという話があって、昭和五六年三月に『竜神が翔ぶ』という本が出た。これについても半信半疑であった。また、昭和五五年の秋に有料で桐山が書面に答えてくれるという制度があった。三〇〇〇円から五〇〇〇円を払うというものだったが、「返事は来ない」という話を支部長から聞き、「出さない方が良い」と言われた。

こうして不審が募ったところで、先に上申書に引いたような問題もあり、智正は連絡所から足が遠のいた。

なお、智正は後にオウム教団に関わったときのような神秘体験を阿含宗絡みではほとんどしていなかった。唯一の体験は「天井がメリメリいったのを聞いた」というものだったと東京拘置所に収監されてから筆者に語っている。

もっとも、会費を払わなくなり脱会扱いとなった後も、智正は千座行を続け、「行法をやること自体にはやり続けたという充実感があった。修行は割と面白いと思った」とし、「修行」については否定的ではない。「何かを全面的に信抑するのではなく、コツコツと地味に修行することに意義があると思った」旨を被告人質問でも語っている。

また、占いへの興味は引き続きあり。年に一、二冊は読んでいた。ちなみに、後年、智正が東京拘置所に収監された後、平成八年四月から筆者と面会するようになった際、早速依頼してきたのが占星術の本の差し入れであった。

高校時代、阿含宗以外で智正の宗教観に影響を与えた事件としては、高校二年の秋に同級生二人がバイクの二人乗りをしていて事故で死に、うち一人は附属小学校からの知り合いだった笠原敬三だった。智正は、笠原とは当時はあまり付き合いはなかったが、小学校時代もらった年賀状を取り出して泣いたという。どうして彼が死んで自分が生きているのか、自分が何かに護られているのかと改めて思ったとしている。笠原の葬式に行ったが神秘体験はなかったという（以上、平成一三年一二月の被告人質問）。

また、昭和五五年二月四日に母方の祖母が、脳卒中であっという間に逝去している。当時の印象として智正は「死んでからまた会えるかなと思った。祖母は笑いながら死んだような印象があった。祖母の死に際して阿含宗の影響はなかったし、神秘体験もなかった」旨を述べている。

智正は大学受験においては医学部を目指していた。上申書では、

私は高校二年くらいから医学部を受験すると決めていました。医者には漠然とした憧れが小さい頃からありました。祖父が事故で亡くなったことや、友人が白血病で亡くなったこと、いずれも突然私のいる世界から消えてしまって、私は何もできなかったと思ったことが大きかったように思います。医師を主人公にした漫画や、友人に医師の子女が多かったことも影響したかも知れません。私の虫垂炎の手術をしてくれたのも同級生の父親でした。

一方で、私は高校時代は勉強せず、家の近くにできたファースト・フード店で学校に内緒でバイトしたりしてました。あまり成績もよくなく、医学部は無理と言われていました。予

想通り大学に落ちて高校の補習科に一年通う事にしました。補習科というのは高校の先生方がほとんど手弁当でやってくれる予備校のようなものです。

とする。

実際、智正の高校三年時の成績は、補習科を入れた約六〇〇人中で上の下だったといい、母親が担任教師に医学部志望の旨を話すと「勇壮なことをおっしゃいますね」というのが返答だった。もっとも、本人はまぐれで良い成績を取ったりしていたので、ちゃんと勉強すれば国公立の医学部には入れると考えていた。医学部を狙ったのは、人間が好きとか、周囲の死を見て役立つとか、漫画の『ブラック・ジャック』（手塚治虫著）などを読んで医者への興味があったとか、どういう社会でも医者は必要だとかが理由だったとしている（平成一三年一二月一一日東京地裁被告人質問）。また、国立大志望だったのは三人の弟妹の見本にならねばならぬという思い、あるいは親の学費負担も考えてのことだった。

智正が受験勉強を本格化させたのは高三の運動会の後だったようである。朝日高校のカリキュラムでは理系は物理と化学で受験ということになるのだが、智正は物理が苦手だったため生物を独習し、また、共通一次試験の選択科目も高校が推奨する日本史、世界史ではなく倫理社会を独習して受験科目とした。

智正は、現役のときは和歌山県立医科大学と産業医科大学を受けていずれも不合格となり、朝日高校の補習科で浪人生活に入った。ただ、浪人時代も宗教への関心は引き続きあった。上申書では次のように述べている。

浪人時代に読んだ本で『阿闍梨誕生』という本がありました（和崎信哉著、講談社、一九七九年）。これを読んで漠然と、伝統的な修行生活もいいな、と思いました。比叡山の千日回峰行の行者のことを書いた本です。冬の寒さが厳しい時期を選んで、古式にのっとりあちこちを歩き回る修行を千日間するのです。阿含宗のいい加減さとは違うものをそこに感じました。
大学受験に一度失敗した後は、かなり勉強をしたので、一年の浪人生活で医学部に合格することができました。

智正は、受験校については、京都府立医科大学と名古屋大学医学部を考えた。岡山大学は親元を離れたかったので対象から外した。名古屋大はギリギリの線で受かりそうだと思ったが、京都の街が好きだったので府立医大にした。京都大学医学部はもう一年浪人しなければ入れないと思い、学力的には府立医大なら受かると判断したとしている。

なお、浪人時代の体験として「断食」があったことは記録しておく価値があろうか。智正は昭和五七年一月の共通一次試験を控えた三週間前に断食をした。これは「悲惨な浪人生活を二度としない」という決意に基づくもので、まず一週間は一日二食にし、それからおかゆ一食とする。

断食中は午後三時におもゆを摂るほか、トマトジュースを一缶飲み氷は控えた。断食終了後はおもゆから入ってパン食に移行し、二ヶ月半かけて米食に戻している。断食中は胃の負担がないため睡眠時間は減り、嗅覚が鋭くなって一〇キログラムは痩せたと言っている。藤本憲幸の著作を参考にして行ったというが、入学試験前の時期にこのような冒険的な挙に出るあたり、智正のある種の心性が垣間見られる。なお、断食に入る移行期間中に「密教食」という粉末の食品を利用しており、これが浪人当時は大阪にいた河本陽介に送られてきたというが、智正としてはあくまで「参考程度に」送ったものらしい。

智正は昭和五七年三月に無事、京都府立医科大学に合格した。

高校時代の智正は、初めて阿含宗という宗教団体に自らアプローチしたものの、神秘体験を含めて大した影響は受けなかったようである。ただ、宗教的な関心は一層高まったということは言える。また、後に「医師国家試験を受ける際のプレッシャーが巫病発症の引き金になった」と鑑定医の指摘も受けて智正本人は考えているが、大学受験の際には何らの神秘体験はなかったとも回想している。この点は発症のメカニズムを考える上ではポイントとなりそうである。

三　京都府立医科大学時代

昭和五七年四月に京都府立医科大学に入学した智正は、最初の年は教養課程のある北区大将軍の下宿、次の一年は右京区花園一条田町のアパート、専門課程に入る三年生からは大学と附属病院に近い左京区吉田牛ノ宮町の橘井寮に住んだ。

府立医大は一学年定員一〇〇人の小規模な大学で、上下一学年は顔見知りという関係であった。また、ほぼ全員が医者になるため、目標も皆一緒ということで非常に濃密かつアットホームな雰囲気の環境だった。

このように小規模大学だったこともあり、智正は様々な部活を掛け持ちしている。活動の主軸にしていたのは柔道部で、力量は常時一〇人程度いた部員中の五番手あたり、医学部関係のリーグ戦のメンバーに入れるかどうかといった力量だった。部内の役職も会計やマネージャーで主将ではない。後にオウム真理教団で智正と知り合った飯田エリ子は、法廷で「中川さんは儒教的」と発言している。これは目上の人に従う傾向などを指してのものと思われるが、部の経験に関係ないとは言えないだろう。

柔道部以外では、ＯＢの引きで寮歌同好会に入ったほか、ＥＳＳにも所属した。ここで発音の矯正をして日常会話くらいはこなせるレベルだったと本人は語っている（平成一四年一月一八日東京地裁被告人質問）。智正は後にオウム真理教に入って英語を駆使する立場になるが、この時期から英語力の取得には熱心だった。また、コンピュータークラブ（アマチュア無線）にも入って学園祭で使う占いのプログラム作りをしていた。このほか、三、四年時には森永ヒ素ミルク事件の被害者を介護するサークルにも参加している。

また、学生生活全般において、智正は酒とは切り離せない関係にあった。智正の父親は酒に強く智正もその体質を受け継いだものと見え、智正は、高校時代から月に何回かは河原で仲間と集まって飲酒していたという。

智正の酒にまつわるエピソードとしては、昭和五八年二月の柔道部の年明けコンパで痛飲しての帰り、雪道を自転車を押しつつ進んだものの前後不覚になって転び、そのまま寝てしまった。たまたまそこに友人が通りかかり、急性アルコール中毒と判断して直ちに救急車を呼んだ。智正は近くの病院に担ぎ込まれたところ、その病院は急患を断るつもりだったが、病院に着くなり智正はむっくり起き上がって診察室に入り込み、そこのベッドで寝てしまったため病院側も引き受けざるを得なくなったという。友人が通らなければ智正は凍死していた可能性が高く、彼はこれを自らの神秘体験の一つとしている。

大学生として生活を楽しんでいたことは彼の雑文にも見えるが、成績は悪く、低空飛行でギリギリの成績で進級していた。この点は智正が筆者に折に触れて（やや自慢気に）語っていたことでもある。教養課程では、物理、化学、生物、外国語、体育の授業が主だったが、智正は二年から三年（専門課程）に上がる際は毎年二〇人程度は留年するという関門は突破できている。

智正が在籍当時、府立医大の学生課教務係であった俳人江里昭彦は『路上』七三号（平成七年一一月）に「闇の両手、光の片手」という一文を寄せ、その中で智正の記憶を書いている。通常、学生課教務係と一般学生とはそれほど面識が生じるものではないと思われるが、府立医大は一学年一〇〇人程度の小所帯であり、智正が毎年次の成績発表で合格点を取れずに再試験に回ることが多かったので自ずと名前を記憶したとしている。留年しない程度に成績は悪かったのである。

大学生になっても、智正は依然、宗教への関心を持ち続けた。上申書には次のような記載がある。

宗教的な関心はあったのですが、日常生活や部活動に忙しくて、あまり宗教的なものに接する機会はありませんでした。

その関係では統一教会のビデオセンターに、統一教会と知った上で行ってみたことがあります。これは宗教への興味というよりは自治会で統一教会が問題になっていて一度見てやろうというつもりでした。「神というものがいると仮定します」という所から話が始まって「神がいるとしたら、全てがうまく説明できる」というような論理で話を進めていきます。しかし、神がいるということは曖昧なままです。日をおいて三回ほど通ってビデオを見ましたが、馬鹿馬鹿しくなりました。女性の信者らが「男はサタンです」などと甲高い声で言っていて、それも何か近づき難いものを感じさせました。

この他にモルモン教徒の人が共同で住んでいるマンションにも行ったことがあります。京都御所の前の路上で外国人の男性二人に話しかけられて行ってみたのです。彼らは「祈ればわかる」と日本語で言いましたが、私は拒否しました。阿含宗の時の失敗に懲りていたこともあって、そういう態度は取らないことにしていました。モルモン教の人は英語で「彼は祈らないと言っている」、「祈らなければ彼は何も分からない」などと言い交わしていました。モルモン教のマンションには一回か二回行ったと思いますがやはりこんなものかと思いました。

阿含宗の事情を見た私は、どこか宗教や信じるということを馬鹿にしているところがあったと思います。

このように智正は、宗教に対して醒めた感情を持ちながらも何となくその周辺をうろうろするという行為を繰り返しており、これが後にオウム教団と出会う伏線となっている。

また、智正は大学二年のときに神秘体験をしている。上申書等によると、

大学の（柔道部の）先輩が亡くなった時、子供の頃から続いている上から光の粒が降ってくる体験がありました。葬儀があったのは新興の住宅地で、すぐ近くに山が見えていたのですが、葬儀の合間にその山を見ていると細かな光の粒が私の周囲に降り注いで私の体の中を上から下へ流れていきました。先輩が亡くなって悲しかった心が何か静かになったのですが、いつも通り一、二分でその状態は終わりました。

ということであった。

智正の大学時代のエピソードとして最も大切なのは五年生（昭和六一年）のときに学園祭（トリアス祭）の実行委員長となったことである。この点について高校以来の友人である河本陽介は「高校時代はそういうことをする人間ではなかった」と述べているが、智正は、消去法で選ばれて「ほかに引き受ける人がいなかったので仕方なく引き受けた」旨を語っている。実行委員長としてゴールデンウィークあたりから活動を開始し、一一月の学園祭当日まで約半年、その地位にあった。二、三〇〇人くらいの人を動かすことになり、相当大変だったとしている。実行委員長としてテレビ出演もしており、大学内での彼の地位は高いものとなった。また、当時看護学生だった佐々木香世子とはこの際知り合い、学園祭が終わってから交際を始めている。

学園祭の実行委員長を務めるなどの活躍から、智正は、五年生の最後には卒業式において在校生総代を務めるに至る。ただ、学園祭終了後に大失敗をしたと感じ、半年ほどうつ状態が続いたと智正は回想している（京都府立医科大学基督教青年会『会報』一九八七年）。

智正は、人付き合いが忙しかったせいか学業は振るわず、万年留年候補であった。教授から「国家試験も絶対落ちるから留年しろ」と言われたこともあった。しかし、一度も留年せず、医師国家試験も一回で合格している。

第二　巫病の本格的発症とオウム真理教団への加入

（昭和六三年から平成元年）

一　巫病（解離性障害）の本格的発症に至るまで

昭和六二年秋頃から智正は身体に変調を来すようになった。酒の味は分かるが「旨い」と思えなくなり、射精時にやたらと疲労感を覚えるようになった。智正自身、こうした体調の変化を巫病（解離性障害）発症の前兆だったと後に捉えている。この時期、柔道部も引退していたため、身体を動かす機会も減っていた。

智正はこの時期就職活動もしており、一一月に沖縄の県立中部病院の採用試験を受けたが、補欠で不合格となった。例年ならば採用辞退者が出るため補欠の筆頭だった智正は最終的に採用される可能性が大だったのだが、この年はなぜか辞退者が出なかった。沖縄には「カンダーリ」と呼ばれる巫病者が大切にされる風習があり、彼が沖縄に行けなかったことも、結果的に、その後の人生に大きな影響を与えた。後年、控訴審段階で智正の精神状態を調べて意見書を書いた佐々木雄司博士は「このとき沖縄に行っていればなぁ」と詠嘆している。

智正は昭和六二年の暮れから六三年の正月にかけては、大学の卒業試験と医師国家試験に向けての勉学の日々であった。岡山の実家にも年明けに数日帰省したのみであった。もっとも、大学受験の際ほどの緊張感はなく、断食や水浴といった行為はしていない。酒もそこそこ飲み、佐々木香世子ともちょくちょく会っていたと本人は回想している。

智正は二月六日の午後、大阪サンケイホールで行われたオウム真理教による「竜宮の宴」という催しに参加した。これは、寮に投函されたビラと雑誌『エルマガジン』掲載の情報に基づくものである。

智正は昭和六一年に興味本位で麻原彰晃の著作『超能力「秘密の開発法」――すべてが思いのままになる!』(大和出版、一九八六年)を購入したためオウムの存在は知っていたのだが、この本とて完読したわけではなく、オウムに入信する気もなかった。ただ、この「竜宮の宴」については、「どうしても行かなければならない」となぜか思い立ち、単独で出向いたのである。

「竜宮の宴」自体は、あまり大掛かりな催しではなく、麻原彰晃は冒頭に出た後は最後に挨拶したのみで、それ以外は弟子たちによる歌と踊りの披露であった。智正は「何人か上手い人はいたが、後は学芸会のレベル」と評している。この際、智正が麻原から受けた印象は「身体が大きく丁寧にお辞儀をする腰が低い人」という程度であった。ただ、催しの最中に身体の中を風が抜けるような感じを受けるという体験をしている。

二月七日か八日に、智正は佐々木と共に新大阪駅近くのビルの一室にあったオウム真理教の大阪支部を訪れた。これは医師国家試験の願書を出すついでであり、佐々木には「冷やかし」と説明していた。この際オウム側で対応したのは平田信、新實智光であり、早川紀代秀が個室で智正と佐々木に教義などについて二、三〇分程度説明した。ただ、智正はこの時点では入信する気はなく、早川が説明中に一回入信を勧めたところ「今は忙しいので入れません」とあっさり答えている。

智正のオウム入信の契機は、二月一〇日にあった神秘体験であった。智正はこの日の夕方、寮の自室であぐらを組んで黙想のようなことをしていたところ、白い光が尾骶骨から頭頂に上がるという体験をした。以下、本人の手記（上申書「最初の体験から入信まで」平成二三年一一月一八日付）をそのまま引用する。

「竜宮の宴」へ行った数日後、二月の九日か一〇日ではないかと思います。

その日の黄昏時から夜になる頃、私は外出から帰って電気を灯けないまま、寮の一階にある自分の部屋であぐらをかいて座っていました。私は大学時代に柔道をやっていて、練習の後に皆で数十秒くらい黙想して練習を終えるのが常でした。その雰囲気が好きで、柔道部を引退した後も自分の部屋で時おり黙想することがあったのです。

電気を灯けていなかったのには深い意味はありませんでした。まだ完全に夜になっていたわけでもなくて、部屋の中が大よそ見渡せるくらいの明るさだったことが大きいと思います。

南向きの窓の外は狭い駐車スペースを挟んで道路でした。京都大学の近くの学生が多く住んでいる住宅街の細い道路なのですが、寮の前には信号もあって、しばらく目を向けていれば車が一台、二台と通り過ぎていきますし、すぐ傍らを人が歩くのも見えます。寮はおそろしく古い木造建築で、使われている窓ガラスの表面が波打っているために、窓の外の世界も部分的に歪んで見えていました。

私はしばらく座っていたのですが、目をつぶった視線の方向、自分の尾骶骨のあたりが白く光り輝きはじめたのです。昼間に太陽を見た時の光の強さよりも強烈で、輝く光でした。

そして、その光が尾骶骨のあたりから背骨の位置に沿ってゆっくりと上に登りはじめるのが見えました。目をつぶっていても、身体的な感覚で尾骶骨や背骨の位置はおおよそわかるものですが、正にその位置に光が見えたのです。

その光は明るさを増しながら胸の付近まで上がってきました。そして、まっすぐな一本の棒のように上がってきた光が左右に枝を出してループを作り、三本になって私の胸の位置で再び一つに交わったのです。その瞬間に目の前が、ストロボが光ったように真っ白になりました。

それまで私は上から見下ろすような視点で光を見ていたのですが、この時には視点が二つになって、自分の目の前にも映像が出ました。まばゆい光の中に自分の背骨と肋骨だけが骨格標本の影のように黒く映し出されたのです。私はそのまぶしさと何が起こったのか訳が分からない恐怖から目を開けました。

目を見開いて、吐き出すような溜息をつきながら、私は最初と変わらない姿勢であぐらをかいていました。寝入っていたわけではなく、自分があぐらをかいて座っていることは、ずっと自覚していたので、その時思ったのは、やっぱり自分は自分の部屋であぐらをかいて座っているんだということでした。

立ち上がって窓の方へ行って外を見ると、座る前よりは暗くなってました。赤いブレーキランプが波打ったガラス窓で少しにじんだように見えました。信号が青から赤に変わり、車が一台走って行きました。何も変わりはありません。部屋の中を少しうろうろして、何かの見間違いだろうと思って、また座って目をつぶってみました。

このように書いていると、当時の気持の混乱や興奮の状態がうまく伝わらないかもしれません。訳が分からないが故に恐ろしいものから走って逃げたのだけれど、安全だと思える場所からそっと後ろを振り向いてみたようなものです。まあ、時間が二〇年以上経ったからこそ、冷静に話せるということもあります。

目をつぶっても、まだ目の前は真っ白に光っていました。

「えっ、まだある……」

と思って、あっけにとられていると、

「昇ってこい」

という男性の声が自分の心臓の中から聞こえました。

「えっ、えっ、何、今のは……」

　また恐怖に陥っていると体の中の光が胸から頭頂へと上に昇り始めました。この時にも視野が二つあって上から胸を見下ろすものと、目の前が真っ白になっている視野でした。二重に重なって見えるのではないのですが、視点が二つあって、どちらも見えていました。大画面の映像全体を一度に見ている状態に近いでしょうか。それから頭頂に光が昇り切って、全身が硬直し、小刻みにびりびりと震えました。やはり男性の声で
「お前はこのために生まれて来たんだ」

という声が心臓からしました。

　電気が目の前はスパークしたかのように明るくなって続いています。そして私は突然、自分は何と無駄な人生を歩いてきたんだろうという思いが何の脈絡もなく心の奥底から浮かび上がってきて、涙を流していました。自分に異変が起こっているのはよくわかっているのですが、それが制御不能だったのです。何でこんなことを考えるのだろうと思いつつ、今までの人生が全く無意味であるという感覚もあったのです。

　また、光が頭頂に届いた瞬間に、性器に強い快感がありました。射精をした時の感覚というよりも、何か高いところから落下して尾骶骨を打った時のような衝撃があって、快感には

違いないのですが、強烈過ぎて何度も経験したいと思うようなものではありませんでした。

目をあけて、あたりを見回すと、もう完全に日が暮れて夜でした。闇の中で窓の外は街路灯の光や車のライトで部屋の中より明るく見えました。外は何も変わっていません。

立ち上がって電気をつけて、あたりを見回しても、いつも通りの私の部屋です。

私の身にこんな大変なことが起こっているのに、この世界はどうして何も変わっていないのだろうと思いました。自分がこの世界の時の流れから外れて別の時間を過ごしているように感じ、また自分はここにいるんだけれど周りから切り離されているような感じがありました。

頭に熱感があったので触ってみると、頭頂部が熱くなって盛り上がっていました。

「えっ」

と思ったのですが、間違いなく盛り上がっていました。そればかりか床に座って頭部に触れて確かめていると、私が触っているうちにまた盛り上がりました。考えられないことだったので私はひどく混乱してしまいました。

私は、自分が何か別の世界に吹き飛ばされてしまったようで、

「これは一体何なんだ」

とか

「自分は狂ってしまったのではないか」

と思いました。

現在は、宗教と精神医学の境目にある現象が私の身の上に起こっていたのだと理解していますが、当時はそのような認識を持つことはできませんでした。突然であったこと、明瞭かつ強烈で常識を超えた体験であったこと、そして何よりも私がその体験の当事者であることが大きかったように思われます。

また、この体験以降、この世界で流れている時間と自分の中で流れている時間が違っている感覚や、この世界が風景画のような起伏のない別の世界になってその中で自分が浮き上がっている感覚が始まりました。この世界を今までとは全く違うものと感ずるようになってしまったのです。つまり日常の中で体の中を光が昇っていく体験をして、また日常に戻ったのではなく、この体験を契機にして、私からすれば全く別の世界の中での日常が始まったのです。このことも私が当時の自分の状態を落ち着いて判断できなかった理由であると思っています。

私は、混乱しながらも自分の部屋にあった医学書を調べました。病気だという明確な判断を下したのではなく、自分の状態は一体何なのか知りたいと思ったのです。

当時、精神分裂病といわれていた統合失調症のことは、まず考えました。統合失調症で幻覚、特に幻聴があるということは知っていました。また医学書を読んでいて気付いたのですが、側頭癲癇の発作ではないかとも思いました。側頭癲癇の発作の時には光を見ることがあるという内容があったからです。他に頭頂が盛り上がったことから脳腫瘍の可能性も考えました。

また、オウム真理教に関連して起こったことでは、とも思いましたので、以前から買って持っていた教団の『超能力「秘密の開発法」』という本も見ました。「クンダリニーの覚醒」との内容が私の体験と似ているとは思いましたが、同じだとも思いませんでした。

私は入信もしていないのに関係ないでしょう、という気持ちもあったと思います。

その夜は疲れたので寝ようと思い、少し酒を口にしました。しかし、酒が全然おいしくないのです。前日までとは全く違っていました。その夜は気持ちが高ぶっていたのですが、翌朝になったら、何もかもおさまっているのではないかという、今から思えば甘い期待を抱きながら、その夜はいつの間にか寝入っていました。

次の朝、目を醒ました時、昨日あったことは夢ではないだろうかと思いました。もう一度、目をつぶってみました。まだ目の前が薄ぼんやりと明るくなってました。

「ああ、まだある。もうやめてくれ」

と思いながら起床しました。

いつもと同じ世界なのですが、自分はそこから浮き出していました。自分の皮膚と周囲の間に膜があって、自分がそこにいることや、時間が流れていくことにも違和感があるのです。

しかし、周囲の空気が重くて、動けないのです。体が重いというより周囲が重いのです。

私は食事も摂らず息をする以外は何もできないでじっとしていました。

部屋で起きてじっと座っていると、目の前で映像が流れはじめました。麻原氏があぐらのような座り方をしていました。前でひざまづくように座り、麻原氏の組んだ脚に頭をうずめるような動作をしていました。（これは後にインドなどで師に礼拝する所作だと分かりました）

その映像の中で自分が何をしているのか、その時は分かりませんでしたが、自分は前生で麻原氏の弟子だったという考えが頭の中に浮かんできて、それが離れなくなってしまいました。否定しようとしても否定できないのです。その日の朝に食べた物を思い出すような感じで、私は麻原氏の弟子だったんだという「記憶」が出てきたのです。

私はひどく混乱しました。

このあたりから、順序立てて話すことが困難です。この頃あったことを順番に上げていきます。

頭が盛り上がったので、寮の後輩に頭を触らせてみました。後輩は、

「はぁー」

と言いながら、ひきつったような笑いを浮かべて首をかしげていました。

「いや、そんなことないと思いますよ」

今から思えば、前と後で比較しなければ分かるはずもないのですが、その時は気付いてなかったように思います。

寮の近くの道を歩いていると、犬を連れた女性が歩いていたのですが、犬が女性にじゃれつきながら

「好きです、御主人様」

と、声を出しました。誰かが喋ったのだろうと辺りを見回しましたが、犬とその女性しかいませんでした。唖然として、しばらく立ち止まってしまいました。

いつの間にか私はもう一人の知人と海の中に浮かんでいました。船の助けが来て、その船の方に人を押しやって、さあ、自分が助かろうと思ったら、私は水を飲みながら沈んでしまいました。本当に水を飲んで口からぶくぶくと泡を出して溺死していく感覚がはっきりとありました。暴走族のオートバイが走ってきて爆発したようなブーンバキューンという音がして、気が付くと自分の部屋でした。

あるいは、休んでいると上半身が裸の屈強な男性が私の頭の側に座ってました。それは姿・形こそ違っていましたが麻原氏でした。そしてニコニコと笑いながら、私の首を絞めるのです。自分と麻原氏の前世だと分かりました。体には熱感があり、気持が高ぶっていました。

夜寝てると、自分の体から別の自分が分離して浮き上がって、天井にぶつかって戻りました。

味がしなくなった酒を飲もうとすると、耳元に

「無駄な人生、無駄な人生」
というささやき声が聞こえてきました。神秘的な体験もなく、日々を暮らし、酒を飲む人生をこう言ってるのです。

このようなことが立て続けに二日くらいの間に起こりました。ただ、一番つらかったのは、自分を取り巻く全て、自分の周りを流れる時間にまで違和感があったことです。

私は教団に電話しました。体験に相談したかったから、というと分かりやすいのですが、例えば医者にかかって相談するというのとは全く違ってました。また単に相談したというと、あの時の状態をそのまま言い表していることには、ならないような気がします。

体験は続いて起こっていて、自分のいる世界も変わってしまっているのに、なのに自分の周りの世界もそこに住んでいる人は変わっていないし、その人たちには私にそのような変化が起こっていることも伝わらないのです。しかも私が麻原という人の前世の弟子で、連絡しなければいけないという考えが出てきて、自分の中で打ち消せなくなってしまっていたのです。電話をかけたい。いや、かけたくない。かけなければいけない。関わり合いになりたくない、前生から関わっている、こんな気持ちがごっちゃになって教団に電話しました。そうするしかなかったのです。対応に出た男の人に、とにかく自分の身や自分の周りに起こったことを話し続けました。今から思えば、何をそんなに話すことがあったんだろうと思いますが、電話を切ったら一時間か一時間半くらい経っていました。向こうは、私の話をとにかく聞いてくれたのですが、入信しないと責任を持った助言ができないということを言っていました。高圧的に脅されたというのではなかったと思います。私は、夢中でいろいろなことを口走ったと思うのですが、自分が言ったこととの記憶が薄いのです。電話した相手が誰だったのかは、後日、教団の道場に行ったときに分かりました。ずっと後に、この電話の相手と話した時に、私が「麻原氏に礼拝した映像を見た」と言ったという話を電話でしたと聞きました。向こうとしては、「霊性の高い人が電話をかけてきた」と言って内心で喜んだり、感心したりしていたようです。普通なら、迷惑電話の類に入る内容であったと今から思うのですが、教団の人は「すごい人」と思ったために、電話を切らなかったようでした。因みに、この電話をした相手は平田信君で、二〇〇九年末の時点でも逃走を続けています。この話をしたのは、私から電話をして約六年後、九五年の假谷さんの事件の頃でした。「よく憶えてますよ」と言って説明してくれました。

結局、結論が出ないままに電話を切りました。

この電話をした後も、体験は続きました。人と接すると異常に疲れるようになっていて、話などしなくても人混みの中に出ただけでおかしくなりました。体が重くなって、咳や鼻水が出始めるのです。私はアレルギー性鼻炎をずっと持っていたのですが、それと似た症状というか、いや、その症状そのものが人混みの中に出ただけでも出るようになったのです。体がひどく疲れてしまうことも分かりました。

当時、一番身近だった彼女と話しても、それだけで体に変調が出るのです。

これはもう、この世界でやっていけないと思いました。もともと教団や麻原氏の下へ行かなければいけないという、どこからか来て自分の中に入り込んだとしか言えない思いもありましたので、教団へ入信することにしました。

補足すると、智正は、犬が人語を話したのを聞いたのは後にも先にもこのときだけだったとし、犬は雌犬だったとする。また、人と接すると体調が崩れるという体験は、二月一二日に佐々木に電話して京都の繁華街で食事をしつつ話をした際のものである。初日の性器の快感は、具体的には勃起だったとする。

智正は、二月一三日に再度オウム真理教大阪支部に行った。智正の入信の日付はオウム側の書類では翌一四日となっているが、実際に入信の意思を明らかにして会費を支払ったのは一三日であった。智正のオウム真理教における入信番号は二七〇〇番くらい、ちなみに出家番号は三七〇五番であった（杉本繁郎・豊田亨・廣瀬健一公判平成九年五月一六日、智正による法廷での供述）。

智正と電話で話した平田信は昭和六二年に入信したばかりの信者であった。当時の智正を回想して「智正は入信したくないが神秘体験に困っているから何とかしてくれという身勝手な言い分だったが、本当に困っているのが伝わってきたので、『刺激的なテレビや音楽を試聴しない』、『麻原の本にある呼吸法を試してみる』、『絶対に薬は使わない』ことをアドバイスした」としている。

平田がこの電話の話を傍らにいた井上嘉浩らに話すと「それは霊性が高い」と賞賛モードだったが、詳細に話が及ぶと「霊性が高すぎるのも善し悪し」と同情モードになったという。当時の教団には麻原の本や教団での修行を通じての神秘体験に基づく電話が少なくなかったが、智正のように深刻な体験の電話はなかったとする。そして数日後、智正が支部を訪れた際は「よほど精神的に追い詰められているのだと思った。自分は信徒対応で何人ものノイローゼなどの精神疾患を抱えた人を見てきたが、それと同じ目つき・顔つきで『よく回りの人に入院させられなかったな』と思った」としている（以上は平成三〇年一月一五日付「平田信陳述書」に基づく）。

智正の入信動機は理性の上では、このままでは気が狂ってしまうので、オウムの人から対処法を聞きたいというもので、仕方なしの入信であった。ただその一方、智正の心臓が別の意識を持っているという感じがあり、こちらでは修行者としての人生が始まったこと、オウム・麻原彰晃と縁ができたことを喜ぶ意識であったと後に述べている。

佐々木香世子によると、智正は佐々木に対して「これからの自分はどんどん狂信的になってどう変わっていくかわからない、あそこ（オウム）は人との執着を切らなくてはならないところだし、自分もこんな状況だから、あなたもぼくから去ってもらっても構わない。全く何も修行もしないうちからどんどん体験は進んでいくし、正しい師につかないと気が狂うこともあると本に書いてあるから仕方がないから入るわ」と入信理由を説明したという。ただ、佐々木の観察では、教団の人に「修行の気根がある、霊性が高い」と褒められたと得意になっているようでもあったという。

このような智正の神秘体験（症状）は「解離性障害」と理解されている。この症状はまれに見られ、沖縄や朝鮮半島の巫女《ふじょ》（シャーマン）の症状に見られることから「巫病」とも言われる。沖縄ではカンダーリである。そしてその発症原因はストレスとされ、控訴審における佐々木雄司博士の意見書においても、医師国家試験あるいは沖縄県立中部病院の不採用といった事柄がストレスの要因として挙げられている。なお、本人の後日の分析では「柔道部を引退したため筋肉が衰え、『筋肉の鎧』の押さえがなくなったため神秘体験を発症した」と語っている。その一方、巫病の体験者が親との葛藤が引き金になったのではないかと指摘し、智正も暗に肯定していたとするが、今となっては分からない。

信者であった富田隆は、オウムでは、「マハームドラー」と称して無茶な命令を下して信徒に心的なストレスを与え、これにより解離状態を引き起こさせていたと分析している（富田隆『オウム真理教元幹部の手記』青林堂、二〇一八年、七六頁。以下『手記』と略す）。オウムは解離性障害に対処するノウハウが自ずとあったのである。

二　入信後の神秘体験と医師としての生活

昭和六三年二月一三日の大阪支部での入信後、智正は橘井寮に戻って医師国家試験の勉強を再開した。智正は入信の際、新實智光、井上嘉浩らと話し、自身に起きた症状への対処法は教えてはもらえなかったものの、自身の状態を新實や井上が把握できていたようなので、少し安堵したのである。実際、井上は智正が「子供の頃から光の粒が降ってくる」話をしていたところ、ちょっと目をつぶって「今、あったでしょう」と言ったという。井上が目をつぶったときに、智正も同時に光の粒が降ってくることを感じたため、智正も信用せざるを得なかった。

ちなみに、智正には白い頭頂付近を照らすような光が、この頃から少なくとも逮捕後の平成九年四月まではずっと見え続けていた（平成九年四月二八日）。幼少期から間歇的にあった症状が常態化したのである。

京都で勉強していた智正の身には引き続き、二月一〇日頃に起きたような神秘体験が続いたほか、自身の過去世の記憶として麻原彰晃に首を絞められているシーンが女性の声の解説で脳裡に生じたり、寝ていて窒息するというような臨死体験をしている。このように智正は幼少期からの体験が常態化したことに加えて様々な神秘体験を繰り返していた。そして、こうした体験、特に臨死体験を繰り返す中で、「無限に生存は続き、生きては死に、死んでは生きている」というような輪廻転生を実感するようになった。

また、入信後の新しい神秘体験として、身体が勝手に飛び跳ねるという体験（ダルドリー・シッディ）があった。最初の経験は二月一七日頃で、夜、仰向けで寝ていたら体が突然、踵と頭だけを着けてブリッジするような形に背中が反り返るという常態になり、起きてあぐらをかいて座ったら今度は体が跳ね始めたというものだった。飛び跳ねるというのは座ったまま体が鞠のようにぴょんぴょんと一〇~二〇センチ跳ねては落ちるという状況が三〇秒くらい続いたというものだった。智正は泣くに泣けない状況だったが、意識を頭頂付近に意識を集中すると跳ねるということで、意識を逸らしたらあまり跳ねなくなった。数日後に智正がこの話を大阪支部の人間に電話で話したところ、「それはダルドリー・シッディで、修行の途中で起こることである」旨の説明があった。

このような自分の神秘体験・状態について智正は、医学生としての見地から、精神科疾患は脇に置いて、側頭癲癇、あるいは側頭部の腫瘍を原因として考えた。

智正は、脳神経外科をしている柔道部の先輩の医師のところでたまたまポジトロンエミッショントモグラフィーという器械を導入し被験者を探していたことから、自ら応募して脳の活動を調べてもらったが異常はなかった。また、知能検査とＭＭＰＩという心理検査も受けたが異常は出ず、脳腫瘍の疑いは否定された。

癲癇についても、四、五月頃に脳波を検査したものの異常値が出ず、癲癇の波形は発作時でないと捉えられないとはいうものの、癲癇でもないだろうと自ら判断した。

このように、神秘体験が病気由来ではなさそうだと分かってきたが、精神科の疾患であると考えることに智正は否定的だった。社会で不当に差別されることを恐れたためと後に自身の公判で語っている。

内面での混乱状況の中で、智正は三月に佐々木香世子に大学祭のときのトレーナーを「形見」として渡して別れ話を切り出したものの受け入れてもらえなかったり、卒業式の際は後輩から沢山の花束を渡されたものの、自分の状況とその状況を周囲の人が全く知らないというギャップの大きさに寮に帰ってバケツに活けた花を見て泣いたりといった有様だった。

その一方で神秘体験は続いており、かつてやったアルバイト先にいた女性の声で「給料が出ていますよ」という声が聞こえ、気がついたら自室だった、念のためにアルバイト先に行ってみたら出ていないと思っていた給料が出ていたという不思議な体験もしている。

医師国家試験は四月二日、三日に行われた。解離性障害に基づく神秘体験は知性には影響を与えなかったので、試験自体は滞りなく受けられた。受験後、合格発表まで時間に余裕があったことから智正は三つのことをした。

まず、オウム真理教大阪支部に行った。これは時々生じるダルドリー・シッディの解消法を知りたかったのと自らに起きた神秘体験の話を分かる人に聞いて欲しかったからである。この当時大内早苗が支部長、大内利裕が副支部長で二人とも「成就者」という扱いだった。智正と面談したのは大内利裕で、智正が過去世で麻原の弟子だったようなビジョンを見たという話をしたところ、「そうだったんだろうね」とあっさり言われ、「人と接すると疲れる」旨を話すと「すぐに出家するように」と言われた。智正は、大内早苗支部長や後の地下鉄サリン事件に関与する杉本繁郎とも若干話したが、自らの体験に納得はできなかった。

二つ目は、友人二、三〇人を回って自分の状況を訴えたことである。智正は友人たちに状況を話し、跳んでいるところも見せた。四月末に高校時代の友人河本陽介にも跳んでいるところを見せたが、河本によると二センチくらい跳ねるにとどまったといい、このときは酒は飲んでいたという。

智正は五月一五日に国家試験に合格して一七日に筆者と会った。一八時に渋谷で待ち合わせたが、人混みが疲れるということで、当時建っていた東急プラザの中国料理店で食事をした後、近くの喫茶店で話し、そのまま中目黒の拙宅まで来て泊まった。拙宅でダルドリー・シッディをやってもらったが、貧乏揺すりのようにしか見えなかった。頭頂が盛り上がっているという話もしていたが、触らせてはもらえなかった。また、久々に将棋を一局囲んで筆者が勝ったが、この状態の相手ではあまり自慢にはなるまい。この日はオウムの教義などについても夜一時くらいまで話した。「(教団に何か言われても) 印鑑を押すときは気を付けるように」とはいかにも法学部上がりの書生臭いアドバイスだったが、このとき智正が求めていたのはこんな話ではなかった。

翌朝、筆者は勤務に出るため、渋谷で智正と別れている。

また、智正はこの時期岡山に帰省して両親にも異常を訴えている。両親はオウムへの入信は認めたが、出家には反対した。武本洋典にも異常を語ったが、ここでも有益なアドバイスは得られなかった。

三つ目に行ったことはアルバイトで、智正は、医師国家試験の後、臨床検査の仕事を再開した。

医師になるまでの間はこうした働き方しかできなかったということによる。

このアルバイトで智正は、心電図検査の際、患者の痛みが自分の体内に入ってきて自分も痛みを覚えるという経験をするようになった。「自分の好むと好まざるとにかかわらず、相手の体の状態が自分に移ってきて消えない」と本人は述べている。しかも、複数の患者と接した場合は、どんどんと入ってくるのである。この影響は普通の人からも入ってくるが、重病の患者からの影響が一番辛かったという。

物理的な影響のほかに、他人の想念も入ってくるようになった。「人の心が移ってくる、全くコピーされるように自分の中に入ってくる」と本人は説明する。ただ、体の影響とは異なり、想念が入ってくるのは「いつのまにか」であって、どの時点で自分の心に他人の心が入ってきたかは分からず、突然感情が混乱して何が何やら分からぬままに仕事が手に付かないあるいは勉強にならないという結果が生じていた。なお、想念が入ってきたことについては「一人静かに目をつぶっていると自分の中に他人が再生される。ただ、それが音なのか映像なのかは体験をしても分からない」としている。

そしてその一方で、自分のエネルギーが人混みなどで流れ出るという経験もしていたため、他人の影響で体が痛み、想念が入ってきて仕事に集中できず、エネルギーが出るために鼻水が出たり顔が浮腫んだりするという酷いことになっていた。

ただ、こうした状態が大阪支部に行って大内早苗や大内利裕と話をすると、修行などしなくても一時的に回復するため、支部に通うようになった。智正は自分に入ってきた痛みや想念を大内らに引き取ってもらい、逆に大内らからエネルギーをもらっていると感じていた。一応「修行している」人間に接していると、智正も受ける影響が少なかったわけで、彼が一〇〇人程度の信徒がひしめく道場に入っても大丈夫だったのであった。

また、四月一六日に佐々木と共に大阪支部を訪れ、麻原の説法を聞いているが、この時、麻原の後ろ側が光って見えるという光の体験をしている。そして、この際、佐々木も入信した。

智正は医師国家試験に合格後、六月一日から大阪鉄道病院で勤務を開始した。他に府立医大の同期三名が同時に勤務しており、そのうちの一人に後に大阪公立大学医学部教授となる大谷直子がいた。

智正は、医師として患者に物理的に接しざるを得ない日常となった。そして、患者からの影響を受けて体調が悪くなった場合、麻原の説法を聞いたり大阪支部の人と会うと状況が良くなるので、智正は大阪支部に頻繁に通わざるを得なくなった。ただ、これ以上「神秘状態」が悪化するのを警戒して修行自体は行わなかった。なお、この頃智正は大阪支部で青山吉伸弁護士や遠藤誠一とも面識を持つようになっている。

智正はこの年の夏に麻原からシャクティーパットを受けた。これは、麻原が仰向けに寝ている智正らの頭の方に座って、額に手を当てて一〇分から一五分くらい麻原自身のエネルギーを注入するというものである。このときシャクティーパットを受けた者は二、三日で一〇〇人程度であったが、受けた際、智正は踵と首が着いて腹が持ち上がるような、弓なりに反るような体勢になり、さらに体の中に温かいものが足の先からずっと入ってきて頭の方に来るという体験をした。そして、智正が病院で受けていた悪い影響がすうっと治ってしまうという感覚を持った。

智正は、四月一六日の説法の際、麻原に「人にエネルギーをやろうと考えるのと、やらないと考えるのと、疲れ方が違うのか」と問うたところ、「やらないと考えた方が疲れない。でもね、君の汚いエネルギーを人にやってもしょうがないよ」と言われ、他の聴者たちから爆笑されるという経験をしていた。そうした経緯から、麻原が量的にも質的にも良いエネルギーを無償で一〇〇人もの信徒に与えるという行為に素直に畏敬の念を覚えた。自分は人に触れたら一瞬で変調を来すからである。

ただ、麻原も人にエネルギーを与えて変調がなかったわけではなく、智正によると、麻原の光はいつもより弱く、麻原の顔の皮膚はフレスコ画が崩壊するようにボロボロとはげ落ちるように崩れるような感覚を受けた。麻原については「自分の前に聳え立った大きな山、理解を超えた山、遠くで見るときれいだが、近寄ると遭難するような怖い山」というような感覚を抱くに至った。

智正がシャクティーパットを信徒時代に受けたのは一、二回で、何日かは効果があったものの体調はまた元に戻ってしまった。シャクティーパット以外には、麻原の唱えるマントラ（仏に対する讃歌や祈りを象徴的に短く表現した言葉）をデジタル録音して音としても電波としても再生するというものがあり、これも最初のうちは智正の体調の回復に効いた。ただ、この方法は、自分の中で「飽和状態」になると効かなくなったという。麻原の唱えるマントラの再生は小さな部屋が一杯になるほどの機器を要したので富士山総本部道場でしかできなかった。数分やって数万円請求されたという。結局、智正は、塩の入った湯を飲んでは吐き出すという、インド由来の浄化法（ガジャカラニー：オウム教団の本にも載っていた）で、専ら体調を管理した。この方法からは常に一定の効果が得られたようで、筆者もこの頃、智正に電話した際、この浄化法をやっているという話は聞いている（これまでの経緯は、主に東京地裁平成一四年一月二二日の被告人質問による）。

後述するように、神秘状態を抑える上で呼吸法や瞑想といった修行は状況を緩和するのに役立ったが、智正がこれらを行って自身の状態をコントロールするのに至るのは逮捕後、東京拘置所に移管されてからだった。たしかに呼吸法といった修行方法はオウムの書籍にも一応は載っていたのだが、そもそもオウムは伝統的な仏教教団とは異なり、神秘状態（解離性障害）が促進されるのを良しとし、これを抑止するという発想がないため、智正が勧められて修行をしたとしても状態は緩和しなかったと思われる。ただ、オウムの修行でエネルギーを強くして他人の想念の影響を受けにくくすることはできたとする（平成一五年一一月一九日付来書）。

後年、智正は、麻原も自身の状態に一杯一杯で智正に神秘状態を抑制することについてのアドバイスは一回もなかったと回想している。

なお、智正は、他の宗教を試そうとはしなかった。彼なりに宗教を知っていて、自分の状態が尋常ではないのは分かっていたが、どの宗教に行っても自分のこの神秘状態には対応できないだろうと思ったからである。

同じような巫病者も語っているが、自身に起きた巫病の体験の意味と今後の見通しを的確に説明できる集団はオウムしかなく、この教団に頼る以外の選択肢がないというのが実情だった。

以上のように、智正の入信は全く神秘体験の継続によるもので、アンソニー・トゥー『サリン事件死刑囚 中川智正との対話』（KADOKAWA、二〇一八年。以下『中川智正との対話』と略す）一一七頁にあるような、「ヨガに興味を持って道場に入った」という類いのものではなかった。智正は神秘体験の話は関係の薄い他者には語りたがらず（前述のように幼少期から母親によってストップがかけられていた）、トゥー博士に対しても一応納得できるような入信動機を説明したものと思われる。智正が特に拘置所において自ら語った話にはこうした「韜晦」があることは、この後もしばしば指摘する。

三　出家に至る経過

智正がオウム真理教団（以下、基本的に「教団」と略す）への出家を意識したのは昭和六三年の末頃である。このときは大阪支部の大内利裕に来年の抱負を書かされ、「道場に月一回来る」と書いたところ、「来年中に出家すると書け」と言われた。その直前の説法で麻原は弟子に盛んに出家を勧めており、当時の教団内の方向性がまさにそうだったのである。麻原がこの頃弟子に出家を勧めていたのは、近い将来、衆議院選挙に教団として進出するのに備えての支援要員の確保策だったのではないかと智正は後に推測している。

平成元年に大阪支部の責任者が上祐史浩に替わり、上祐も智正に出家を勧めた。この年の二月頃から智正は体の奥底に何者かがいてそれが移動するような感じ、あるいは体内を風が吹くような感じを受けることがあった。こうした体験をすると体調が良くなり、患者の影響が消えるような感覚になれた。また、心臓が喜んでいるというような感覚も生じた。一方、神秘体験も依然として続き、病院の椅子に座っていると後ろから「修行しろ」という声が聞こえたりした。

このように、平成元年二月くらいから智正本人の中で「社会生活を営めない」という思いが出てきた。その一方、病院の患者に対して患部に手をかざして治療しようとする「オウム的」な行為を行い、病院内でも有名になっていた。

体調の悪さと神秘状態が続く中、智正は六月に病院で倒れた。これは患者からの影響等によるものであるが、周囲は過労と見て数日間休むことを勧めた。そして上司からは精神科を紹介されて受診したが、一時間程度の診察で終わり、別段、薬も出してもらえなかった。また、当時の制度を使って自身、トランキライザーを処方するも服用に至らなかった。後年、智正は「飲みたくなかったので飲まなかった」と述懐し、また、巫病は精神分裂症とは違って、細胞の異常などの物質的な基礎がないので、薬を出すというロジックにもならないだろうとしている。後にもこの時点での投薬は効果がなかったと振り返っている。

なお、智正の大学の先輩医師に一人オウムの信者がおり、彼も麻原との間で光の体験をしていたことから、智正の神秘体験の由来はやはり精神病関係とは異なると本人も思うようになってきた。智正は医療現場にいながら、自身の障害についての有効な解決策を見いだせないままであり、社会生活の困難性が増していた。

そもそも、神秘体験に関わるカウンセリングにおいて本人の話に寄り添えるのは医療関係者ではなく教団関係者であり、また、教団関係者と接している方が本人のエネルギーの状況も良いから、結局宗教団体に行かざるを得ないと自ら分析している。

なお、智正の母の同級生であった幼少期から智正を知る精神科の山本昌知医師（息子の真也も智正と附属学園で同期）は、智正がそもそも出身大学関係の精神科にかかったのが失敗だったとし、また、精神の障害についての診断を受けたことは、本人にとって「医師としての死刑宣告に等しかったのではないか」と指摘している（山本真也、令和二年七月五日聞き取り）。

こうして智正は、出家は嫌だと思いながらも、その方向に向かわざるを得なくなっていった。また、この頃、「自分は麻原彰晃の前生の弟子だ」という考え方も強くなっていた。

後年、智正は「入信から出家までの間は、私は自分で自分を全くコントロールできず本当に大変で、その間に私は麻原氏に対する無力感・他動性を身に付けてしまった」と振り返っている（平成一五年一一月一九日付来書）。

智正は、七月に出家を決断し、岡山に帰って家族にも伝えた。友人たちにもその旨を伝え、筆者とは八月二六日に千代田区神田三崎町の喫茶店で一時間半話したのが最後だった。何ともどうしようもないので出家するということで、何も打開策はなかった。この時点で、教団が次期衆議院選挙にスキンヘッドの候補者を二五人立てると聞かされた。一六時半頃にJR水道橋駅東口改札で別れたのが娑婆で智正を見た最後だった。

恋人の佐々木は出家するつもりは当初なかったが、智正と二人で麻原の前に呼ばれた際「中川君を困らせたら駄目じゃないか」と言われて「出家します」と答えてしまい出家となった（『マハーヤーナ』平成三年皐月号）。

第三　オウム真理教団への出家と重大事件への関与
（平成元年から平成七年）

一　出家直後の智正

智正が大阪のアパートを引き払ったのは平成元年八月三一日で、智正は新幹線こだま号に乗って新富士駅で降り、オウム真理教富士山総本部道場に入った。当時、教団で出家者を受け入れる場所はここしかなかったためで、到着は夜の八時くらいだったという。

出家直後の智正は、まず三日間立位礼拝をさせられた。これは大声で詞章を唱えて体を前方に投げ出すようにして土下座をちょっと長く伸ばしたような格好をし、またすぐ立ち上がって詞章を唱えて、ということを繰り返す修行で、この動作を一〇秒から一五秒に一回行うというものだった。これは智正にとっては初の教団での本格的な修行だったが、その際、智正は立ったまま体が後ろに跳ねるという経験をし、礼拝の筋肉痛とともにあちこちに打ちつけて痣ができるという散々な目に遭った。

当時の智正の状況について、後の智正の控訴審第一〇回（平成一八年一〇月一〇日）での元教団女性信者の証言によると、智正は「道場で立位礼拝をしようとするたびに体が吹っ飛ぶように倒れて大きな音を出す。ものすごく大きな音なので、道場の外にいた自分も見に行った。立位礼拝は、本来は両手を上げた後、前にしゃがんで膝と肘と頭を床に付けるようにして礼拝するのだが、このときの智正は、両腕を伸ばして上にあげると、誰かに投げられるような感じで後ろや横に吹き飛んで、仰向けや横倒しになって転倒してしまう。また立ち上がって立位礼拝しようとするが、手を上げると後ろや横に吹き飛んでしまう。一緒に立位礼拝をやっている人にこんな人はいない。見に来た人は『プロレスの練習しているんじゃない』とか言っていた。監視役の人も智正がわざとやっているわけではなく、仕方ないから注意もしなかったと後で聞いた」としている。

また、同じ証言では、平成二年の夏の富士山総本部道場二階での修行において、突然立ち上がって歩き出し、道場内を歩き始めてから「あれっ」と首を傾げ、障害物等を避けて普通に歩いていたのに「わし何してた」と言ったりしていたとする。

後に控訴審で鑑定意見書を書いた精神科医の佐々木雄司博士は、こうした状況を「典型的な精神運動性興奮」であるとし、また、智正が瞑想修行中に突然立ち上がって歩き出し途中で我に返って「あれどうしてここに」などと夢遊病のような症状を呈したことについては「解離性遁走」としている。

この後、智正は、教団が都内で行った宗教活動の下働き、教団主催のコンサートでの椅子運びやチケットのもぎりというような仕事をした。また、その合間に上祐史浩の指示で教団がやろうとしていた「水中クンバカ」のためのマスコミ向けの資料作りをさせられている。「水中クンバカ」とは一種の素潜りだが、素潜りの選手で長時間潜れる人はヨガをトレーニングに取り入れていることが多いとのことで、教団のヨガの技能をアピールする手段として行われていた。「水中クンバカ」に智正が関わらされたのはやはり医師としての知識を買われたからで、患者と接触することの困難性から出家したものの、結局、智正は教団でも医療に関わり続けることとなった。

なお、教団の水中クンバカについては、後に中学の同期だった漫才師の水道橋博士（小野正芳）が『お笑い男の星座2――私情最強編』（文藝春秋、二〇〇三年）で取り上げているがこれは創作である（同書で筆者がオウム信者だったように描いている部分もあるが、これも創作である。漫才台本についても同様である。ちなみに、筆者は智正とも小野ともかなり近しい友人だったが、知る限り智正と小野に直接の接点はなかった）。

当初、智正は「新しい医療を考える会」として医療相談の業務を下井草にあった杉並道場でさせられた。「医療相談」は、麻原以下が衆議院選挙に出るための知名度向上のための運動の一環だった。元々患者の影響が入るから医師としての生活は困難という理由から出家したので、医療関係の仕事は本意ではなかったが断れなかった。後に同僚として林郁夫や佐々木正光といった医師が加わる。林は医師としての力量は智正とは桁違いだったというが、智正は彼らより先に出家していたため医療相談に関わらされた。なお、他の医師で智正のように患者から影響を受ける者はいなかった。もっとも、医療相談自体には一日数名しか来ず、当然重症患者も来なかったので影響はそれほどなかったという。

医療相談業務の者は鷺宮に集められた。ただ、医療相談自体はあまりオウムの選挙活動としては有効ではないと判断され、智正ら医療関係者も風船配りやビラ撒きをやらされた。

この後、九月下旬に医療関係者は麻原の前に集められ、杉並区で診療所を開設するという指示を受けた。これに基づき開設のための手続きを都庁との間で進めたが、宗教法人の目的に医療経営等の文言がないことから都庁が難色を示し、一一月中旬までには診療所開設は一旦断念された。

なお、本章の記述は、基本的に平成一四年中の東京地裁での被告人質問に基づく。

二　坂本弁護士一家殺害事件

このように智正が出家して活動している間、オウムを巡る社会情勢は厳しいものとなっていた。オウムが強引に信者を獲得し、特に若者を無理矢理出家させていたことから、出家者の家族を中心に教団に対する批判がなされ、オウム対策の弁護団も結成された。そしてこうした動きを受けて週刊誌『サンデー毎日』は平成元年一〇月からオウム批判の記事を連載するなど、教団への批判は高まった。麻原は、東京都から認証を受けて同年八月二九日に行った宗教法人としての登記の取り消し、あるいは来る衆議院選挙への悪影響を懸念するに至った。

一〇月のある日、智正は村井秀夫から「人の呼吸を止めるような薬物」あるいは「人を死に至らせるような薬物」について質問され、いくつかの薬品名を挙げた。この後村井は智正にそうした薬品を元の勤務先である大阪鉄道病院で入手してくるよう指示した。智正は一〇月二九日に病院を訪れたものの薬は入手できず、結局、杉並の道場にあった塩化カリウムのアンプルを村井の元に持参した。このアンプルは信徒の医師が教団に提供した物であったため、智正が後に警察で取調べを受けるに際しては、信徒の医師を庇って智正が大阪鉄道病院から持ってきたと言い繕ったものである。なお、塩化カリウムは経口あるいは点滴で用いられても人体には影響はなく、注射で大量に血管に入れない限り死に至るものではない。

この日、智正が塩化カリウムのアンプルを富士山総本部道場に戻って第一サティアン三階で村井に渡すと、村井は直ちに智正を連れて四階の麻原の瞑想室に入った。このとき、瞑想室を含む四階が光って見えたと智正は述べている。智正は麻原とは一分くらい会ってすぐ部屋から出たが、その直後、村井がアンプルを見ながら「これで人、死ぬの」と智正に問うている。

智正が村井・麻原と会った四日後の一一月二日夜、智正は再度第一サティアンの麻原の部屋に呼ばれた。そこには麻原、村井のほか早川紀代秀、佐伯一明（逮捕後に岡崎、宮前と改姓）、新實智光もいた。

ここで謀議が始まった。当初は『サンデー毎日』の編集長牧太郎を殺害するという話が出た（早川、佐伯はこの話が終わった後でこの部屋に入ってきたとしているので、両名は謀議当初からはこの部屋にはいなかったのかもしれない)。しかし、途中から「牧太郎は自宅に帰らないかもしれない」という話になり、ターゲットが当時、オウム信者の脱会活動等に取り組んでいた坂本堤弁護士に変更されてしまった。智正は坂本弁護士の件についてはほとんど知らなかったが、謀議の中では最下位の信徒でもあり、何の異議も唱えられないままであった。謀議の時間は三〇分程度とされるが、牧太郎襲撃の件で二〇分程度を費やしたのに対し、坂本弁護士については一〇分程度で話が終わったとされるから、いかにこの襲撃が突拍子もなく提起されて何の躊躇いもなく実施されたかが窺われる。

襲撃方法については、塩化カリウム二〇ccを智正が静脈注射するということになっていた。ただ、暴れる人間に静脈注射で大量の毒物を注入することの不可能性を智正は村井にすでに述べていたため、こうしたことを実際に行わせることはないだろうという認識だった。しかし智正は注射ができないとなっても、この襲撃から離脱することはできないと感じていた。これが自分の運命だと思っていた。後に智正は、当時は麻原の意識に従って自己の意思決定をする状態で、自己の行動を最終的に決めるのは麻原の意識だったと回想している(平成一八年八月四日)。後に精神鑑定に当たった佐々木雄司博士は、当時の智正にとって麻原の言葉は「動詞」でもあったとし(「鑑定意見書(その2)」資料(三三)頁)、智正は麻原のコントロール下にあったとする。

智正らは謀議の後、杉並道場に立ち寄ったが、そこで佐々木香世子が修行に入れられていることを知った。この措置は、智正を襲撃から逃がさないための措置と想像したと後に回顧されている。

智正は注射器数本に塩化カリウムを装填して杉並道場を出たが、その際、プルシャ（オウムのバッチ）を身に着けた。身に着けろとの指示もなく、本来不要な物だったが、なぜか身に着けたという。

杉並道場を出た一行は、新宿で変装用に服を買い、また、用心のために手袋を買った。智正はこの際スーツ姿に着替えたが、プルシャは身に着けたままだった。新宿を出た際は車二台に分乗し、一台は佐伯、村井、端本悟、智正、もう一台が早川と新實だった。

坂本弁護士の自宅近くのＪＲ根岸線洋光台駅付近に着いてから、早川と新實は駅の改札付近で坂本弁護士の帰宅を見張った。智正は下っ端だったので他の三人に話しかけることもできず、無言のまま時だけが流れた。帰宅する坂本弁護士を路上で襲撃して塩化カリウムを注射するという段取りだった。

夜一〇時頃、智正は、駅から戻ってきていた新實に対して「一一月三日は祝日だから坂本弁護士は出勤していないかもしれない」旨を話した。これについて、新實は「賢い」と評し、佐伯は早速、坂本弁護士宅を見に行って家に明かりが点いていることを確認した。佐伯はさらに偵察し、坂本弁護士一家三人が在宅していて玄関が無施錠であることも確認した。

智正は、早川から一家三人を殺害する旨を言われ（麻原は坂本母子については、早川に「任せる」と言ったとされる（平成九年二月一四日））、注射でやるとは言われなかったが、注射器三本を携帯した。もっとも智正は、抵抗する三人を五人で押さえつけて自ら順次注射するような方法は不可能だと思っていたのではあったが。ただ、この時点で、注射はできない、ただ行かねばならないというとりとめのない思考の循環に陥っていた。麻原の二つの想念がぶつかっているような感じだったという。

結局、終電を見届けた後、日が明けて一一月四日三時過ぎに一同は坂本宅に突入した。事前に仮眠をとり、新實が他の者を起こして突入に及んだ。智正は前日買ったズボンの裾上げをしておらず、安全ピンで留めていたこともあって突入は最後となった。

坂本宅に入って智正は坂本弁護士の息子の龍彦（一歳）を押さえた後、村井の指示で坂本弁護士と坂本夫人に塩化カリウム注射を行った。さらにその後、坂本夫人の首を絞めて坂本弁護士に再度注射を行っている。なお、実行の間、智正は麻原が近くにいるような感覚にとらわれ、叫び声を上げて笑いたいような「狂喜」の感覚にあったという。また、泣いている龍彦を押さえつけるについては「子供を何とかしろ」という男の声が心臓から聞こえたと回想している。

智正は龍彦が泣き止んだので坂本弁護士に注射を打とうとしたが筋肉注射にもならず、入れた薬量はほぼゼロだった。その後、坂本夫人に注射をしたが、こちらもほとんど薬は入らなかった。このとき、坂本夫人の首を村井が絞めていたのであるが、絞める箇所が違うと、智正は自身が以前見た麻原に自分が首を絞められている映像に基づき口に出してしまい、これを受けて、村井は「あんたやってくれ」と言い、智正はそれに従って坂本夫人の首絞めを交代し、結果、死に至らしめている。この後、智正は再度、要請を受けて坂本弁護士に注射をするも注射は外れている。五人の誰かが首を絞めて弁護士を殺害した。

結局、坂本弁護士一家は注射ではなく扼殺されたわけであるが、最高裁の判決では坂本弁護士以外の二人の死は智正が関与したとしている。三人死亡の直後、智正は「ハハハ」と笑い声を上げていたと早川は後に取調べで語った。

なお、智正については犯行直後の記憶が欠落し、上空から坂本一家の遺体を運ぶ映像しか記憶に残っていなかった。佐々木雄司博士は、事件当時の智正の状態については「激しい解離症状を呈していて意識変容のただ中にあり、麻原の意識が智正の意識となって行動を支配していたのであるから、智正の弁別能力・行動制御能力ともに完全に損なわれていたのは明らか」と見立てている（平成二九年「再審請求意見書」）。

襲撃した六人は三人の遺骸を自分らの車に運び込んで現場を去った。六人は富士山総本部に向かったが、車中、智正が目を閉じたところ、いつも見える白っぽい光ではなく、碁石の光沢のような黒い光が見えて「人を殺したから光が黒くなった」と思った。

富士山総本部で六人は麻原から労われた後、朝鮮人参のペーストをもらった。智正は事件直後から上肢の振戦、悪寒、腹痛などルン（気息）・トラブルがあり体調が悪かったが、これにより一時的に回復する（ペースト内にたまたま麻原の髪も入っていたが一緒に食べたという）。

富士山総本部で六人は遺骸をどこかに埋めるべくドラム缶に詰めた後、麻原に再度呼ばれ、弁護士は地獄、夫人は動物、息子は餓鬼に転生したと告げられた。智正はとってつけたような麻原の口調と内容に違和感を覚えた。

六人は一一月四日夜から六日にかけて富山、新潟及び長野の三県で坂本一家三人の遺骸をバラバラに埋め、他の証拠品も処分した。その後、智正は一週間富士山総本部のポアの間で独房修行をさせられている。その間の瞑想で、麻原が大きな光の玉となって宇宙から地球に落下し、自身も小さな光の玉として地球に落下するビジョンを見て自身と麻原との関係性を確認するとともに「麻原に付いてこの世に生まれてこなければ良かった」と感じたとする。

坂本宅でのプルシャの逸失が発覚したのもこの頃で、智正は村井や早川に随分責められたが、麻原は謝罪する智正に「いいよ、気にするな。中川君も緊張してたんだな」といった調子で怒ることなく慰労している。これが智正にとっては精神的な借りとなり、また、麻原との縁を深めるものともなった（以上「坂本弁護士一家殺害事件」。以下「坂本事件」と略す）。

なお、智正は、以降の他の事件でも本件同様、大なり小なり麻原の意識に従って行動していたとし（平成一八年八月四日）、「殺人案件」への関与についても、「人を殺すことを肯定はしていないが、麻原氏が言う以上、意味があると思った。ただ『何で僕がこの役割なんだ』という気持ちはあった」という趣旨の発言を後年、後藤貞人弁護士に行っている（令和四年一二月三日聞き取り）。ただ、智正は晩年まで「麻原と出会わなかったら」といった感想は持たず、麻原との出会いを運命として受け入れ、抵抗感を持ちつつもその意識に従って事件に関わっていたというのが当時の状況だった。

三　平成二年総選挙への出馬

坂本事件の後、智正は平成元年一一月からラージャ・ヨガを成就するための修行に入った。その内容は、呼吸法、瞑想、立位礼拝を繰り返すというものだった。智正は修行に打ち込めなかったが、その原因は、修行の際に生じる歓喜状態と坂本事件の際に自身に生じた意識状態とが似ていたためとする。事件についての精神的負担が重くのしかかっていたのである。自身が修行の際に息を止めることの苦しさと、坂本一家の息を止めたときの苦しさとがダブってきたというのである。

なお、当時の智正の状況について平田信は「智正がまたノイローゼ顔に戻り、せわしなく手足を震わせていた。修行によって、またセルフ・コントロールできない状態に戻ったかと思ったが、麻原は『たいぶクンダリニーのプロセスに入ってきているな』と言っていたので、良い状態だろうと思い直した」と回想している。また、平田は、「信徒間で体験を語り合うことは多いが、その中でも智正の体験は特異だった」とし（以上、平成三〇年一月一五日付「平田信陳述書」）、出家直後の立位礼拝のエピソードと合わせても、智正は教団内で独特の存在だったことが分かる。

智正は一一月末から一二月のあたりでラージャ・ヨガ成就の認定を受け、「スワミ」という序列になった。これは当時では正悟師、大師の次に位置するステージだった。また、この際「ヴァジラティッサ」というホーリー・ネームを麻原からもらっている。ちなみに「ヴァジラ」は金剛（ダイヤモンド）を意味し、「ティッサ」は仏典にティッサという人物が出てくることからそれにあやかって付けたものらしい。

事件後、智正は、杉並道場の片隅で起居する生活だった。智正は一度佐々木香世子に「ここにいたくない（死にたい）」という言葉を吐いたが、佐々木は「心にもないことを言って。顔が笑っている」というような返答で全然取り合わなかった。以来、智正は平成七年の逮捕まで誰に対してもこうした言動をとらなくなった。

智正は麻原のお供の一人として年末にインドに行った。その際、麻原はダライ・ラマに会って二億円のお布施を約束している。また麻原はインドで智正らに「私はやがて日本の麻原になり、世界の麻原になる。自分の名が世界中に広まる。そうなったときに教団は終わる。今生の救済は終わりだ」という旨の発言をしており、後に智正は麻原がこの時点ですでに大規模事件を起こして教団を終焉させようとしていたと回想している。

日本に帰った智正は、平成二年二月に行われる衆議院選挙に麻原彰晃以下二五人が「真理党」として出馬することから、選挙関係の仕事を割り当てられた。これは、麻原の顔をかたどったマスクを被って「麻原彰晃です。お願いします」と街頭で一日中お辞儀をするという役割である。教団内では二、三〇人がこの仕事をしていたが、智正が疲れたために夜になってからはマスクを外してお辞儀をしていたら、見回りに来た早川紀代秀に「おんどりゃあ、何しとるんや、言われたことをちゃんとやらんかい」と大声で怒鳴られたと回想している。

智正は、真理党から出馬する人数が足りなくなったため、急遽、当時の神奈川三区から立候補することになった。選挙区には一、二度足を運び、政見放送は教団の作成した原稿を丸呑みするのではなく、自分で考えて話した。投票日は二月一八日で得票数は一四四五票。真理党では東京四区から出馬した麻原の一七八三票に次ぐ二番目の得票数だった。一〇〇〇票超えは、真理党では智正と麻原の二人のみである。ただ、教団の総力を挙げて選挙活動をした麻原に対し、政見放送と選挙ポスター・公報のみで一四〇〇票余りを集めたのは、彼の医師としての肩書きとともに政見放送で現れた人柄にもよろう（林郁夫は智正の選挙ポスターを掲示板に貼る活動をさせられていた（林郁夫『オウムと私』文春文庫、二〇〇一年、一二一頁））。

政見放送で智正は、「真理党の医療政策担当」と称し、現代医学の欠陥を克服するために東洋医学の専門家である麻原の下に参じたという体にしている。真理党の医療政策としては予防医学の確立、新しい医療を創る（慢性病に強い東洋医学の導入）、末期医療の充実、医療費の適正化の四つを掲げた。また、真理党の政策として消費税廃止、福祉推進、教育改革、国民投票制の導入を紹介している。智正は政見放送の原稿は党の政策を勘案しつつ全く独力で書き上げたという。急ごしらえだったようで「あるいは、例えば」というフレーズが繰り返されて耳に付く部分もあったが、真摯な人柄が窺えるものではあった。

ただ、智正の集票は麻原には評価されず「自分の選挙ばかりやっていた」と逆に怒られたと述懐している。

※註　教団の政治進出とその背景については、塚田穂高『宗教と政治の転轍点――保守合同と政教一致の宗教社会学』（花伝社、二〇一五年）第六章に詳しい考察がある。

四　教団の生物兵器への関与（平成二年）

選挙後の平成二年三月、智正は当時教団が密かに行っていたボツリヌス菌の大量培養の仕事に山梨県上九一色村の施設で携わった。

智正の上申書によると、麻原は教団発足以前から破壊的な路線を考えていたようで、その証拠として『トワイライトゾーン』（昭和六〇年一〇月号）で麻原が「修行中に天から神が降りてきて『あなたに、アビラケツノミコトを任じます』、と言い、自分はその意味を、戦さを用いて理想国を作れということだと解釈し、さらに自分は自分の信仰する神に相談してこの命令を受けるべきだと言われた」と答えていることを挙げている。そして智正は「客観的に神が降りて来るようなことがあるかどうかは別にして、麻原氏は現実に神の命令を受けたと思い込んでいたと私は考えています」としている。

こうした背景があって麻原は昭和六三年末には遠藤誠一にバイオ関係の実験室を立ち上げさせ

た。遠藤は帯広畜産大学を出た後、京都大学大学院（博士課程）に在籍していた。大学院ではウイルス学を学び、獣医師の資格もあって適任者とみなされた。当初、遠藤は麻原のＤＮＡを大腸菌で複製し、イニシエーションに使うことを計画していたとされるが、平成元年春に麻原は遠藤氏と初めてボツリヌス菌の話をしている。麻原は、選挙後の平成二年四月に三〇人程度の弟子を前にして「ボツリヌス菌を培養して世界に撒く」旨を発言している。平成二年の選挙後からオウムはヴァジラヤーナ（破壊による救済）路線に舵を切ったとされるが、智正によると麻原は前々からヴァジラヤーナ路線を想定し、遠藤にその準備をさせていたということになる。

なお、井上嘉浩は、麻原が昭和六三年七月にチベット密教カーギュ派の総師カール・リンポチェから受けた講義の中に「ヴァジラヤーナ」もあり、以降、この部分を麻原は強調するようになったとする。ちなみに、その際通訳を務めた上祐史浩によると、リンポチェは麻原が解脱とする自らの神秘体験については「それは解脱ではない」として否定的だったという。リンポチェは「体験をコントロール」できることが解脱であるとしたとされるが、この有り様は体験の加速を良しとするオウムの方向性とは真逆である（門田隆将『オウム死刑囚　魂の遍歴――井上嘉浩　すべての罪はわが身にあり』ＰＨＰ研究所、二〇一八年、一五八頁以下）。

また、富田隆は通訳の上祐から、リンポチェが説いたヴァジラヤーナでそもそも容認されているのは「呪殺」であり無差別殺人ではないと聞いたとする（富田『手記』六七頁）。麻原は神秘体験への対応やヴァジラヤーナへの理解において、すでにチベット密教カーギュ派とも異なる立ち位置にいた。

ボツリヌス菌は毒性が世界最強で（ボツリヌスD型毒素はサリンの一六〇〇万倍の強さを、A型毒素は同じく五〇〇万倍の毒性の強さをそれぞれ示す）、肺から吸収されて人体に入り込む。大量生産しやすく、毒素を乾燥粉末にすることができるという点で生物兵器として重要視されてきた（アンソニー・トゥー『サリン事件——科学者の目でテロの真相に迫る』東京化学同人、二〇一四年、一〇七頁。以下『サリン事件』と略す）。

なお、生物兵器とは別に麻原は平成元年に村井秀夫にレーザー兵器を作らせ毎日新聞社を攻撃しようとしたが、この兵器は「赤い豆電球が光っただけ」という効果しか出ず（早川紀代秀談）、お蔵入りとなっている（村井のレーザー兵器は後に目黒公証役場事件で再度登場する）。

このようなボツリヌス菌の大量培養に智正も関わらされたのだが、その内容は菌の毒性を試すために飼育しているネズミの世話係といった程度のものだった。教団のボツリヌス菌製造はこれを気球に載せてばら撒くという大量殺人を目してのものと後に知らされたが、自然界の土からボツリヌス菌を探し出してこれを培養するという遠藤の仕事は神秘力を信じた杜撰なもので、智正自身、培養したボツリヌス菌とされるものを一〇〇回程度顕微鏡で見せられたが、一回もできていなかったとしている。大豆タンパクを使って培養していたら糸を引いていて、出来上がったのは納豆の材料になる枯草菌だったという。村井が一〇〇度で滅菌することを指示し、そのとおりにしてプレパラートで観察したら温度が下がると菌がうようよ動いていて全然滅菌されておらず大腸菌の塊ができていた。栄養を加えろとの村井の発案で粉ミルクを混ぜたらかっぱえびせんの臭いがし、「お菓子を作っている」と教団施設内では噂になった(平成八年一一月二一日)。あるいは釣り餌のような臭いもしたので「ヤツメウナギの養殖をしている」という噂も生じていた(平成八年一一月二九日)。

また、大量培養のために作った培養槽に横山真人が落ちて溺れたが体に別条はなく、この件は教団内でも固く口止めされたというから、スローガンはともかく危険性は皆無だった。智正は、こうした細菌培養は、大量殺人という嫌なことをあえて信者にやらせる「修行」ではないかとも考え、実現性がなくても実験への関与は苦にならなかったとする。細菌培養については、培養槽がカプセル型でなく直方体だったのでその角に雑菌が繁殖してしまい、目的とする菌の増殖がそもそもできないような杜撰な設備の問題もあり、詰まるところは遠藤が元々ウイルスの研究者で細菌についての経験がほとんどなかったためと智正は総括している。

当時、麻原は、気球によるボツリヌス菌の大量散布で全人類の数十%が亡くなるようなことを言っていたと智正は述べ、実際、麻原は菌の大量散布を前提として四月一六日から二四日まで信者を石垣島にセミナーとして集めたりしていたが、結局、菌の散布はできず、五月に失敗した培養液を上九一色村の教団施設外に垂れ流し、悪臭を発生させて地元住民から苦情が出されている。ボツリヌスについては一回噴霧車で撒いてみたが、何の影響も出なかったという。菌の製造は七月には断念された。

なお、この頃、智正は麻原の指示により、自身に馬血清を点滴注射中、急性ショック反応を起こし、医師としてこれを認識しながらも、麻原が続けて馬血清を打つように指示したため、この言葉で心が入れ替わり、生命に危険があると認識しつつも再度点滴注射を行ったという。麻原の意志や言葉が直ちに自動的に智正を動かしていたのである。

ボツリヌス菌培養・大量殺人計画は失敗に終わったが、この作業には教団内で約三〇名が関わり、その多くは後のサリン事件等にも関わった。ボツリヌス菌事案を智正は最晩年に振り返って「ボツリヌス菌の大量培養は、世界中の人類を殺害するという計画であり、坂本事件よりも教団の方針転換の意味が大きかった」と述懐している（平成三〇年七月三日付来書）。

教団は、麻原が「これからはマハーヤーナで行こう」と言ったこともあり、武装路線を一旦放擲して、説法・布教中心の「平和路線」に転じた。

なお、遠藤は本件の失敗でも失脚することはなかった。これは遠藤が食品部門での貢献、特に遺伝子工学を駆使して大腸菌を用いて麻原のＤＮＡを複製していたことがある。教団はこのＤＮＡをイニシエーションに用いることで数億の収入を得ており、遠藤の存在価値は依然大きかったのである。

ボツリヌス菌事案が終わった後、智正は、従前から関わっていたオウム真理教附属医院の開設の方に力を入れ、同医院は平成二年六月一日に中野区野方五丁目において開院した。智正はここでは平医師として働いたが、患者はあまり来なかった。信者以外ではまれに精神科の救急が来る程度だったという。

また、九月からは修行に入り、呼吸法、立位礼拝（六〇〇時間）、瞑想の三つを中心に行った。修行に入って一週間で目を閉じていても目の前が明るくなるような状態になり、坂本事件の前の状態に戻った。また、立位礼拝の際には目を閉じていても直接日光を見たような光が見えて、目を閉じていてもさらに目を閉じたくなるような明るさを感じるといった体験をしている。また、修行していると歓喜状態になったという。

智正はクンダリニー・ヨガの修行を成就したとして師となった。一連の修行で他人の想念が入ってくるという状態からはかなり改善したが、周囲の人と話すと、その人の体の悪い箇所をかなり正確に当てられるようになった。その一方、麻原の想念がますますぴったりと自身に寄り添うようになったという。

なお、前述の控訴審第一〇回（平成一八年一〇月一〇日）の元教団女性信者の証言によると、この当時においても智正が「他人の状態が移ってきて疲れる」と言うことがあり、また、この女性が話しているときに掌を何気なく智正に向けると「エネルギーが移ってくるから、掌をこちらに向けないで」と言われたとする。そして智正が麻原の部屋に行って戻ってくるとその体調が良くなることが多いが、場合によっては不機嫌とも乱暴ともとれる状態に一変していることもあったという。智正が他人の影響、特に麻原の影響を受けやすい状態だったことは、修行の成就にかかわらず続いていたのである。

ちなみに、麻原も他人の体の悪い箇所を当てることができ、逮捕後取調べの際、刑事に「心臓に気を付けてください」と言い、この刑事は本当に心臓が悪かったので驚いたという。

修行が終わった平成二年秋からは教団がこれまた密かに製造していたホスゲンの製造の一部に関与した。これは実際には硝酸の製造作業に関わったもので、当初は肥料製造のための作業と考えていたら後に製造しようとしていたホスゲンを散布するための爆薬に使うと知らされたというものである。教団は熊本県波野村での土地の違法取得の問題で一〇月二二日に強制捜査を受けるが、その際、硝酸関係の資料を処分していなかったから、明確な違法性の認識もなかったことが分かる。

五　麻原の周囲にいるようになる（平成三年）

智正は、平成二年一〇月からは麻原のお付きになって富士山総本部と中野区野方のオウム真理教附属医院（ＡＨＩ）を往復するようになった。お付きというのは、この時点で麻原は完全に失明したため、麻原が歩く際、周囲の人間がぶつからないように人垣を作る「警備役」のような仕事であった。さらに一一月くらいから麻原の健康管理にも携わるようになる。もっとも、智正は主治医というような立場ではなく、麻原が体調を崩すと智正が医学書を読んでいくつかの治療法を紹介し、その中から麻原が治療法を選んで智正がそれに従って投薬などをするというものだった。平成七年の逮捕に至るまで智正は麻原の脈をとったり採血をしたり触診をしたりということは一回もなく、聴診器を当てる際も智正から悪い影響が来ないようにと村井秀夫が胸に聴診器を当ててその音を智正が聞くことが一回あったきりという（この点について林郁夫は、智正が平成五年に「刻印のイニシエーション」と称されるものの実施につき麻原から採血していた旨を指摘している（林『オウムと私』一八六頁）。これは厳密には「治療」のための採血ではないので、智正は勘定に入れなかったのかもしれない）。

ちなみに麻原は漢方にはかなり詳しく、『漢薬の臨床応用』という本を一冊丸暗記していた。また、鍼灸にも詳しかった。そのため、感染症など体調が急変した場合以外は漢方に頼るのが通常だった。なお、体調を崩しても智正の悪いエネルギーが入るのを恐れて検査はさせてもらえなかったという。この点は、同様に他人の影響を受ける智正も理解していた。

智正はこのように麻原の周辺に常時いる役回りになったが、健康管理以外では掃除や買い物、家具の運搬、あるいは靴の作製といった仕事が主だった。第二サティアンの電話配線まで行ったと法廷では回想している。麻原には女性のお世話係が何人かいたが、それとは別に力役を担当するという役回りで、教団の意思決定に関与するような「側近」ではなく、麻原とその家族の面倒を見る「付き人」のような役割だった。ただ、麻原の傍にいること自体が「心臓が喜んでいる」状態で無条件に嬉しかったとしている。

智正は後に教団幹部となる他の者とは異なり、支部関係にはほとんど関わらず、部下も数名にとどまった。これは麻原が智正が「すぐに人の影響を受ける」ことを理解し、教団内でも極力隔離するような方針を採ったためで、これゆえ、智正は他人の影響を受けて「疲弊する」という事態は避けられたのである。

智正は平成三年三月に富士山総本部に部屋をもらってＡＨＩから離れた。これは麻原の指示によるもので、ＡＨＩの実質的な責任者だった林郁夫と智正の関係を調整するためだったという。すなわち、智正の方が先に出家しているのに対し、林の方が遙かに医療技術は上で、教団の序列に従ってしまうと林が病院経営をやりにくくなるためとされる。林によると、麻原指示前は、智正は時々ＡＨＩに来て、林以下に研究テーマを与えたり、若い医師に資料調べやまとめをさせるという程度のことしかしていなかったとする（林『オウムと私』一三九頁）。これが麻原の指示後は、ＡＨＩで行う一〇万円以上の物品購入に関する決裁以外はほぼ行わず、また、物品購入決裁についても却下することはほとんどなかったというくらいの形式的な関与になった。この措置も、智正への他者からの影響を減らすための麻原の「配慮」と捉えるべきかもしれない。

智正は一一月にポアについての二つの体験をした。

一つは受け持っていた食道癌の男性患者が自宅で亡くなった際、臍から下がものすごく痒くなってそのうち気絶してしまい、そのときの夢に患者の顔が出てきたというもので、智正はこの男性患者が自分を土台にして転生したと思い、麻原もこれを肯定し「人をポアするというのはそういう負担を自分の身に受けることだ」と言ったというものである。

また、同月末に悪性リンパ腫の女性信者が死去した際、その報告を高知支部で受けた麻原がポアの瞑想をしたところ、富士山総本部の第一サティアン内の天井から光が降ってきて部屋中真っ白になりそのうち消えたが、これにより女性信者が死んだことによる智正の動揺がスッと消えて歓喜状態になったというものである。

この二つの経験から高いステージに転生させる行為としての「ポア」というものがあることを智正は体感した。また、麻原にポアさせる力があることについても疑いを持たずに受け入れた。もっとも、教義上「ポアをした人は次の転生で地獄に落ちることもある」とされ、「はるか未来に最終的に衆生を済度し終えて自らの涅槃に入る期間が短縮される」というのがポアの功徳で今生で良いことがあるわけではない。智正はポアの功徳は「空手形と言われてもしょうがない」と醒めた見方をしていた（平成二五年一一月一九日付来書）。

平成四年は、智正にとっては叱責されることが多い年だった。まず、三月に大阪女子マラソンに出たS・M選手が恥骨を疲労骨折したのはコーチたる智正の責任だとして一ヶ月程度、九月に松本知子が麻原の長男を出産するのに立ち会った際、性欲があったとのことで、一一月に再度、一ヶ月程度独房修行をさせられている。前者については、選手に一日三〇匹煮干しを食べさせるべきところを一〇匹しか食べさせなかったのが怪しからんということで、後者についてはそもそも立ち会いを命じたのは麻原で、出産に際しては智正は遠慮してその場に居合わせず、松本知子が自力で出産して智正は臍の緒を切っただけというものだったが、いずれも麻原の機嫌を損ねたのである。

ちなみにS・Mは骨折を隠して大会に出場したものの途中で走れなくなって智正に背負われてリタイアしたが、その治療の際、智正はパンツをめくって性器をのぞき込んだとS・Mは言っていた。智正がこうした行為に出た背景には、S・Mは麻原から「白いイニシエーション（性交・精飲する修行）」を受けていたことを智正が知っていて、S・Mを軽んじてこうした行為に出たとS・Mと交際していた富田隆は推測している（富田『手記』一四二頁）。平成九年三月六日に筆者が面会した際、智正はS・Mの疲労骨折の話をし、その際「S・Mには蒙古斑があった」旨を語っており、患者に配慮せずに無遠慮な治療を行っていたきらいはある。なお、智正は漏精は忌むべきものとし、出家してからは一回もセックスはしていないと言っていたから（平成八年五月二八日）、助平心はあまりなかったようである。

ちなみに麻原が信者相手に性行為をすることについて智正は、「低い人にエネルギーを与えて麻原にはカルマが残るという女性信者のためになる行為」と捉えていた（平成八年八月二日）。

当時、智正は麻原のことは「神でも悪魔でもないそれ以上のもの」と感じており、麻原は智正のミスを口実にして修行をさせていたと思っていた。なお、独房修行は明かりは電球しかない二畳程度の部屋で食事は一日一回、トイレはポータブルのものを使い、入浴・着替えもなしという不衛生なものであった。

麻原の海外行きには六度同行したが、四月二一日から二六日にかけてのロシア行きは、麻原が瞑想中に智正が出てきて「連れて行け」と言ったためであるとされる。ロシア行きの目的は、ラジオ放送の契約のほか、政府要人との会談や大学での講演会であった。麻原の宿泊先のスウィートルームに酒類があったため、同行者が呼び出されてビフィタという四〇数度のドライジン一リットルを三〇分以内に飲んだ後、四七度のお湯で一五分間「温熱（熱い湯に入り、体温が上昇した状態を作り出す修行）」を命じられた。同行した早坂武禮はこの修行をクリアして翌日はいつもより体調が良い状態になったとする（早坂武禮『オウムはなぜ暴走したか。――内側からみた光と闇の2200日』ぶんか社、一九九八年、一九四頁）。他方、智正は、いきなり「飲め」と言われてぶっ倒れた、電熱ヒーターを逆さに持って床を焦がしていた（ようになるほど意識がなかった）、温熱をやったら溺れそうになった、翌日早坂に「ステージが低い」と言われた、当時、智正は師で早坂は正師だったと回想している（平成一七年七月五日）。

結局、酒飲みの智正も「修行」ができていないために「飲酒修行」に失敗したのだが、麻原も智正を「修行が嫌いな男」とみなしていた。この年のあるとき、麻原は智正に「お前は修行もしないしワークももう一つである。私のことを悪魔と思っているだろう。何でお前はここにおるんだ」とにやにやした感じで問い、智正は「尊師は光っているからです」と答えた。麻原は「ほう、お前、それが見えるのか」とうなずいていた。

智正は、麻原が光を発していたことについて、平成八年八月一三日に自ら書いた雑文四で次のように著している。

尊師は光を放っています。これは例え話ではなく、この光は視覚的に見ることができます。もう少し詳しく言うと、尊師の周囲の空間が上の方から照らされて、光り輝いているのです。その明るさは非常に強く、カメラのフラッシュを連続的に点灯しているような感じです。この光は光学的な光とは少し異なっています。障害物や距離によって減弱しないのです。例えば尊師の部屋は外から見ても光っていましたし、尊師から五〇〇km以上離れた所で私はこの光を見たことがあります。

先に書いたように、私にはこの光が見えますし、他の教団関係者にも見えると言っている人がいます。ただ、トータルで言えば、この光を見ることができる人はほとんどいません。教団内でも大部分の人がこの光を見ていないと思います。

しかし、この光は見える見えないにかかわらず、ある種の人に影響を与えます。その人たちはこの光に魅きつけられるのです。一部に例外はありますが、尊師の下に弟子が集まった理由はこれです。

ただ、大部分の弟子達は光が見えないので、自分が尊師の弟子になった本当の理由が分かっていません。強いて問われれば、「信じているから」としか説明できないでしょう。そして、何らかの理由で「信じられなく」なったら、彼らは教団を離れることになります。

自分がなぜ教団に居たのか分からない脱会者は「私はマインドコントロールを受けていた

のだ」と言っています。

しかし、その「マインドコントロール」の実態は未だに全く明らかになっていませんし、これから先も明らかになることはないでしょう。そのようなものは存在しないからです。

私は今、ラーマクリシュナ・パラマハンサの言葉を思い出しています。

「蓮の花が開いたら、呼ばなくても蜜蜂は集まってくる」

智正によれば、光には「吸引力のある光」と「エネルギーを与える光」があり、後述するが、智正は東京拘置所に入ってからもしばらくの間は、麻原からの「(エネルギーとしての)光の分け前」を受けていたと何回も語っている。

一〇月のザイール行きは、麻原の援助の意志によるもので、現金二、三〇〇〇万円分の医療物資・食糧を直接現地に届けたというものである。当時のザイールは内戦状態で、渡航自粛勧告が外務省から出されている有様で、また、ラッサ熱やマラリアの伝染病もあってなかなか危険な行為であった。ただ、日本大使館も退避していたため、現地での活動はかえってやりやすかったという。麻原の単なる売名行為であれば在日ザイール大使館に小切手を渡せば済む話であり、この渡航は麻原自身の宗教的な動機として捉えるしかないというのが智正の解釈である。なお、トゥー博士『サリン事件』一〇五頁にこのザイール行きはエボラウイルスの調査のためとあるが、智正はこれを否定している(平成二六年一二月二三日)。

ちなみに智正はこの渡航中に三〇歳になっており、ザイールで夕日を見つつ「自分も三〇歳か」と思ったという。

一一月のインド行きは麻原が出家者・信徒ら数百人を伴って行ったものであるが、旅行中、ブッダガヤで釈迦が悟ったという菩提樹の実（黄緑色で直径二センチ程度）が落ちてきて智正の顔に当たり、仏陀から叱られたと思いつつも「もう勘弁してくれ」とも思ったとしている。この時の光景を後に「徘徊の頭に菩提樹の実かつと落ち」と句にしている。

前述の二回目の独房修行を経て、一二月から平成五年にかけては再びマラソンのコーチとしての仕事に就くことになる。

六　再び生物兵器に関与する（平成五年）

智正は、四、五月くらいから遠藤誠一に言われて炭疽菌の培養に関わるようになった。智正が実際に関わったのは亀戸道場での六月上旬と七月初旬の二回である。

炭疽菌の培養の責任者も遠藤であった。遠藤は麻原のＤＮＡの入った食品を作ってこれを販売して教団に利益をもたらしており、ボツリヌス菌培養の失敗以降も麻原の信頼が依然高かった。

遠藤は無毒種類のワクチン用の無毒な炭疽菌を遺伝子操作をして有毒な炭疽菌に変換した上で、大量に培養してばらまくというプロジェクトを推進させられていた。

智正は五月末に亀戸道場で炭疽菌を含んだ培養液一〇トンをばらまくという話を遠藤から聞かされた。智正は亀戸道場への反対運動への対抗措置かと考えたが、その効果には疑問を持った。

智正の仕事は抗生物質の入手と遠藤の作った炭疽菌ワクチンの教団関係者への接種だった。このワクチンも遠藤が作ったものだったため、智正はその効果には疑問を感じていた。

智正はこのプロジェクトに関わるのは気が進まなかったが、麻原の指示だということがあると、自身の「嫌だ」とか「納得できない」という気持ちが行動を制御する力として働かなくなったとしている。

もっとも、智正は遠藤に有毒な炭疽菌を製造する能力はないと見ていた。ワクチン用の無毒な菌を有毒に変換するのは確率的にも不可能に近いのに、遠藤は植菌を数回しか行っていなかったからである。

結局、培養された菌は毒性を確かめられることもなく、しかも、一〇〇〇気圧近い気圧をかけて噴霧するということで、仮に培養が成功していても菌そのものが死んでしまうというプロジェクトだった。

噴霧は六月初旬に行われ、智正は培養液をドラム缶から噴霧器のタンクに移す作業と噴霧器の機械の稼動の監視をさせられたが、実際は数リットルの液を噴射したところで機械が壊れてしまい、残った大量の培養液は、結局、下水に流して終わった。

遠藤は炭疽菌を再度培養して、約二〇日後の六月二八日に再度噴霧を行った。今度は噴射自体はできたが、続けているうちに機械が摩耗して狂いを生じ、機械を冷やす作業を命じられていた智正らは合羽を着ていたにもかかわらずびしょびしょになるという有様だった。結局、機械が危険な状態だったため、噴霧は停止した。前回同様、豆腐の腐ったような臭いが漂ったため、機械の修理中に臭いを消すために香水を混ぜると麻原が指示し、実際、臭いを嗅ぎながら香水を混ぜた。そもそも炭疽菌が有毒であれば臭いを嗅ぐこと自体相当危険な行為なので、この時点で、麻原以下は噴霧した炭疽菌に毒性がないことを悟っていたと智正は回想している。

香水を混ぜたものの臭いは酷いままで、機械が直ったので七月一日に再度噴霧を行い、結局、一〇トンの培養液を撒ききった。これが、「亀戸異臭事件」と言われるもので、異臭に激怒した近隣住民が亀戸道場を取り囲み、麻原に直接抗議するという騒ぎになった。なお、麻原と住民がやりあった際、智正は「柔道二段の私が乱闘に巻き込まれたら大変なことになる」として、麻原の傍からは離れていたとする（平成八年四月二五日）。

この後も遠藤は上九一色村に移って炭疽菌の培養を続け、智正も手伝ったが、有毒な菌はついにできず、智正は八月には炭疽菌製造のラインから離れることになる。

ボツリヌス菌、炭疽菌と二つの生物兵器の作製に遠藤が失敗したことで、教団は生物兵器の開発を断念する（もっとも、遠藤は諦めなかったようで、平成七年三月に再度、「ボツリヌス菌」を噴霧している）。智正は、遠藤が細菌については素人だったことが不達成の要因とし、トゥー博士は

『中川智正との対話』六七頁で、智正は遠藤が細菌学について「無能無知」と思っていたとする。

92

幸いにして遠藤の生物兵器製造は失敗した。しかし、両事件に関わった教団員は、兵器製造・大量殺戮を悪とする規範意識が鈍磨したとも言え、次の化学兵器テロにあまり抵抗なく教団員が従事していく下地を作ったという点で無視できない過程である。

智正の規範意識もまた鈍磨したものと思われる。

七　核兵器・化学兵器の研究（平成五年）

智正は、平成五年九月八日から二〇日までオーストラリアに渡航し、教団が借りていたパース近郊の牧場でウランの有無を調べるという使命を与えられた。同行したのは遠藤誠一、早川紀代秀らであった。入国の際、遠藤が大量に塩素等の危険物資を持っていたため税関で足止めされた。遠藤は塩酸の入ったビンに「石鹸」と書いて所持していたところ、検査官に「それで手を洗ってみろ」と言われたと智正は述懐している。智正も同行者用の抗生物質を含む医薬品を持っていたため同様に足止めされた。

智正は遠藤と共に収監は免れ、牧場に行ってウランの検査をしたが、土から出たウランは一〇〇万分の一以下という微々たるもので、実用不能として調査は切り上げた。

なお、遠藤は牧場を離れる際、牧場の小屋の入口に「豊田実験室」と同行していない豊田亨の名をかたって落書きし、後にこの牧場に日本のテレビ取材班が訪れた際、その落書きを発見してテレビに放映され、見ていた豊田が憤慨したという話がある（ちなみに教団はその後もしばらく牧場を借り続け、他にやることもないので羊を飼っていたとされる）。

帰国の際、智正は再度の取調べを受け、罰金刑に処せられ今後の入国も禁止になった。

核兵器については、村井秀夫はプルトニウムも欲しがったが、作るのは困難なのでやらなかった。智正はこの件について「実現不可能な話ばかりであれをオウムの『核兵器製造計画』などと言うのはどうかと思う。自分の公判で豊田が証言した石油コンビナート爆発や地震爆弾も夢物語だった」と総括している（平成八年一一月八日）。

なお、この年の六月に教団が主催した「カーマチャクラ・タントラ成就式典」において、遠藤が生物・化学兵器、智正が核兵器が使用されたらどう対処すべきかというような講義をしたとされ（林『オウムと私』一八五頁）、智正もある程度は核兵器関連の勉強はしたようである。

一〇月からは土谷正実（筑波大学大学院化学研究科修士課程修了・博士課程中退）と一緒にサリン製造を行った。智正が教団のサリン製造を知ったのは八月頃だったので、オーストラリアの一件が終わってから本格的に関わらされたことになる。

サリン製造については、平成五年一月に土谷が製法の調査を命じられて、村井と遠藤の下で実施に当たっていた。四月にはサリンの原料をごく少量、遠藤が取引していた薬品会社から買っている。

当初の計画では山手線の内側を壊滅させるに足りる七トンのサリンを作るという計画で、当初は土谷がプラントを造るということだったのだが、一人では無理ということで、色々な手伝いが加わり、その一人が智正で、一〇月末からこのプロジェクトに関わった。

八　落田耕太郎殺害事件（平成六年一月）

智正が二回目に関わった殺人事件が落田耕太郎の殺害事件である。落田は薬剤師の出家者で、平成二年四月以降、オウム真理教附属医院に配属され、智正とも親しかった。附属医院には保田英明の母がパーキンソン病で、息子英明の勧めで入院していたが、症状が好転しないまま、上九一色村の第六サティアン内の医務室に移された。すでにオウムの診療方針に疑問を持っていた落田は、平成六年一月二五日頃に教団を退会した後、保田の母を退院させるべく、保田英明と共に二九日に第六サティアンに潜入したが、翌三〇日未明、他の信徒に発見されて落田と英明は立ち回りの末、捕まって第二サティアンに連れて行かれた。

この話を聞いた麻原は、松本知子と共に第二サティアン三階に入り、村井秀夫、新實智光、井上嘉浩、越川真一、後藤誠、杉本繁郎が集まった。麻原は落田と保田の母の間に恋愛感情があったことが一件の背景とした上で、助命と引き替えに英明に落田を殺させて、英明と保田の母は外部に戻すとの決定を行った。

英明はこの条件を呑んだため、落田は手錠をかけられたまま頭にビニール袋を被らされ、自ら護身用に持参していた催涙スプレーを噴霧された後、英明にロープで絞殺された。智正もこの第二サティアンに急遽呼ばれ、三階に上がると落田が二人の警備役に見張られて座っていた。落田は智正に「こんばんは」と挨拶したが、智正は呼ばれて急いでいたので「おう」とか「ああ」とか言って麻原のいる部屋に入った。智正は、遅れて到着したため、落田に対する懲罰が話し合われていることは分かったものの、殺害に至るような話とは知らなかったとする。

智正入室数十秒後に落田が呼ばれて部屋に入った。智正はその直後に「催涙スプレーで窒息するか」と問われ、どのようなガスでも酸素がなければ窒息することから「はあ」と答えた。それに対して麻原は「催涙スプレーでは窒息しない」と理解したらしく、「よし保田にやらせろ」と言い、英明が落田に目隠ししてビニール袋を被せ、スプレーを吹き込んだ。数名が暴れる落田を押さえつけていた。

智正は、部屋の人々が落田に危害を加えることが分かったが、ビニール袋に空気が入っているので直ちに死ぬこともないだろうと思って新實と共に座っていた。

落田が暴れたため、新實は手錠を外し、落田はビニールを破って顔を出した。智正は換気のために窓を開けたが、村井に閉めろと言われてすぐに閉めた。

智正が窓から戻って元の位置に座るころ、落田は口に付けられていたガムテープをはがして「まだ死にたくない」と叫んだ。他の者が落田に再度手錠をかけ、ビニール袋を被せて再度催涙スプレーを袋内に噴射した。このとき、智正には上の方が明るくなり、光の粒が上に上がっていくような体験があった。智正はこの体験から周囲が落田を殺そうとしており落田が死ぬことを確信した。

麻原は「首を絞めろ」と言い、これに応じて新實が下の階からロープを持ってきて首にかけた。新實は「私は海の男だからロープを使うのが上手い」と言っていたという（平成二四年三月一九日）。このときの麻原の怒りようはそれまでに見たこともないほどのものであった。首を絞めたのは英明で、智正はその光景を正視できない状態だったが、「早く楽にさせてやった方が良い」との思いで自ら立って落田の体を押さえつけた。智正は柔道経験者なので、複数人が苦労して押さえていた落田を一人で抑えることができた。智正は押さえながら涙が出てきたという。智正は落田の失禁を確認してその旨を麻原に報告し、村井に命じられて脈を測り死亡直前であることを確認した。英明は首を絞め続け、落田は死亡した。この後、遺体は地下のマイクロ波の焼却装置で焼却されているが、これには智正は関わっていない。ただ、遺品の廃棄には関わった（以上「落田事件」）。

この件で智正は第一審において無期懲役相当と結論されている。なお、保田英明は施設から解放されてしばらくしてから秋田に逃れ、二月に教団側がこれを追うという動きもあったが（村井以下が英明を連れ戻すべく秋田に行き、智正もそれに加わっていた（林『オウムと私』二二三頁以下））、本人がアメリカに渡航したりして教団の追跡を振り切った。保田の母は三月頃に退院した。

九　サリンを造り始める（平成五年一〇月から）

話は少し戻るが、教団は平成五年の初め頃からサリンの研究開発を始めた。この予兆としては、平成四年末に麻原が体調を崩し、部屋に何かあるのではないかと問題になったことがある。このときは、ガス検知器を使用しての調査の結果、第二サティアンのボイラーから出た二酸化硫黄が流入したことによるものと判明した。これが、麻原が「毒ガス」に興味を示した一つの起点とも考えられる。

なお、林郁夫は第二サティアンにおいて「毒ガス事件」が平成五年一〇月半ばにも起きたとし、智正は林に「オウムに潜入しているスパイが尊師を殺そうとして毒ガスを撒いた。修理工場の排気筒に入れたようだ。尊師もご家族も二階の修行班も被害を受けた」と語って、排気筒を調べて回っていたとする（林『オウムと私』一九三頁）。これが後述するサリンによるものか、前回同様の二酸化硫黄の類いによる「事故」なのかは定かではない。

麻原は平成四年末以降、プラズマ兵器の研究を開始させており、再び武装化路線に回帰した。教団がサリンの製造に入ったのは平成五年初頭からで、一月に土谷正実にサリン製法の調査が命じられた。土谷は四月から必要な薬品を調達して富士宮市の第一サティアンで実験を開始し、七月に二〇グラムのサリンの製造に成功した。教団は、当初、山手線内の人間を全滅させるために七トンのサリンを造るとしていたが、麻原は七〇トンの製造を命じた。大量のサリン製造にはプラントが必要であり、プラント製造は村井秀夫以下が行うこととなり、土谷は当面、サリンの製法を確立する実験を主に行い、これを智正が手伝うこととなった。

手伝うのは智正と佐々木香世子で、森脇佳子（村井の前妻）も加わってた。手伝いの命令は一〇月中旬に村井から発せられた。智正によると、選ばれた理由は麻原の思いつきで、智正に化学の造詣があるとか、医療役としての期待があるとかいったことではなかったと本人は推測している。

土谷はサリン製造については九六通りの合成方法を比較検討したとするが、智正によれば、唯一成功した手法を用いることとしたというもので、それはメチルホスホン酸ジクロリド（ジクロ）とメチルホスホン酸ジフルオリド（ジフロライドという表記もある。略して「ジフロ」）の混合物に、NNジエチルアリニンとイソプロピルアルコールを加えて製造するというものだった。

土谷は一一月にサリン六〇〇グラムを造り、同月一八日に八王子市にある創価学会名誉会長池田大作邸にサリンを撒きに行くが効果は出なかった。サリン噴霧はトラックの荷台に農薬散布機を置いて行い「霧どんどん」と称した。智正もこの散布に同行していた。同日、土谷はサリンの臭いを嗅いで中毒を生じ、佐々木に硫酸アトロピンとPAMを注射されている。土谷のサリンについては、遠藤誠一の生物兵器と異なり、危険性は明確になった。智正はこのサリン噴霧事件は井上嘉浩の発案であるとする（平成九年三月二一日）。

この後、土谷はさらに三キログラムのサリン製造に成功した。これを受けて翌一二月一七日、教団は池田を狙って信濃町でサリンを撒こうとしたが、池田がいないという情報が入ったため、これを中止している。一八日、改めて八王子の池田邸にサリンを撒くべく、村井の指揮下、サリン噴霧のトラックとワゴン車の二台で上九一色村から八王子に入った。智正は、医療役として、遠藤、滝澤和義と共にワゴン車に乗っていた。智正は、この段階では噴霧車が噴霧の際に火を噴くような状況だったことから、噴霧の実施は難しいと考え、サリン中毒の予防薬（メスチノン）を周囲に配布しなかった。しかし、村井は予定どおりサリンを噴霧させ、この結果噴霧車に乗っていて後方確認のために窓を開けてしまった新實智光とワゴン車の滝澤がサリン中毒になった。噴霧車とワゴン車は石川パーキングエリアまで戻り、智正はここから新實の治療に当たった。新實には人工呼吸が施され、智正の指導で中野区野方のＡＨＩに新實を運び込んだ。

ＡＨＩでは林以下が治療に当たったが、林が新實の症状の原因を問うたところ、智正は一旦部屋を出てから引き返し「実はサリンです」と林に告げた。そして、林をＡＨＩの近くに停まっていたベンツに誘い、後部座席に乗せた。その車には麻原が乗っており、林に「池田大作をサリンでポアしようとしたが失敗した」と告げたという。

この後、智正は林と共にＡＨＩに戻り、林は智正の知見に従ってＰＡＭ等を注射し、これによって新實の症状は改善したが、一週間弱は入院していた（林『オウムと私』一九七頁以下）。一方の智正も、ＡＨＩで滝澤の治療にも当たっている。

結局、新實は命をとりとめ、滝澤も命に別状はなかった。また幸い、池田邸関係者にも被害は出なかったため、本件はオウムの一連の事件が捜査されるまでは闇に葬られていた。

なお、教団は、サリン被曝の際に出た新實と滝澤の症状が想定していたものより軽かったことから、土谷の製造したサリンの効果は薄く、新實の症状は被曝だけでなく予防薬の副作用もあると結論付けた。

池田邸襲撃事件の総括として、村井はより大量のサリンを造る必要があることを指摘した。サリンを空気中にばらまいた場合、すぐに拡散してしまうので、数百キログラムないと効果が期待できないというのである。もっとも、これだけ大量に造るとなるとプラントで造ることと変わらないため、五〇キログラムを造るという線で落ち着いた。

翌平成六年一月頃になると、麻原の興味はサリンから離れ、智正は本来のマラソンの指導とナルコ（自白剤）の製造への関与に重心を移している。また、ロシアへも再度訪れていた。サリン製造は、寺嶋敬司、佐々木、森脇が主に行っていた。土谷と智正は若干の助言をする程度で、土谷はこの時期は遠藤と共にＬＳＤの製造などを行っている。

三回目のサリン製造でできたサリンは結局三〇キログラムで、三〇パーセント程度の不純物を含むものであった。なお、最後の工程において土谷が不在だったため、智正はサリン製造に関与させられた。その際、イソプロピルアルコールを多く使ってしまいサリンの一部を分解させるという失敗を犯している。このサリンができた頃には、これで池田を襲撃するという構想はなくなっており、サリンはそのまま土谷のいた「クシティガルバ棟（クシティガルバは土谷のホーリーネーム）」で保管された。

智正は、二月二二日から二六日まで麻原の随行で中国に行っている。麻原の目的は明の太祖朱元璋の遺跡を見ることで、麻原は自身を朱元璋の生まれ変わりと称していた。この旅行中、智正は麻原に「結果を出したのはお前だけだ」と褒められている。

この頃、滝澤が中心で行っていた第七サティアンにおけるサリンプラントの製造に伴い、薬品が集められていた。当時はサリンを七〇トン造る構想で、滝澤がその量を話したところ智正は驚いたという。智正はこの時点では教団の大量のサリン製造は不可能と見ていた。ボツリヌス菌・炭疽菌の失敗も目の当たりにしていたし、大量のサリン製造のために必要なプラントを作り上げることも不可能と考えていたからである。その旨、智正は麻原にもこの頃に述べている。ただ、大量製造はできなくてもサリンの少量製造はこの時点で可能となっており、教団は極めて危険な物質を製造する能力を備えるに至っていたが、智正はこの危険性の認識については法廷では語っていない。

なお、三月一八日から麻原の命令でアメリカ出張した林に対し、遠藤と智正から化学兵器関係の資料収集が要請された。当時、智正は林に対して「この頃は化学者ですよ」と自身の立ち位置を語っていたとする（林『オウムと私』二四九頁以下）。

三回目のサリン製造の後、土谷は遠藤の指揮下に入ったため、智正は土谷とは疎遠になっていたが、四月、智正は村井の指示により土谷、林と共に富士川河口付近の河川敷で超音波加湿器を改造した噴霧器を使ってサリン噴霧の実験をした。その際、智正は軽度のサリン中毒になり（林は「軽度の『縮瞳』があったようだが良く分からなかった」とする（林『オウムと私』二七三頁））、林の治療を受けている。智正がサリンの噴霧実験に関わったのはこの一回限りであった。

なお、この頃、智正は数年来携わっていたポリグラフの研究を林そしてAHIのスタッフに引き継いだ（林『オウムと私』二六〇頁）。ポリグラフの件は、立件されていないので裁判資料からは出てこないが、智正が生物・化学兵器以外の教団の「グレーゾーン」にも深く関与していたことを示唆する。

五月七日、麻原は第六サティアンの自室に青山吉伸弁護士（教団での地位は正悟師）、遠藤、智正を呼び、教団信者の脱会の推進を手助けするなどしていた滝本太郎弁護士が、サティアン付近住民が教団に対して起こした訴訟のために甲府地方裁判所に出廷するに際して、滝本弁護士の自家用車にサリンをかけることを指示した。麻原は実行役として可愛がっていた一九歳の少女Tを指名した。また、医師の富永昌宏も一行に加わることとなった。このときの麻原の指示は、落田事件ほど激昂してはおらず、若い女性をわざわざ使う程度であるから滝本を必ず殺害するまでの意志は麻原にはないと智正は見ていた。麻原の狙いは滝本を殺傷しないにしても彼のカルマを落とすことにあったと当時智正は思っていた。

一行は八日午前に教団施設内でアンモニア水を自動車にかける実験を行っている。これは気化したアンモニアが車内に入ることを確かめる実験であったが、あまりアンモニアは車内に入り込まなかったという。

九日、一行は甲府地裁の駐車場に停めてあった滝本弁護士の自家用車の外気取入口付近に遠沈管一本分（三〇cc）のサリンを垂らした。管にサリンを詰めたのも智正であった。Tによると、垂らした際、白い煙が出て鼻につんときたという。

智正は、液体のサリンが車内に入ることはないと思い、前日の実験結果から気化したサリンが空気孔から車内に取り込まれても大した被害は出ないと考えていたと公判では述べている。現に同行の富永にもPAM注射について教えておらず、不都合が生じて自分たちがサリン中毒になるという意識も低かったようである。また、サリンは無色無臭とされているところ、Tが白い煙を見たことから、報告を受けた麻原はこれはサリン以外のものだったのではないかと疑ったという。

しかし、サリンは不純物を含みつつもできていたようで、気化したサリンは外気取入口から車内に入り、甲府地裁から横浜の自宅に帰った滝本弁護士には運転中にサリン中毒の症状が出た（事故等を起こさずに帰宅でき、命に別状はなかった）。車にサリンを滴下したTにも縮瞳の症状が出たことから（智正はTに縮瞳の症状はなく、帰路店で水を買って飲んでいたので症状はむしろ甲府地裁を出てから打ったPAMの副作用だったとする）、滝本弁護士の中毒はこの際のサリンによるものと認められ、智正はかねてよりサリンの致死的な危険性を認識していたことから（智正の富永やTへの対応を考慮するにしても）、後の裁判では、その責任が認められている（以上「滝本サリン事件」。

この件については智正は殺人未遂の共同正犯として有期懲役が相当とされた）。

なお、智正は警察の実験結果に基づく判決の認定を不服として、控訴審段階では自動車に液体をかけて気化した物質がどのように車内に入るかを弁護団を介して独自に実験しようと試みたが、沙汰止みになっている。

智正は、サリン製造に関与していたため、教団の製造したサリンは純度があまりに低く「大したことはない」と考えていたが、実は滝本サリン事件の段階で相当危険なものに仕上がっており、遠藤の「生物兵器」とは一線を画するものになっていたのであった。

一〇　法皇内庁長官となる（平成六年六月）

教団内では組織再編が平成六年六月二六日夜から二七日未明にかけて行われ、智正はＡＨＩ（後に治療省）を離れて、法皇内庁長官となった。この組織は、麻原とその家族の家事のサポートをすることを目的とし、子供の世話、掃除、買い物、洗濯などが中心であった。もっとも、麻原自身の身の回りの世話は妻の松本知子や村井秀夫などが行い、内庁の者が行うことはほとんどなかった。

内庁の仕事は、麻原の子供たちの意志が優先されたため、智正が主体的に差配するわけにもいかなかったという。智正は自身の立ち位置を「召使い頭」と表現している。部下もＡＨＩ時代は形式的には三〇人近くいたものが六人ほどとなり、しかも彼女たちは専ら子供の面倒見をしていたので、智正が実質的に用務を言いつけられたのは運転手役として付いていた宮田のみだったという。部下がほとんどおらず、いても麻原の子供のお世話が最優先のため、智正はむしろ部下に頼まれて肉体労働することも多く、畳替え、電話工事、大工仕事といった力仕事や買い物、麻原家族が東京に滞在した際の荷物の運搬などを行っていた。教団内の他の部署でこんな「上司」はおらず、元部下は「智正は他人と接触があると体調を崩すから麻原が配慮した」と推測している（控訴審第一〇回（平成一八年一〇月一〇日）での元教団女性信者の証言）。

このような立場になったため、智正は遠藤誠一・土谷正実のラインで行われていた毒物・薬物の製造には関わらなくてよくなった。

智正は、筆者との初期の面会では、麻原の子供たちとは「ネズミさんごっこ」をよくやっていたと語った（平成八年五月二日）。教団は教義としては不殺生を貫いており、サティアンでは多くネズミが出ても駆除されずにいたため、子供たちもネズミが日常になっていたことによるもののようである。

智正は平成六年七月一日付で「菩師長」というステージになった。このステージの決定においては、教団は密造したLSDを各人に投与し、その際にどのような内的体験をしたかに基づいて麻原が決定した。用いられたLSDは教団内で五月頃までに造られたもので、これも土谷らの手によった。違法薬物の製造についても遠藤と土谷の間で手柄争いがあり、智正も当初は関与させられそうになったところ、遠藤が「私の仕事だから」と智正を排除したという（平成八年一一月二七日）。

智正もLSDを服用し、その際、金色の馬車が空から虹を放って自分を迎えに来るという幻覚を見たとしている。

智正は、七月半ばから一〇月初旬にかけて第七サティアンのサリンプラントの運営責任者も兼務していたが、兼務を解かれた後は再び薬物製造には関与し得ない立場になっていた。一一月頃、教団に強制捜査が入るとの情報があって麻原の家族が教団施設を出てホテル住まいを始めたときには、それに従って法皇内庁の他の者と共に教団施設外に出ている。智正は、教団施設と松本知子らとの連絡に当たるとともに、二日に一回のペースで物を届けていた。また、「毒ガス攻撃」で体調を崩した麻原の治療を林郁夫らと行っていた。

麻原は教団への「毒ガス攻撃」を本当に信じており、月々数千万円かけて現金問屋から解毒薬を買って信者に飲ませていた。また、コスモクリーナーという空気の浄化装置を自作していたが、これについても月に二億円かかっていた（平成八年一一月五日）。

林によると、智正は六月中旬に教団に対する毒ガス攻撃を疫学的に証明するための教団内アンケートの実施を相談しており、智正は毒ガス攻撃云々には懐疑的でも、麻原の命の下、何かをやらなければならない立場だったと推測される（林『オウムと私』三〇〇頁以下）。

教団が新体制に移行したまさにその日に松本サリン事件が起こされた。

当時、教団では第七サティアンでサリンプラントの建設を進めており、サリンの大量製造に乗り出そうとしていた。

一一　松本サリン事件

平成六年六月二〇日頃、麻原は村井秀夫と相談し、そこに新實智光、遠藤誠一、智正が加わる形で松本でのサリン散布に係る謀議が行われた。後の裁判での新實の証言では、サリン散布の計画について麻原は、七〇トン造るサリンの威力を試すためとしていたとするが、智正は、サリンの威力は分かっており、そのような試験は必要なかったはずと述べている。また、実験であれば実際に気化したサリンの量や被害状況の検討、噴霧車の欠陥の把握といったことをやるべきだったがそうしたことも一切行われておらず、「実験」の体をなしていないとする。

この時点での計画は、村井以下が、教団松本支部道場等の建設予定地の購入及び賃借に係る訴訟が係属していた長野地方裁判所松本支部の周辺でサリンを散布するというものだった。同支部での判決は七月一九日に予定され、判決内容が教団にとって不利なものになると予想されていたからである。サリン散布については、村井、新實、遠藤、智正のほか、古参信者で空手の有段者の富田隆と同じく空手のできる端本悟、柔道のできる中村昇の三人が警備役として同行することとなった。役割分担は、村井が統括してサリン散布、新實が富田、中村、端本を率いて警備役、遠藤と智正が医療担当だった。なお、サリンは、先に土谷が製造した三〇キログラムを用いることとし、散布のための加熱式噴霧装置はこの段階ではできていなかったため、村井が装置を製作して改造した噴霧用車両に載せるということになっていた。なお、噴霧装置は大型の換気扇だったという。

智正としては、警備役といってもサリンを散布する際に車外に控えさせるわけにもいかず、そもそもサリンが拡散するので長野地裁松本支部の建物内にも影響は出ないと見ていた。智正は、麻原は確定的なサリンによる裁判官等の死傷の結果を想定しておらず、サリンの散布自体が目的化していたとする。サリン散布の対象として、実施日の前日あるいは前々日時点では、創価学会、富士宮市の大石寺、松本警察署などが対象候補に挙がっており、智正は、命じられて遠藤と共にレンタカーで大石寺の下見に行っている。また、二六日に遠藤と智正が松本市に下見に行った際は、裁判所とともに松本警察署も見ている。智正は、サリンを撒くという前提がまずあって、散布先はどこでもよかった、いわば一つのマハームドラー（チベット仏教の用語であるが、教団的には、弟子にわざとやりたくない行為をやらせて帰依を試す修行）として行っていたのではないかと推測している。

なお、智正は村井の命令によりサリン防護用のマスク（ビニール製で酸素ボンベからの管も付いているもの）の作製を二四日から行っていた。

省庁制が発足した二七日午前、智正はクシティガルバ棟でサリン噴霧車にサリン一二リットルを注入した。当初の村井の指示は二〇リットルだった。噴霧車は車高が高く、智正はクシティガルバ棟の天井と噴霧車との狭い隙間で「宇宙服」と呼ばれた防護服も着けずに作業を行った。もっとも、エアラインマスクは付け、コンプレッサーで空気を送り込んでいたが、その空気も結局はクシティガルバ棟内のものなので、サリンが漏出していればてき面に中毒になる危険があった。智正はサリンの扱いに慣れていたことと、これまでの中毒の経験からこの程度の装備で十分と踏んでいた。

ただ、噴霧車のポリタンクに三リットル入りタンクからサリンを移す作業は、毎度、車高の高い噴霧車に脚立でよじ登らねばならず、時間を要した。結局、四回目の注入中に村井が来て、注入に時間がかかることからこの三リットルで止めることとなり、前述の如く一二リットルの注入となった。

智正は、この作業は狭いスペースでなかなか作業も捗らず「なんでこんなことをしなければならないんだ」と苛立っていたところ、天井から光が降ってくるような体験をし、また、注入していたサリンがキラキラ光るという経験をした。智正は、「狂気の世界だな」と思いつつも光に突っ込んでいきたいような感覚になった。また、この光は麻原が関与しているという思いもしたという（なお、智正はトゥー博士には本事件への関与は「医療役だった」とし、噴霧車へのサリン注入については触れなかったようである（トゥー『中川智正との対話』一三七頁））。

村井の指示により注入作業を終えた智正は、松本に向かうワゴン車に酸素ボンベや医療機材を積み込んだ。村井が再度現れたとき（村井は智正に指示を出した後、外出着に着替えてそのまま寝ていたようであった）、時刻は一五時半を回っており、日中に長野地裁松本支部でサリンを撒くということは不可能となっていた。しかし、村井は麻原の叱責を恐れて遅延については麻原に報告せず、新實と相談の上、裁判官宿舎に目標を変更し、計画どおりの松本行きを指示した。松本に向かった車両は二両で噴霧車には村井と端本が乗り、後続のワゴン車に遠藤、智正、新實、富田、中村が乗った。一行は、ナンバー読み取り装置を避けるため高速道ではなく一般道を走った。なお、途中でナンバープレートを偽造のものに張り替えている。また、智正は一同にサリン中毒の予防薬を飲ませている。

二台の車は松本市北深志一丁目の駐車場に停車し、二二時四〇分頃、噴霧車からサリンを散布した。智正らが乗っていたワゴン車は噴霧車から一五メートル後方にあり、乗車の五人は村井の指示どおりビニールマスクを被り、酸素ボンベから酸素をマスク内に送り込んでいた（富田によると酸素が送られて来ず、智正を怒鳴ったという（富田『手記』一五五頁））。もっとも、指示した村井は噴霧装置を作動させている間、マスクをせずにいたという。

智正の供述では、噴霧車の荷台のアルミ製の箱の窓から加熱されたサリンが大量の白い霧として発生した（富田隆も同様の記述をしている（富田『手記』一五五頁））。気体は周りに立ちこめ、噴霧車を覆い隠すように白い煙が周りを覆ったが、そのうち早い勢いで煙が全部上に昇り始め、噴霧車の周囲の霧は薄らいだ。そして、煙は風に吹き飛ばされるような感じで木立の方向に流れていった、川の中に落とした絵の具が流れるとともに広がるような感じで消えていくようなものだったとする。なお、本来サリンは無色のはずなので、液の中の不純物や噴霧装置が焦げた際に生じた煙が混ざっていたものと智正は推測している。

このサリンの散布の効果について、智正は、池田邸襲撃事件に鑑みても元々サリンの性能が低そうであり、また、サリンが拡散すると濃度は距離の三乗に反比例するので、遠くまでは影響が及ばないと考えていた。実際、何かトラブルがあった際は警護役は防毒マスクもなしに車外に出て行くという手筈だった（酸素を送り込めるビニールマスクはボンベから外しては効果がない）ことからも、智正はサリンについての効果は薄く、人の死の危険を予見していたものではないと法廷では述べている。教団の化学兵器に懐疑的だった富田も動き始めた噴霧車を追ってワゴン車を発進させた際にマスクを取ってしまったとしており（富田『手記』一五頁）、また、平成一三年七月一一日の智正の公判で証人出廷した新實は「実験だった」と述べた。「毒ガス」の効能への信頼性は教団内ではかなり低かった。

ただ、教団のサリンは智正の予想以上に強力で、近くに建つアパートや寮にいた住民七名が翌二八日未明にかけてサリン中毒で死亡するという結果を引き起こした（このほか、重篤な症状に陥った河野澄子は意識を回復することなく亡くなっている。なお、裁判官官舎では被害は出なかった）。

散布後、一行は現場を離れて別の駐車場に移り、そこで偽装ナンバーの撤去と二台の車体に付いたサリンの中和作業を行った。この駐車場で智正は噴霧装置を作動させた村井の健康状態を確認するが、本人は異常を申し出なかった。ここを早々に出発した後、再度別の駐車場でも中和作業を行い（噴霧器からは二回目の中和作業の際もまだ煙が出ていたという）、上九一色村に戻ってから噴霧車についていては三度目の洗浄を行った。

智正は、二八日の朝、パソコン通信で松本市の惨状の記事を見て血の気が引く感覚を覚えた。この件について村井と話をした後（村井は「効果があったな」などと言っていた）、しばらく動けなくなってしまい部屋にいたところ、上から光が降ってくるような体験をした。そこでは犠牲者が高い世界に転生をし、それを麻原が行ったという感覚を覚えた。これは本人の死亡結果に血の気が引いた感覚とは全く別の感覚だった（「自分の認識としては、被害者は阿修羅と天界に転生したと思う」と後に語っている（平成一三年三月一九日））。

事件について智正は、そもそも麻原は裁判官にサリンを吸引させて殺すという明確な意図もなく（裁判官に影響が出なかったからといって再度何らかの行動を起こそうとはしなかった）、村井もサリン散布が予定の時間にできなかったので勝手に時間と場所を変更して散布しており、散布自体は麻原に対する「言い訳」程度のものだったとする。検察側はこのサリン散布はプラントにおけるサリンの大量製造に向けた「実験」と位置付けたが、智正は実験の必要性自体を否定している。

事件を総括して智正は「その場しのぎの場当たり的なものの積み重ねで七人の方が亡くなって誠に申し訳ない」と公判で謝罪し、民事裁判においても「遺族の方には死んでお詫びしたい」と述べている。筆者に対しても「松本事件は堪える。サリンをあの日あそこで撒く必然性はどこにもなかった」（平成一三年四月九日）と回想している。平成八年頃に書かれた書簡には、

「ではなぜ教祖は松本事件を起こしたのか」と問われれば、「『教祖の宗教的な思いつき』で合理的な説明は不可能です」とお答えするしかありません。

と記されている。

一審判決で、智正の松本サリン事件についての判決は、死刑であった。七人の死亡についての共謀共同正犯が認められた上で、合成に関わったサリンを噴霧車に注入し、医療役として現場に赴いたことから、犯行への関与の度合いは深いとされたのである。

なお、一連の事件についての裁判が確定した後、智正は再審請求を行うが、一回目の再審請求を坂本事件に関して行い棄却された後、二回目の再審請求においては、松本サリン事件の被害者一人の死亡については、救急時の投薬ミス（キシロカインの過剰投与）によるものと主張することを検討していたが、再審請求を行う前に刑が執行されている。

一二　サリンプラントの運営

村井秀夫の下で滝澤和義が行っていた第七サティアンでのサリンプラントの建設は平成六年九月においても進んでいなかった。村井は、サリンプラントの完成を待たずして、できたところから少しずつ動かして中間物質を造るという方針に転換したが、工事が杜撰だったので七月に二回、有毒なサリン関連物質（亜リン酸トリメチル）が建物外に流出し、マスコミや保健所が見に来るという事態を起こしている。智正は、サリン関連物質と分かれば、教団に捜査が入ると考え、サリン製造計画も取り止めになると思っていたが、麻原の前に行くと光が見えたりしたため、不思議と「教団は大丈夫」という思いにもなったという。

智正は、七月一〇日頃、村井に呼ばれて「第七サティアンの運営者になってもらう」と言われた。意味するところは、サリンプラントが完成したらサリンの製造については智正がトップになるということだった。智正をトップにすることは、村井が麻原に提案して了承を取っていた。

当初の案では、智正の下には麻原の長女やお供物作りの女性数名が入ることとなっており、智正は「何ですかそれ」と思わず言ってしまった。村井は第七サティアンの運営とは、製造装置のボタンを押すだけの仕事と考えていた節がある。流石にこの案は引っ込められ、自治省と科学技術省から数名ずつが派遣されることとなった。ただ、そのメンバーには機械や工学についての知識がある者はおらず、智正は再び「これでは運営は無理だ」と言ったが、村井は「運営だけだから大丈夫だ」と言っている。

七月末に智正は「もう三日でサリンができるようになる」という村井の指示で、配下と共に第七サティアンに入った。入る際、全員、ポリグラフ検査を受け、麻原からは、「今日からあるものをつくってもらう」というような話に続けて、「全員を菩師長に昇格させる」という発言までなされた。プラントによるサリン七〇トンの製造は四〇日かかると見込まれ、全員が四〇日間第七サティアンで缶詰になって作業に当たれということであった。

ただ、智正らが第七サティアンに入るとプラントは全然できておらず、入った当日は、智正らは出来上がったサリンを貯蔵するための部屋で雑魚寝した。翌日、村井が来て、ここはもうすぐできるサリンを貯蔵する部屋だからこんな所にいては駄目で、智正らは自分たちの居住スペースと風呂、トイレを作るようにと指示してきた。智正は、このような何もできていない状況で第七サティアンの運営を任されたことについて、村井は松本事件以降、サリン製造から手を引きたくなって、プラントに懐疑的な智正に運営を押しつけて責任逃れをしようとしていたのではないかと推測している。

結局、運営すべきサリンプラントが未完成だったため智正らはすることがなかった。智正は、法皇内庁長官から外れていなかったので、その決裁業務があったほか、水や食料の調達のためにも外出せざるを得なかった。他の配下のうち、科学技術省系列の者はプラント建設を手伝い、自治省系列の者は門外漢だったのでやることもなく空手のビデオを見たりして時を過ごした。

八月からは村井がサリンの貯蔵用の部屋に起居してプラント建設の指揮を執るようになったことから、村井自身も保管すべきサリンが出来上がるのが随分先になると見ていたことは明らかである。また、中間物質を造る工程も動かしていたが、薬品が漏れることがしばしばで、智正は薬品中毒の治療もさせられている。智正は一〇月初旬まで基本的に第七サティアンで起居していたが、村井が直接、指揮を執るようになってからほとんど何もすることがなく、通常業務に戻っていた。

なお、智正は遠藤誠一に呼ばれて九月二〇日未明、ジャーナリスト江川紹子の住むマンションでの土谷正実が造った毒ガス、ホスゲンの散布に関わっている。犯行は新實智光、遠藤、智正、端本悟の四人で行われ、智正は医療役として車中で待機し（ホスゲン中毒緩和に必要な薬剤は不明だったので手ぶらで赴いたとしている）、端本が見張り役で、新實が江川家のドアの新聞受けからノズルでガスを室内に注入した。物音に目覚めた江川が玄関近くに出たところ、刺激臭のするガスが充満しており、ガスを吸った江川はすぐに喉が苦しくなり目がチカチカしだしたという。江川はドアの外に誰も居ないのを確認してからマンションの廊下に出、下を見るとマンション玄関から男（新實か）が飛び出し、路上に停まっていた乗用車に乗り、そのまま車は急発進したという。江川が医師の診察を受けたところ、気管支が腫れて狭くなるという健康被害があり、五日の加療と一、二週間の安静を要するという診断が下された。この診断書を持って江川は所轄警察署に被害届を出している（江川紹子『「オウム真理教」追跡2200日』文藝春秋、一九九五年、四七四頁）。

結局、サリンプラントは完成しなかった。麻原が九月三〇日から一〇月九日にかけてロシアに行って帰国の直後、麻原は村井を呼び出し、「中川が第七サティアンに入るとき、おまえは三日でサリンができると言った。あれからもう何ヶ月も経っている。新實からは第七サティアンなんて永久にできないという話が来ているが、おまえはなぜ報告してこない」と叱責し、「第七サティアンはできるのか」と尋ねた。村井が「できます」と言ったところ、麻原は「ははははは」と力なく笑って「まあ頑張ってくれ」と言って村井を送り出した。智正はここに同席していたが、村井を送り出した後、麻原は智正に「村井にやらせたのが間違いだった」というニュアンスの言葉を吐き、「もう第七サティアンはできないと前に言っていたよな」と語りかけた。

この後、麻原は智正に「第七サティアンをやらなくていい」と告げ、智正はプラント運営から正式に離脱した。もっともプラント建設自体は「村井のカルマだから」ということで、強制捜査の懸念があった一一月頃に一旦中断されたものの、平成七年一月一日に教団のサリン疑惑が報道されるまで続行される（同日をもって完全に稼動・作業を停止）。

このようにサリンプラント自体が完成に程遠く、五段階のサリン製造工程の第二段階までがやっとできる状態であった。プラントは、最終的には第四段階の一部までは達成したとされるが、あのまま続けてもサリンは一グラムもできなかったろうと智正は語っている。

トゥー博士は平成七年中には数トンのサリンができていたのではないかとするが（トゥー『中川智正との対話』八七頁）、サリンを入れる容器、サリンを詰める際に着る防護服、サリンの噴霧装置の製造といったサリンプラントの建設とともになされなければならない多くの業務も何一つ

118

できていなかったため、仮にサリンプラントのみが何らかの形でできたとしても、安定的にサリンを製造して使用することは不可能に近かったと見られる。

結局、サリンプラントは村井が麻原に安請け合いした壮大な蜃気楼だった。ただ、多くの平信徒が無駄に駆り出され、健康被害を受けたり、立場によっては後に刑事責任を問われることとなった。そして、第七サティアンから流出したと見られる有毒ガスは麻原の体調をも悪化させたらしく、これが麻原の「教団は毒ガス攻撃を受けている」との言の背景にあったようで、誠に壮大な自縄自縛でもあった。

なお、捜査当局は、第七サティアンのプラントでサリンはできていたとするが、智正は、土谷の下でサリンが造られた際の排気の影響や第七サティアンで造られたサリンの中間物質等の検出をもって結論付けたに過ぎないとする（中川智正「中川智正死刑囚の手記 当事者が初めて明かすサリン事件の一つの真相」『現代化学』五四八号、東京化学同人、二〇一六年一一月）。

一三 VX事件

話は前後するが、教団内で最強の神経毒であるVXを造ろうとする構想が、平成五年一二月頃に生じた。発案は遠藤誠一で、土谷正実を誘い、麻原に製造のお伺いを立てようとしていた。もっとも、当時、土谷はサリンプラントへの専念を命じられていたため、VXの製造に至るには紆余いた。

曲折があった。智正はＶＸの製造には関わっていない。教団内でＶＸは「神通力」と呼称されていた。

なお、土谷は前述のホスゲンのほか、平成六年四月頃から毒ガス、イペリット（マスタード）の製造を試みて自ら被曝しているし、そのほかにも、ソマン、タブン、シクロサリン、シアンガスなども作っている。イペリットは平成六年一二月段階で二〇〇キログラムあった（トゥー『サリン事件』九七頁以下）。これらの毒ガスが本当に完成していたかについては実証されていないが、仮に精度が低くても極めて危険な物質が多種類あったことになる。

土谷が製造した「ＶＸ」を用いて平成六年一〇月頃、滝本太郎弁護士に二回ほど襲撃を試みたがいずれも失敗している。二回目の襲撃ではＶＸは「固まった」とされ、智正は、これはそもそもＶＸができていなかったためだと見ている。

智正がＶＸ案件に動員されたのは、教団から脱会した信者を匿っていた中野区での水野昇の襲撃に急遽参加させられてからである。水野に対してのＶＸの塗布の試みは三回行われ、一回目は一一月二六日で、井上嘉浩が注射器から滴らせて付着させようとしたが果たせなかった。

ちなみに、この頃から井上が新實智光と共に非合法活動の前面に出てきたことについて智正は、「新實はやることが乱暴なので、教団の非合法活動に井上が乗り出していった面はある。井上はああいうことがやりたかったのだろう。点数稼ぎの面もある」、「ステージは新實が高いが、非合法活動は井上が主導だった。ＶＸ事件も井上主導だ」と述べている（平成八年一二月九日）。

翌一一月二七日も元自衛官の山形明が同じく注射器での塗布を試みたが、その準備の際、智正は山形に自分の皮膚に付けないように注意をしている。二回目の襲撃では新實が水野に話しかけて気を引いている間に山形がＶＸを水野の後頸部あたりに垂らしたが、効果は出なかった。なお、山形に注射器の扱い方を教えたのは智正である。

ちなみに、二度にわたる襲撃に用いられたＶＸは「ＶＸ塩酸塩」の状態のもので、皮膚からは浸透せず、水野の健康に変化がなかったと智正は遺稿となった化学誌掲載論文に記している（後述）。

滝本サリン事件の際と同様にＶＸに効果が出なかったことから、井上らは遠藤に不信感を抱いていたところ、また、ＶＸが遠藤の下で造られた。智正は麻原に投与する薬品を東京から上九一色村に運んで東京に戻りしなに遠藤から注射器に入ったＶＸを二、三本渡された。これは土谷が新たに作り直したものだった。智正は、短期間に造られたのでまた失敗作ではないかと思っていたが、指示に従い新實と共に杉並区今川のアジトに運んだ。今川では井上と新實に今度のＶＸは有効なのかと問われている。

三回目の襲撃は一二月二日朝八時半頃行われた。新實と山形がジョギングを装って水野に近づき、新實が気を逸らしている間に山形が水野の後頸部に注射器からＶＸを垂らすという前回同様の手法だった。智正は医療役として井上、平田悟及び高橋克也と共に送迎ワゴン車の後部で待機していた。このときのＶＸは皮膚から浸透したため、水野は救急搬送されてＩＣＵに入れられたが命は助かった（以上「水野VX事件」。裁判で智正は殺人未遂の共謀共同正犯を認定される）。

次にVXで襲撃したのは教団大阪支部に出入りしていた濱口忠仁である。教団サイドは彼が警察の柔道場にも出入りしていたことから、彼を公安警察のスパイと疑い、麻原は一二月八日頃、新實と井上に殺害を指示した。

新實、井上は一二月一一日までに大阪市内に入った。当時、心身の状態が良くないと麻原に判定されて修行中だった智正も、井上が麻原に要請したことから、治療役として加わることになり、一二日未明に大阪に入った。智正はこの際、VXの入った注射器（遠藤が注射器に詰めた）を二本携えていた。濱口の襲撃は新實、井上、山形、平田悟、高橋が行い、智正も前回同様、医療役として待機することとなった。智正は、この襲撃には反対であったがすでに新實・井上によって決められていたといい、また、山形は風邪で体温が三八度くらいあったが「やります」と実行役を引き受けたとしている（平成八年一二月六日、九年二月五日）。

襲撃は一二日早朝に行われた。通勤途中の濱口に淀川区宮原において、新實と山形がジョギングを装って近付き、山形が濱口の首筋に注射器でVXをかけた。その際、注射針が濱口の首に刺さったため、濱口は振り向いて山形を追いかけたが、途中でばったりと倒れた。智正は、高橋と共に車中に待機し、襲撃現場は見ていない。なお、水野と異なり濱口が死に至った大きな要因は注射針で刺したためと智正は推測している。

智正らは当初泊まっていたホテルに戻り、智正は念のために山形にPAMを注射した。その後、一行は分離し、智正は淀川の河川敷で、山形が使った注射器と使わなかったもう一つの注射器とを焼却した。智正はそのまま京都から上九一色村に鉄道利用で戻っている。

濱口は救急搬送され、一二月二二日に死亡した。この頃、智正は光が降ってくるような体験をしており、濱口の入っている病院に電話してみたところ死亡退院が確認された（以上「濱口VX事件」）。一審判決では、智正はこの件について殺人の共謀共同正犯を認められ死刑を選択されている。濱口の家族が「犯人にVXをかけて殺してやりたい」と言ったことについて智正は「本当に申し訳ないことをした。気持ちはよく分かる」と述べている。ちなみに、トゥー博士は『中川智正との対話』一〇二頁において当時、濱口が世界で唯一のVXによる死亡者としていた。

なお、年末、教団は、漫画家小林よしのりをVXで襲撃しようとしたが果たせなかった。智正はその際、注射器から漏れたVXを自分の指に付けるという過失を犯している。

平成七年一月四日、教団は、オウム真理教被害者の会の会長、永岡弘行をVXで襲撃した（「永岡VX事件」）。この事案については、智正は土谷から受け取ったVXを注射器に詰める作業をし、医療セットとともに新實に渡したのみであった。この事案の決定に際して麻原が、「智正が加わると医者のカルマの関係で被害者が助かる方向に行ってしまう」と発言したことによる。智正は襲撃現場には行かず上九一色村にいたが、後に永岡が搬送された大学病院に彼の容体を確かめる電話をさせられている。この事件では、智正は現場にも行かなかったが、事前に注射器からVXを飛ばす訓練に立ち会ったことなどから、一審判決は殺人未遂の共謀共同正犯を認定している

（有期懲役）。

以上のように、智正はＶＸを用いた襲撃事件には専ら医療役として携わったが、注射器の使い方を教えたり、注射器にＶＸを詰めたりという実行行為に深く関わる行為も行っていた。智正は水野に対する三回目の襲撃以降は教団のＶＸの危険性を確実に承知していたはずで、これが各事件での智正に対する厳しい判決につながったと思われる。

教団は、大量殺人はサリン、個別の襲撃はＶＸと使い分けていた。サリンは気化して多数に吸引させられるのに対し、ＶＸは皮膚に付着させなければならず、相手方は少人数に絞られてしまうからである（智正は、爆弾にでも入れて飛散させなければ多人数の殺傷には向かないとした）。

なお、井上と端本は一月二九日朝に横浜アリーナでの講演会に来た幸福の科学の大川隆法教祖のものと考えた車のドアの取っ手にＶＸをかけたが、その際使用したＶＸを注射器に移し替えたのは智正だった。大川には何の異変も起こらなかった。

智正は、ＶＸの製造には関わらなかったが、公判段階において相当勉強したようで、金正男暗殺事件に関連してＶＸに係る論文を発表している（後述）。

一四　サリンの中和、目黒公証役場事件

平成七年一月一日、『読売新聞』朝刊に教団施設付近からサリン関連物質が検出された旨の記

事が掲載された。第七サティアンのサリンプラント状況は「一一　松本サリン事件」にあるとおりだったが、報道を受けて教団は、建設中のサリンプラントを解体するとともに、建設と並行して製造していたサリンの中間物質の処分に乗り出した。サリンの原料は一〇〇トン単位であったため（ドラム缶にして一五〇〇から二〇〇〇本程度あったという）手の着けようがなく、まず中間物質や土谷正実が先に造っていたサリンを処分することとしたのである。

智正もサリン関連物質の処分を手伝うこととし、教団の先行きに漠然とした不安を覚えつつ作業に当たった。智正は、土谷と共にクシティガルバ棟脇のスーパーハウス内のドラフトチャンバー（排気装置）の下でサリンの中和作業に従事した。ただ、土谷は簡易マスクを着けたのみで作業し、エアラインの着いた防護服は用いなかったため、あっさりとサリン中毒になってしまい、智正一人で作業する羽目になった。智正は土谷の治療のために林郁夫を呼び、併せて第七サティアンの未完成プラントも見せている（林『オウムと私』三七〇頁）。

サリンと中間物質の処分は一月三日から四日午前中までに終了させたが、注意したにもかかわらず智正もサリン中毒となり、四日には発熱で寝込んでいる状態だった。サリンの製造あるいは中和に使ったドラフトはその後に解体された。

なお、第七サティアンにおいてサリンプラントを動かそうとしていた痕跡を消す作業も滝澤和義以下によって同様に行われていた。そして、以上のような作業が終わった後に発見されたＶＸとサリンの中間物質であるメチルホスホン酸ジフルオリド（ジフロ）は村井秀夫の指示で井上嘉浩が杉並の今川アジトに移動させた。このジフロが地下鉄サリン事件で使われることになる。

この後、一月二九日の大川隆法襲撃の失敗は智正の想念のせいで、それは修行が足りないからだとされ、さらに麻原の体調不良も智正のせいとされ、麻原は智正に一日一二時間監視付きの修行を命じた。修行以外の時間は、富士山総本部道場の外壁工事の手伝いをさせられた。外壁の仕事は新實智光も行っており、智正と新實は「下積みからやり直す」ことが求められた。

智正は、運転手の宮田と藤森久男に見張られて寝ないで修行をしていた。強制捜査後、比較的早く教団から脱退した高橋英利はその著書で二月下旬のこととして、第六サティアン二階の修行道場での智正の修行の目撃談を記している。


それは意外な光景だった。彼〔智正〕は猛烈にしごかれていたのである。監視人が二人、竹刀でまわりの床をバシバシたたきまわっていて、中川さんが苦しそうに顔をゆがめ「グルに帰依します……」としわがれ声で言っている。僕〔高橋〕は自分の目を疑った。あれほどステージの高い人が、なぜこんな目にあっているのだろう……?


智正の強制修行はこのように描かれ（高橋英利『オウムからの帰還』草思社文庫、二〇一二年、二三三頁）、教団内でもかなり異例の修行だったことが分かる。

強制修行中だった智正は二月二八日三時頃、井上から一つの依頼を受けた。その内容は、教団へ出家させようとしていた女性信者が翻意して居場所が分からなくなったため、その兄である假谷清志を拉致して居場所を探り出すというものだった。聞き出し方としては、当時、教団で行われていた「ナルコ」と言われる麻酔剤（チオペンタール）を使っての尋問が想定されていた。

智正は強制修行中であったが、これは麻原の指示であると感知して修行を中断し、杉並区今川のアジトに車で送られた。アジトには井上、中村昇、平田悟、高橋克也らがいた。

拉致については、目黒公証役場に勤務する假谷が勤務を終えて帰宅する際に車に引き込んで麻酔をかけて眠らせて上九一色村まで連れ込もうというものであった。当初は村井が「発明」したレーザー銃で假谷を制圧するということだったが、効果がなさそうということで取り止め、中村、高橋、井田喜広が假谷を追い詰めて平田悟が車に引き込んだ。智正も引き込みを手伝うはずだったが、修行明けの寝不足で動作が緩慢となりできなかった。智正は假谷に麻酔剤のケタラールを打って眠らせ、続いてチオペンタールを点滴した。

上九一色村の第二サティアンに假谷を収容した後、三月一日三時頃から林郁夫が引き続き假谷にチオペンタールを用いて尋問を行った。林は、チオペンタールを用いての尋問に長けており、麻原の指示により呼ばれていた。しかし、假谷の妹の所在は聞き出せなかった。教団では假谷の記憶を消して帰す方法などを検討していたが、長時間にわたってチオペンタールを投与し続けたため、假谷はその副作用である舌根沈下あるいは唾液の誤飲による窒息で、意識が醒めないまま一一時頃に死亡した。チオペンタールの投薬量が使用基準を遙かに超えたことと、その時点で假谷の近くに状態を管理する者がいなかったためと智正は指摘する（林は九時頃、別の仕事に行っていた。林は「中川に引き継いだときには、麻酔から醒めている状態であった」とするが、智正はこれを否定する。林の立場からの本件への関与については、林『オウムと私』四一二頁以下に詳しい）。なお、假谷が死去した時間帯に、智正には光が降ってくるような体験があり、おかしいなと思って假谷のいる部屋に戻ったら假谷は死去していたとする。

具体的には「假谷さんが死んだときには光が降ってきた。いい光だった。完全に（麻原が）ポア（高い世界に導くこと）してしまった。部屋の中で光が輝いていた。ちょっと私が外して次に見たら部屋中が光り輝き假谷さんの呼吸は止まっていた。假谷さんは過去世で修行していたのではないかと麻原氏は事件後語っていた」としている（平成八年一二月一八日）。

假谷の死を知った麻原は、誰かに假谷の首を絞めるように指示し、井上、智正、中村の三人で相談して井田にやらせることとなり、井田は実行した。その後、遺骸はマイクロ波の焼却装置で焼却されて本栖湖に投棄された。

智正はこの事件について「私たちのやったことは本当に無茶苦茶で、ご遺族の方々のお怒りも当然」とし「私は医師として関わってしまい、責任が重いのもよく分かっています。本当に申し訳ないのとお詫びの言葉もないと、あのような形で亡くなってしまわれるのは無念だったろうと思います。申し訳ございませんでした」と公判で述べている（以上「目黒公証役場事件」）。

この事件について一審判決は智正の傷害致死罪と死体損壊を認定している。「智正の犯行への関与度合いは深い」とした上で「被告人は、医学の知識を悪用してこれ（事件）に関わったばかりか、その間の被害者への麻酔剤投与やその体調管理に遺漏があったことも窺えるのであり、医師資格を有する者として、より厳しい非難を受けなければならない」と判決は述べている。目黒公証役場事件については、被告・弁護側も事実関係や罪状について大きく争ってはおらず、医療過誤を認めている（要するに藪医者だったということである）。なお、精神科医の小田晋教授が「あれは林郁夫の点滴ミスで、普通に点滴していたら假谷さんは生きていた」と語っていたという話を筆者も平成一六年にNHK記者から聞かされた。

林は本件については「監禁」の罪にとどまり「致死」についてまでの罪責は判決では認定されていない。智正はこれについては「判決当時は林さんの威光があったため」とする（平成二四年九月一二日）。

後年、死刑判決が下された井上は本件について、智正が殺人行為をしたため假谷は死んだとして、智正・林の医療過誤を否定して智正に殺人の故意があったことを主張して再審請求を行った。これは、智正に殺人の故意があれば、井上の責任は「致死」にまでは及ばず、罪責は「逮捕監禁」にとどまるという発想に基づく。井上の主張は、ある意味では「藪医者」が假谷を殺したことで共犯者にまで「致死」罪が加重されて巻き添えを喰ったことへの異議申し立てとも言える。

智正は一月末から強制修行に入っていたところ、目黒公証役場事件で再度麻原に叱責され、自ら謹慎の意味も込めて修行を続けていた。この事件で麻原が怒ったのは下手にやったからとされ、中村と井上が暴走したことへの怒りがあると智正は推測している。

一五　地下鉄サリン事件

謹慎しつつの修行中の平成七年三月一五日未明、智正は呼び出されて上九一色村から杉並の今川アジトに入った。ここで、遠藤誠一が造ったボツリヌス菌を散布するに当たって、菌の血清も造ったからこれを注射する役目をして欲しいと言われた。智正は、未だ遠藤の造った生物兵器の類いで効果が生じたものは一つもないので、はなから無駄な話と見ていた。

ボツリヌス菌はアタッシュケースに入れられて三月一五日の昼前後に地下鉄霞ヶ関駅で井上嘉浩らによって散布されたが、何の異変も起きなかった。ホテルで待機していた智正も何もなすこともなく上九一色村に戻っている。智正は、過去二回、細菌の散布が失敗したにもかかわらずこの時期に遠藤がボツリヌス散布に踏み切ったのは、サリンで成果を上げていた土谷正実への対抗意識があったからだろうとする（平成八年一一月二五日）。

三月一七日に智正は麻原と偶然会い、その際、六月一七日に正悟師にステージを昇格させると伝えられた。その際の麻原の言葉は「お前を今度の人事で正悟師にする。ただし、もっとしっかり修行しなきゃだめだぞ」というものだった。智正は、麻原に叱り続けられているにもかかわらず、他の省庁のトップとの均衡上昇格させられるものと考え、あまり嬉しくなかったとしている。

一七日から一八日にかけて智正は消防署による第六サティアンの検査に備えて片付け作業をしていた。同じ一八日の未明、東京で一七日に当日正悟師に昇格した者の祝賀会が行われ、続けて麻原、村井秀夫、青山吉伸、遠藤、石川公一、井上により地下鉄サリン事件に向けての「リムジン謀議」が行われたとされる。智正の推測によると、一八日中に井上が保管していたジフロからサリンを造ることとなり、井上が午後までに上九一色村にジフロを運んだということである。

林郁夫によれば、同日午後、井上は智正と共に第六サティアンにいた林を訪れ、目黒公証人役場事件に関わった松本剛と林武の指紋消しの手術（違法）を依頼した。智正は指紋消し手術の経験があるようだったので、林は智正が手術をやることを求めかけたが、智正は「ほかに用事があるから失礼します」と井上と共に立ち去ったとする（林『オウムと私』四八二頁以下）。ジフロを搬入した井上と智正がこの時点で会同していたことになる。

そのジフロは村井に渡り、同日一六時頃、村井は第六サティアンにいた智正にこれを届け、遠藤の所に持って行って、その指示を仰ぐようにと告げた。また、村井はジフロにイソプロピルアルコールを加えればサリンができるとも言った。

智正がジフロを遠藤のいる「ジーヴァカ棟」に持ち込むと、遠藤は同棟のドラフトチャンバーの下でサリンの製造を行うこととした。智正は、サリン製造については、麻原から村井と遠藤に指示が出て、両者がそれぞれ智正に話を持ち込んだと推定している（平成一三年一〇月一日）。

ジクロを使わずジフロだけでのサリン生成は遠藤も智正も経験がなかったので、土谷に製法のメモをもらい、生成時の温度管理についての助言も受けている。サリン生成の主たる行程であるジフロへのイソプロピルアルコールの滴下とそのための装置作りは遠藤とその部下が行い、智正はビニール袋に酸素を送り込めるようにする「防毒マスク」を作成した。今回、土谷がサリン生成の補助的な参加にとどまったのは、生成を命じられたのが遠藤であることと、土谷と遠藤の仲の悪さによると智正は推測する。

結局、不純物が混じったままのサリン溶液（分留は不要とされた）六リットルが出来上がったのは一九日二〇時頃で、大幅に時間を要していた。

この時間帯に大阪支部に強制捜査が入ったという情報が智正らにももたらされ、さらに上九一色村の教団施設にも強制捜査が入ったという知らせ（後に誤報と分かる）が入った。上の指示を受けに出ていた遠藤が戻ってきてサリンをビニール袋に詰めることを智正に指示し、智正は遠藤と共に自ら作った防毒マスクを被って一一袋に分けて詰めた。遠藤がポンプを操作し、智正が袋を押さえる役割だったが、このサリンが事件に使われるとは知らなかったので、袋を素手で扱い指紋が付きまくったとしている。智正は袋詰めされたサリンが何に使われるかは聞かされないままだった。ただ、サリンはすぐに使うのではなく、分留をして純度を高めてからいずれ使うのではないかと漠然と考えていた。智正は遠藤にサリン中毒の予防薬メスチノンも五錠渡している（一回に半錠飲めばよいとされている）。遠藤が去った後、智正は実験器具を焼却処分した。

地下鉄サリン事件は、三月二〇日の朝八時に起きた。智正はこの日、部下の藤森久男を何の注意も与えずに東京に行かせようとしており（結局、藤森は途中で引き返したのだが）、その点でも智正は全く蚊帳の外であった。事件の起きた時間帯、智正は第六サティアンの自室で「決意を唱える修行」をやっていたところ、自分の頭の上の方が明るくなってきて、光が降ってくるような感覚があったとする。

こうした智正の関与度合いから、裁判において智正は「サリンが具体的にどのような事件に使われるかは分からなかった」として無罪を主張した。第一審判決では、智正がジフロを保管していたことについては「推認できない」とし、智正がサリン散布についての具体的な計画を知らなかったことについても認めたが、サリンをビニール袋に詰めたことについては「近々サリンが多数の者を殺害するために散布されるということを察知しながら行った」として、地下鉄サリン事件の共謀共同正犯の成立を認め、「被告人の本件一連の犯行への関与の度合いは決して浅いものではない」として死刑が選択された。

智正は、平成一四年一一月一八日の東京地裁での被告人質問で「人の生まれ変わりを明白な事実として捉えていた。麻原が生まれ変わり先を変更できるということも事実として捉えていた。日常起こる、人が亡くなったときに光が降るような体験をそれに結び付けていた。サリンを造った一番の根本にはそういうことがあった」と述べた。そして、人が生まれ変わる、麻原がそれをコントロールできるということについては判定できないとし、「そういうことを前提にして事件を起こすことは、この世界ではやってはいけないことだと思う」と総括している。

一六　逃走中の事件

三月二一日、智正は地下鉄サリン事件の結果を受けて二二日にも強制捜査が入るとの情報を得た。それまで智正は自身の身辺整理をしていたが、夕方、村井秀夫の指示に従い教団を離れた。同行した者は三人で、一〇〇〇万円をもらったほか、教団内で処理し切れなかったサリンの原料となる三塩化リンと五塩化リンも若干帯同した。薬品は東名高速道路から下りた静岡県内で投棄した。智正の一行はさらに二手に分かれ、智正は藤森久男と共に大阪に潜伏した。二人は四国でキャンプをしつつ逃走を図ることとし、自転車やテントを購入した。しかし、三月二八日か二九日に井上嘉浩から上京を促され、三〇日に上京した。この日の朝、警察庁の國松孝次長官が狙撃されている。

智正は四月三日に相模原にあった教団の倉庫に行った。ここにはサリン・VXの原料となるものや医薬品・防護服などがあった。智正は中村昇らと共にこれらを熊谷の倉庫に全て移した上で、薬品については最終的には日光市の山中に埋めている。なお、埋める場所を日光にしたのは、智正がその付近を「光っている」ように見えたからだとする。青酸化合物等の薬品は、海や川に捨てると教団の投棄がばれると考え、防水をして埋めた。

四月六日に岐部哲也が教団作成の銃弾を所持していて逮捕される事案が発生したため、同日、智正は東京・大阪を往復し、七日に銃器関係の部品を廃棄し、八日に残る全ての薬品を日光で埋めた。この後、熊谷の倉庫にあったがらくたの処分を一一日まで行った。

智正は一〇日に港区青山の総本部にいた村井に呼び出され、一一日に青山に行った。従来、村井は「すぐ来い」と言って呼び出すのだが、今回は智正が「片付け中」の返答をすると「後でよい」と答えた。智正は村井から覇気がなくなっていることを感じた。

一一日昼に智正が村井と会うと、村井は「誘導瞑想をしてくれ」と智正に頼んだ。これは「第七サティアン農薬プラント」とか「黙秘するぞ」といった言葉を村井がテープに吹き込み、このテープを智正がタイミングを見計らって村井に聞かせるという軽い催眠術のようなものだった。

智正は自分が呼ばれた理由について、村井が別れを告げたかったのではなかったのかと推測する。

智正は、一二日には村井と別れて杉並区西荻の古民家に入った。

西荻で井上は智正に「村井経由で麻原が自衛隊を使ってクーデターを起こすように指示してきたが、撤回された」旨を語った。信徒の自衛隊員はせいぜい四、五人でしかなく、これでクーデターとは「死にに行くようなもの」であり、智正は、麻原が仮谷事件の井上の失策を怒っていて、麻原が村井ではなく自衛隊を使おうとしたことで、村井への信頼も揺らいでいることも併せて感じた。

クーデター計画は撤回されたものの、何らかの事件を起こせという指示が村井からあったことから、西荻にいた井上、智正、豊田亨、渡部和実、廣瀬健一、横山真人、林泰男が何をやるかを相談した。当初、井上が気化爆弾の製造を提示したが、困難性が高いことから却下され、智正が提案した青酸ガス、肥料爆弾、ダイオキシンのうちどれかを用いることとなった。

智正らは、四月一五日に地震があるとの予言に従い一旦東京を離れたが、地震がなかったので、同日には八王子のウィークリーマンションに入った。ここでは井上、豊田、富永昌宏、松本（女性）が同居した。

井上は一六日に富永が運転する車で上九一色村に行き、麻原と会って指示を受けた。その際、自衛隊のクーデターの話のほか、休眠宗教法人を買って石川公一を教祖にして教団を存続させるという話も出たという。もっとも、この頃までには新實智光、林郁夫、岐部が逮捕されており、教団は全くの危機にあったのである。

井上の話を聞いた智正は、麻原は元々教団が潰れるのは分かっていたのだが、弟子のカルマで事態が悪化したのだから当然弟子が責任を取るべきと考えて指示を出していると思った。また、当時、智正は自分のすぐそば、あるいは体内に麻原がいるような感覚を覚え、麻原の心が自分に密着する感じがあり、麻原は「戦え」と言っていたと述べている。そしてこの感覚は井上とも共有されていたとする。

この点について智正は「想念で麻原が同一のことを複数の人間に伝えることはよくあった。後で照らし合わせると大体同じことを言ってきているのだ。あのとき麻原は『戦え』という想念を我々に送り続けていた。井上の調書ではそういう神秘的な話が抜けていてわかりやすい形にしてあるが、実際はそういうことだから井上が独走して事件を引き起こしたわけではない」としている（平成八年一一月一四日）。

もっともこの時期、土谷正実や廣瀬、渡部といった人々は上九一色村に引き戻されており、化学兵器で「戦う」にしては人材の欠乏も明らかであった。麻原が本気で戦う気があったかは疑問と智正は述懐している。

智正らは四月三〇日までに何らかの事件を起こすことを求められていた。八王子に移った井上以下は、同じく杉並区永福町に移っていた林泰男、高橋克也、北村浩一、八木澤善次、松下悟史らと協力して事を起こすこととなった。

智正は菊地直子を使って上九一色村に残っていた薬品を八王子に運び込んだ。菊地は薬品の効能については全く理解しておらず、指示に従って運搬した。運搬は四月二五日まで行い、遠藤誠一、土谷が上九一色村で二六日に逮捕されてからは取り止められた。

なお、村井は二三日に青山道場前で刺され、二四日に死亡した。智正は刺された瞬間をテレビで見ていたが、その際「もう助からない」という男の声が聞こえた。そして亡くなる頃の時間に光が降ってくる体験があり、村井は麻原により高い世界に生まれ変わらせられたと悟った。智正は、村井が世界の煩わしいことから解放されて羨ましいと思ったともしている。

ただ、村井の死後も麻原の指示は生きていると考えられたため、事件を起こすための活動は続けざるを得ないという心境であった。土谷と遠藤が逮捕されたため、薬品を使ってのテロは智正にしかできなくなっていた。智正はダイオキシン、爆薬と手がけてみたがいずれも難しく、青酸ガスを製造することとし、以前、日光市内で埋めた青酸化合物の掘り出しを画策した。

智正は、ガス発生装置を製作してそこに掘り出された青酸ナトリウム一〇〇グラムや硫酸等の薬品を入れ、四月三〇日に林泰男に装置を渡して新宿駅のトイレの個室に設置させた。しかし、この装置は薬品の配合を間違えたためか、何の被害も出なかった。

智正はこの失敗の後に、「麻原ががっかりしている」と感じた。自分のすぐ傍にいる麻原の心が「何もないじゃないか」と言っているのが分かったと表現している。

智正は井上の助言もあって、再度、残った青酸ナトリウム一・四キログラムを入れたガス装置を製作した。五月三日に仕掛けようと下見に行ったものの、人が多すぎたため断念し、五月五日に地下鉄丸ノ内線新宿駅のトイレ内の個室に装置を仕掛けた。ただ、この装置も作動前に清掃員に発見されて片付けられてしまったため、被害は出なかった。ただし、事件として大々的に報じられたため、社会的な混乱が引き起こされたとして、智正としては所期の成果は上げたと考え、また、死傷者も出なかったのでこれはこれで良かったと思ったと法廷で語っている（以上「新宿青酸ガス事件」）。

智正らはその後も捜査攪乱のための方途を模索した。ＲＤＸという爆薬を作成し、これを二〇グラムから四〇グラム程度起爆剤とともに本に組み込んだ。この爆発物は本を開くと爆発するようになっていた。そして、当時、青島幸男東京都知事が公約としていた世界都市博覧会の中止に反対する都議会議員の名前を使って東京都知事公舎宛てに送付した。ポストへの投函は井上の指示で富永が行い、それに伴い智正も取扱いについての注意を与えた。

公舎宛ての郵便物は都庁に一旦集められて送付され、五月一六日に都庁で開封された際に爆発し、秘書担当副参事が左手の指を全て失う重傷を負った（以上「都庁爆弾事件」）。

智正は、この件については、早い段階から「一番必要のない事件だった」と述べ、公判においても「被害者の方には誠に申し訳ないことをしてしまいました」と謝罪している。爆弾作製については、容器にはクリップが入っているプラスチック製の物を使い、これは爆発すれば溶けずに飛び散るが人を殺すような被害は出さない、また、容器の中に鉛を入れれば殺傷力が増すので購入していたが、結局使わずに鉛は処分した。鉛玉を入れることを止めた件は自分や井上の調書にも出ているとしている（入れようとしたのが井上で、反対したのが高橋と智正だった）。また、智正にとっては爆弾を作ったり起爆させるのも初めてだったとしている（平成八年九月二七日）。本件での智正への判決は有期懲役刑であった。

なお、この両事件については、後に逮捕されて公判になってから、井上と智正を含む他の被告人とでは事件の捉え方が大分異なるとしている（平成八年五月二三日）。

第四　逮捕・起訴・裁判（平成七年から平成二三年）

一　逮捕の前後

知事公舎への爆弾送付の後、智正らは八王子を離れて平成七年五月一三日頃、杉並区西荻に移った。理由は八王子が警察当局の監視の対象になったことを感じたためという。移動したのは智正、井上嘉浩、豊田亨のほか二人だったが、井上と豊田は移動中に逮捕されている。智正は西荻で爆弾事件に使っていた鉛玉を廃棄するなどして、一五日夜には永福町に移った。そして、翌一六日朝には麻原が上九一色村の第六サティアンで逮捕されている。なお、逮捕の頃に麻原がメロンを沢山食べていたとの報があるが、智正によると、麻原は乏尿で小便が出ないで体がむくむことがあり、利尿剤は強すぎるのでスイカを食べてもらっていたとする（平成九年一月八日）。メロンはスイカの代替だったのかもしれない。麻原の逮捕を知った智正は意気消沈してしまった。

智正は、五月一七日二二時頃に警察に捕まった。路上を歩いていたところを職務質問され、近くにいた飯田エリ子を逃がすため、自らの本名を名乗った。智正は高井戸署に任意同行された後、正式に逮捕され、愛宕署に移された。これは愛宕署がオウム関係の逮捕者の振り分け場所になっていたためで、智正は愛宕署から一八日の一時から二時頃に台東区の浅草署に移された。そして、この日の朝一〇時くらいから取調べが行われた。

智正はこのとき、死のうかとも考えたが、母親が追死するかもしれないので止めたと後に語っている。なお、このときに警察が逮捕したのは、「これ以上泳がせる必要がなくなったためだった」と後に智正は取調べに際して聞かされる(平成八年八月二五日付智正メモ)。

智正の当初の逮捕容疑は名古屋で脱会した女医を連れ戻すべくその近所のマンションに立ち入った住居侵入事案であったが、この件は容疑不十分で立件されていない。

二　浅草警察署での拘留と河原弁護士の選任

智正が浅草警察署に拘留されると両親が早速面会に駆けつけた。母親は年に何回か教団宛に智正への手紙を出していて、その最後の返答としての電話が平成六年の春だったから、それ以来の接触であった。両親は検察・警察双方から「当番弁護士や国選でなく私選の弁護士を付けるように」と言われた(当番弁護士がすでに一回、平成七年五月二二日か二三日に接見していた)。この時点で智正は教団からの脱会を表明していたため、両親は、五月二四日に岡山在住の河原昭文弁護士に一回だけの接見を依頼した。河原弁護士は五月二五日に最初の接見を行い（一五分程度だった）、そのまま弁護人として選任された（平成八年一二月三〇日、中川家での聞き取り）。

もっとも、この時点では時間が短すぎて供述調書の作成についての相談はできなかった。また、智正は正式にこの日に教団に脱会届を提出している。

河原弁護士は岡山朝日高校から昭和三四年に東京大学に入学して法学部に進学し、卒業後に司法試験に合格、司法修習の後に帰郷して父の河原太郎と共に開業していた。学生時代は応援団長をしており、スポーツマンでもあった。河原弁護士は智正の母の同級生であった精神科の山本昌知医師と知り合いであったことから、その関係で中川家に紹介された。高校は智正と先輩後輩の間柄になることもあり、中川家としても智正の心を開きうる弁護士として期待したものであった。

一回目の接見で智正は「警察に進んで協力する気はない。子供かなぁ」と語り、主な会話の内容は家族のことなどだった。また、ヴァジラティッサというホーリーネーム、自身の教団内序列が三〇番くらいであること、坂本事件等への関与もこのとき話された。なお、接見の際の智正の態度について河原弁護士は「事実関係の話は理路整然としていた。彼の受け答えから責任能力を疑ったことはない」と回想し、各事件における麻原との共同正犯性あるいは従犯性が主な問題になると考えた。

当時、村井秀夫刺殺事件に見られるようにオウムへの世間の風当たりは極めて強かった。河原弁護士の妻は智正の事件の受任について「大丈夫か」と懸念を示したが、河原は「消防士が火事で現場に行くようなもの」と受任は当然のこととした。ただ、大規模な事件であったにもかかわらず同僚弁護士を巻き込むことを嫌って単独での受任となった（麻原には最終的に一二人からなる国選弁護団が付いた）。また、一回目の検察側との打ち合わせでは担当検事から「ＳＰを付ける」ことを提案されており、極めて緊迫した状況だった（令和四年七月八日、河原弁護士より聞き取り）。

もっとも、警察側は、河原弁護士が選任されれば東京の弁護士が就くよりも接見回数が減り、その結果、捜査も進展すると見ていたようで、二回目に接見に来た当番弁護士は帰してしまっている。河原弁護士選任の後も、浅草署には智正と接見すべく四人の弁護士が順次訪れていたが、警察側が追い返している。智正はこの時点では弁護士選任についての知識がなく、ある意味不利な状況を招来した。

また、警察側からは「手紙は全部コピーする」と言われ、弁護士に送るものもコピーすると思ってしまった。弁護士との接見交通権についても全く無知だった。自分用のノートが持てることすら知らず、ノートを持ったのは同年一一月二九日であった。

河原弁護士と接見した翌日の五月二六日には智正は地下鉄サリン事件についての陳述書を作成した。これは第七サティアンのプラント関係者が一括りに殺人罪で起訴されるのを防ぐためであったが、弁護士と相談せずに供述調書の前段階のものを作るのは迂闊ではあった。なお、ＶＸ事件は発覚していなかったので、その事件を隠すために地下鉄サリン事件で使われたジフロの由来についてはぼやかしてしまい、これが後の事実認定で不利を招いている。河原弁護士の二回目の接見である六月三日までには地下鉄サリン事件についての供述調書はおおむねできていた。智正は、坂本事件にも関与していたことから、「死刑になるのが一番いい」と思っていたため、自己の多少の不利にはこの時点では頓着せず、細かい点では争わなかった（一審第九一回公判調書）。二回目の接見で、智正が坂本弁護士一家殺害事件に関与したことから死刑を覚悟しており、「極刑になるでしょうね」と述べたのに対し、河原弁護士も「そうだね」と冷静に応じた。また、河原弁護士は、智正の語る神秘体験について「口をあんぐりと開けて」聞いていたというが、彼の神秘体験については否定も肯定もせずそのまま聞くという態度であった。この日、智正は河原弁護士に「サリンは自分がいなければできなかった」と語り、また、「久保田（筆者）に心配をかけて済まない」とも言っていた。ちなみに、以降の河原弁護士との接見時間は一回二時間程度であった。

なお、この日までに作成されていた地下鉄サリン事件に係る供述調書について「必ずしも言ったことが書かれていない」という話をしたところ、河原弁護士は「まあ、そんなもんだよ」と応じたという。河原弁護士のおおらかさを物語るが、公判で智正にとっては不利な状況を招来したかもしれない。そもそも河原弁護士は、麻原弁護団とは異なり、被害者の調書等に対する反証を行うことはせず、事件の本筋一本に絞って弁護活動を行う方針であった。

智正は六月七日に地下鉄サリン事件で起訴されるが、それまでに三通の調書が作られている。そして、翌日には落田事件、ＶＸ事件、滝本サリン事件の取調べが始まる。

なお、智正の起訴状況は、地下鉄サリン事件の後は、七月一〇日に落田事件、八月七日に松本サリン事件、九月四日に目黒公証役場事件、一〇月一三日に坂本事件、一一月四日に都庁爆弾事件、一一月二四日に新宿青酸ガス事件、一二月二二日に濱口VX事件、平成八年二月九日に水野VX事件と永岡VX事件、三月五日に滝本サリン事件と追起訴されて計一一事件となる。

六月一九日に落田事件で逮捕されたのに際し、智正は医師免許を返上した。また、大学、高校、中学の同窓会組織からの退会と柔道二段の段位の返上も行った。ただ、附属学園については申出への対応に決着が付かないまま智正は刑死しており、二〇一八年版『緑友』（同窓会名簿）に智正の名は残っている。

後に智正は筆者との面会での話の多くを附属学園時代の友人たちの件で費やしており、学園への愛着は最後まで残っていた。筆者は、六月二四日に東京で行われた附属中学の同窓会で色紙に寄せ書きを集め、智正の母から頼まれていた智正宛の手紙とともに七月四日に智正の母に送っている。手紙・寄せ書きは智正の母・河原弁護士経由で差し入れられた。この色紙は智正の遺品の中にそのままあった。

手紙・寄せ書きへの感想は、河原弁護士経由で八月二日付河原弁護士書簡で筆者に伝えられた。「ありがとう。面会はもう少し先になる」、「元気でやっている。皆さんによろしく御願いします。変わらない友情に感謝します」という言葉だった（寄せ書きは、平成八年一月二日に岡山で行われた附中同窓会でも作って差し入れている）。

七月一九日の河原弁護士との接見で智正は事件の背景として「教団の教義（人を殺す理由）だけに基づいてやったわけではない。結局、尊師との関係。ある意味親子のような関係があったように思う。『無条件に付いていく』。尊敬していたしイニシエーションを何度も受けているが、そのエネルギーが移入されることが分かった。私一人ではなく多数の人にしていた」と述べ、麻原からの強い影響が事件の背景にあったことを語っている。また、「教団に惹かれたのはエネルギー。（教団は）関係妄想・狂気の隣り合った世界」とも表現している。

智正は九月時点では、自身の余命をあと五年と捉え、短歌を作って弁護士経由で親に示した（後述）。

なおこの頃には、智正の第一回公判が一〇月二四日となることが決まっている。ちなみに、筆者は、同日の公判の傍聴をしようと東京地裁に行ったが、四一五八人の希望者がいて落選した。筆者は、傍聴席を智正が無駄にキョロキョロしないようにと予め赤いセーターを着ていく手筈にしていたが、無駄に終わった。初公判について智正は河原弁護士に「緊張した。一瞬表情が緩んだのは知っている江川紹子さんと目が合ったから。疲れた」と語っている。

一二月二日に智正は前述の二件のＶＸ事件でも逮捕されているが、同月一二日付で智正が自身の心境を河原弁護士経由で筆者に伝えてきた。内容は「色々考えているが、まだ形として上手くまとめることができない。今まで調べのなかった日は一日か二日しかない。もう少し考えたい。言うときはしっかりしたことを言いたい。接見の方は年明け頃、検事に話してみる」というものだった。

筆者が智正の公判廷に傍聴に入ったのはまさにこの一二月一二日、目黒公証役場事件の冒頭陳述であった。武本洋典も傍聴できた。入廷の際、智正は我々を見つけて軽く会釈し、午前で公判が終わって退廷の際も我々に向かって会釈し、表情を崩して何回も振り返りながら退出していった。筆者と武本はその後、護送車の見送りに河原弁護士の指定の場所に行ったが果たせなかった。護送車はある程度被告人をまとめてから東京拘置所に戻るものとは後に知らされた。

智正は平成七年中は二、三日の休みを除いては連日早朝から深夜まで警察・検察の取調べを受けていた。ただ、浅草署では少年用の独房に「隔離」されていて、この房は冷暖房・シャワー付きだったから、当時冷房がなかった東京拘置所よりはまともな生活が送れたと思われる。

筆者は年末に山本七平『私の中の日本軍』（上下巻、文春文庫、一九八三年）を差し入れた。オウムの組織が何となく旧日本軍に似ていると感じたためであった。そして、智正もこの本を読んだ上で、翌年四月の面会の際に「教団以外の人間で私を理解できるのは、山本医師と筆者くらい」と語っている。ただ、教団と陸軍が似ているのは「下っ端の信徒」のレベルで、自分はああした感じではないとした（平成八年七月二日）。

智正は平成八年三月一二日に行われた自身の第四回公判で坂本事件への関与を認め「これ以上人に迷惑をかけたくないと思っています。もう消えてなくなりたい気持ちです」と述べている（『朝日新聞』平成八年三月一二日夕刊）。また、三月四日に、河原弁護士に対して、「こちらの世界とあちらの世界を行き来している」と自らの内面を語り、また、精神鑑定を行うことは「尊師にも親にも義理が立つ」、「こちらの世界には戻ってこられない」と肯定的であった。

三　東京拘置所への移送と筆者との再会（平成八年）

智正は、平成八年四月九日に筆者、武本洋典及び山本昌知医師の接見禁止解除を得た。これは、智正担当の検事が転任するに際しての置き土産とされるが、河原弁護士は、検察側との交渉が上手で、こうした便宜は比較的早く受けることができたとされる。

智正は、三月二五日に東京拘置所に移監され、房を替えながらも平成三〇年三月まで約二二年間、この拘置所で身柄を拘束されていた。彼が人生で最も長く暮らした場所は東京拘置所であった。

四月一六日、筆者は七年ぶりに智正と会話を交わした。筆者は当時、内地留学で東京大学大学院法学政治学研究科の修士課程二年目で、修士論文を書く都合から授業数は一年次より少なく、面会に時間を割きうる状態であった。このため、筆者は大学院を卒業する翌平成九年三月末までに合計一四一回接見（面会）し、時間にして三〇時間一二分を当てた。一回の面会時間は一二分強である。規則では三〇分は接見できるはずが、運用で一〇分程度とされており（平成八年四月二六日の刑務官の言）、実際、正規の時間の四割程度の時間しか確保できず、羊頭狗肉の酷いものであった。ちなみに、拘置所で受け付けてから待たされた時間は六九時間九分で、接見時間の約二・三倍であった。当時の東京拘置所の建物が古く（新築後の建物の供用が部分的に開始されたのは平成一五年三月から）、被収容者が遠くの房から面会室まで歩いて来るためということもあったが、何の落ち度もない面会者にまでとばっちりが来るのは何とも合点のいかない話であった。

筆者は、面会での会話については書ける限りでメモを取り、「接見録」としてワープロ打ちした記録にしていた。智正の弁護団は、後に筆者の作った「接見録」を智正の責任能力を巡る立証の証拠にしようとしている（後述）。

ただ、この接見録についてはいくつかの弱点はある。一つは、横に刑務官が常時立ち会っており、智正の罪証隠滅や不利な証拠になりそうなことは相互に発言を控えていることである。刑務官は常時メモを取っており、内容によっては智正の事件に関わる検察官にその内容を告げられ「悪性証拠」にされる懸念は高かったのである。

もう一つは、接見者の立ち位置としては、被拘留者の「心情の安定」に配慮せざるを得なかったことで、殊に死刑判決確定以降はこの点の配慮は強かった。合計六六二回の接見と五〇〇通を超える手紙のやり取りの中で、筆者から「死刑」について言及したことは一度もなかった。智正が裁判において「死刑違憲論」を打ち出したことは後述するが、そのための材料集めは当方も手伝い、その限りでは「死刑」という言葉も使ったが、それが限界であった。なお、平成八年当時は、筆者も智正がマインドコントロールの状況下にあると想定し、智正の語る話については肯定も否定もしないという態度を取っていた。また、手紙については、東京拘置所からは一日一通しか発信できないという制約があったため、多くの手紙は弁護士と両親に宛てられ（当時母親には三日に一回くらいは書いていた）、筆者には複雑な要件を頼んでくるもの以外はほとんど書簡は来ていない。

第一回目の面会の際、智正は「体のエネルギーは今も時々おかしくなる」と出家時から続いた体調不良を認めた。また、浅草警察署時代は毎日九時から一八時まで、日によっては零時近くまで連日取調べを受けていたとし、色々なことを考える暇がなかったとした。また、今後のことはゆっくりと考えたいとしつつも、「覚悟は決めている」と暗に死刑判決を受容している口ぶりであった。麻原のことは平成八年当時は「尊師」と呼んでいたが、これについては「自分自身のけじめ」としていた。

智正は、東京拘置所に移ってからは時間ができたので、自身の裁判に備えた書類を作り、空いた時間は本を読んでいた。智正は凝り性もあって書類作りは上手で、後年、自身の裁判書類の原案の相当部分を作成して弁護士に渡している。

母親との面会も増えたが、智正の「神秘状態」はなかなか理解されなかったようで、翌年の弁護人解任騒動の伏線となる。

以上のような背景の下で、特に平成八年から九年にかけて集中的に行った筆者の面会記録は、彼の内的状況（巫病）を垣間見せる部分が多いので、その点を中心に紹介する。

智正の内面（認識・神秘状態）

智正が常時、光の体験をしていたことは前述したが、平成九年三月一八日の公判について「井上（嘉浩）証人は構えていた。彼の影響でお腹が痛かったが、反対尋問を始めると白銀のエネルギーが上から降ってきた。見上げると太陽のようだった」と同年三月二一日の接見で語っており、自らに降り注ぐ光は状況によって強弱があったとしている。また、同年七月八日の公判に滝本太郎弁護士が証人出廷した際も「光が強くなったり声が聞こえたりした」としている（平成九年七月九日付来書）。光の体験は、この時点まで通底しており、「いま、頭上から太陽の光の如く白い光が降っていて、私の頭頂を照らしている。この本当の意味合いを生前に知ることができるかどうか、私なりに努力していきたい」とした（平成九年四月三日付来書）。

智正は自らへの光の体験を主体的に筆者に述べたのは接見開始してから一年近く経ってからで、こうした話を本人は躊躇していたことが窺える。ただ、平成八年六月一一日の接見で、「神秘体験」の頻度については「入信直前に増大して以来、今に至るまで変わっていない」と出家当時と内的状況が変わっていないことは話していた。また、同年六月二七日からクンダリニーの覚醒の話をしている。クンダリニーについては「ヨーガではラジャー、クンダリニー、マハームドラー、大乗、アストラル、コーザル、最終解脱とある。七つのヨガは人体の七つのチャクラに下から順に対応していてやり方が異なるのではなく瞑想することが異なる。井上はマハームドラーまで、私はクンダリニーをやってマハームドラーに至るかどうかというところだった。ある段階を成就したかは麻原氏の認定だが、最大瞬間風速のようなもので常にその段階にいるわけではない。クンダリニーをやると真っ白な光に包まれる」（平成八年一〇月二九日）と詳細に述べている。

他方、麻原らの教団関係者が光っているという話は早い段階からしていた。

平成八年一一月六日の土谷正実の裁判に証人出廷したことにつき「土谷君はお地蔵さんみたいに痩せていた。彼は修行している。昔は私よりステージが下だったが、今では私や遠藤さんより上だろう。胸のチャクラからエネルギーが頭頂に抜けている。法廷で彼のエネルギーが光っている」とし、翌七日の麻原公判への出廷について「麻原が光っていることには変わりがない。ああいう態度をとるのは弟子が証言するのが嫌なのだろう。転生の準備を始めているかもしれない。最高裁で確定するまで二〇年はかかるだろうが」としている（いずれも平成八年一一月八日）。

一方、光の体験とは逆に、エネルギー状態が悪い者は黒く見えると語り、「林（郁夫）さんの周りには黒い霧が見える。それは地獄のヴィジョン。前はあそこまで酷くはなかった。完全に怒っている。下手に声をかけるとこちらが火傷しそうだ」（平成八年一〇月一八日）とも述べていた。

これに加え、「男か中性の声で『修行しろ』とか言う声も現在でも聞こえる。声の主は昭和六三年から変わっていないと思う」としていた（平成九年六月一九日）。

また、出家の理由ともなった他者からの影響についても、「最近拘置所の外の誰か分からない人の影響を受けやすくなっている。人の気の影響を受けて食事の嗜好が変わってハンバーグが食べたくなったりする」（平成八年八月一六日）と語ったほか、平成八年九月二五日の公判出廷について「体調が悪くなった。午後は酷かった。浮腫が出る。人と接すると浮腫む。あなた（筆者）はましだが、河原弁護士と接しても浮腫む。親と会ったら最悪だ。普通の生活をしていて年を取った人だといけない。普通の生活をしていて年をとった人と会うのがいけない」とし（平成八年九月二六日）、「浅草署の担当警部は左足が悪かった。一年間毎日七〜八時間は付き合っていたからその影響がまだ残っている。二三日に河原弁護士と話し込んで体調を崩した。気が詰まった。修行をしていない人と話すといけない」と現在のみならず過去の影響についても語っている（平成八年八月二六日）。また、筆者も悪影響を与えたことについて、「ここのところ久保田（筆者）と会うと下痢をする。今まで会っていてもそんなことはなかったのだが。ここ二週間続いていて今週気付いた。いわゆる腸液が出る。それ以外のときは便は普通だ。親と会うと喘息になる。河原弁護士と会ったときも下痢をしたり喘息になったりする」としている（平成八年一〇月二日）。

このような状況において、智正は麻原との縁については、転生によるものとしていた。

「私と麻原氏が組んだのは過去世での約束だ。これは大きなことで師弟関係はこれで成り立つ。麻原氏の前世は徳川家光だが、私も江戸時代に生きていて周りに重装備の兵士が沢山死んでいる小高い丘に座っていたビジョンがある。島原の乱の原城ではないかと思う。上祐さんや井上君がビジョンを見るとナレーションが入るそうだが、私は入らなかった。丘に座っただけで海は見ていない。私は柳生の者だったらしい。瞑想すると光が見えてその中にビジョンが見える。アメリカに転生したときのイメージはバーで座ってミルクを飲みつつ上祐さんと密議をこらしているというものだった。カウボーイだった。チベットかインドで私は筋肉質で坊主頭の半裸の腰巻きの修行者に絞め殺された。あれが麻原氏だった。前世は顔が違っても分かる。前世で修行者に殺されたから仏縁ができたということだ。アーチャリー（麻原の三女）の弟子だったこともある。そのときアーチャリーは男だった。転生で男から女に変わることはある。村井さんは天界に行ったので当分転生はしないだろう。村井さんは前世では麻原氏を何回も裏切っている」とし（平成八年八月九日）、「私は麻原氏の言葉を信じたから教団にいたのではない。麻原氏は光っているのだ。私は蛾が誘蛾灯に引き寄せられるように麻原に引き寄せられた。あるとき麻原氏が『お前なんでここにおるんだ。私の言うことを信じていないだろう』と言われ、『エネルギーが見えるから付いてきている』と言うと『オー見えるのか』と言われた。麻原氏に付いてきている理由はそれだけだし、麻原氏が光を出さなくなったら行く理由もなくなるが、房内からは光が見えるし、会ってみないと今どうかは分からない」（平成八年一一月一五日）と、自身と麻原氏は何世代にもわたり一緒に転生しているのであり、麻原に従ってオウムに出家したのは必然であると捉えていた。

また、「師匠は選ぶのではなく、運命的に選ばれるものだと思う。私と麻原氏は何世代にもわたって一緒に転生している。私は狼に転生していたことがある。群れから外れた一匹狼でずるい奴だった。一匹では狩りができないから水飲み場で鹿を待ち伏せて喉に食らいつき、水の中に引きずり込んで窒息させて仕留めていた。その後で熊が出てきたところで映像が途切れた。麻原氏の写真を見て観想することは私はやっていないが、写真を拝むことは供養・礼拝となるので修行の効果は上がる」(平成八年九月一八日)と、麻原との運命的な関係性について述べている(なお、本人は犬に転生したこともあるとし「とんでもない話ですよ。犬に転生するなんて」と書いていた(平成一〇年三月一三日付来書))。

智正はすでに平成八年二月三日に河原弁護士に「尊師の裁判には出たくない。悪口は言いたくない」と語った。なお、法廷等での光の体験や他者から影響を受けたことについて、智正は河原弁護士には話していなかった。

事件への認識

教団はなぜ事件を起こしたと智正は認識していたのか。その前提として、転生の認識とカルマの認識がある。

智正は輪廻転生の認識については早い段階から語り、平成八年六月五日の接見で「前世は見える」として、少なくともアメリカ、ドイツ、チベット、インドで転生したと語っていた。そして、その転生の過程において何代にもわたって麻原と共にあったと認識していたことは前述した。また、輪廻時の有り様について「ドイツではキリスト教徒、インドではヒンズー教徒で転生したし、江戸時代の日本では殺人をしている(前述の「柳生の者」としてのことのようである)。ゴキブリ一匹殺しても人間に輪廻できないという考え方を昔、久保田(筆者)に話したが、仏教は階層構造になっていて、ある段階では正しくても上の段階では異なるということがある。『ゴキブリ一匹』は最初の段階の話である。地獄は存在し、輪廻の期間も決まっているが、輪廻の時間の長短は人の主観によって異なり、同じ期間でもある人にとっては短くある人にとっては長いということになるから、自分が江戸時代に人を殺していても今の段階で転生して人界にいるのは矛盾はない」とカルマと輪廻の関係を語った。

平成八年六月二八日にカルマの話をした際、独房でゴキブリを殺してもカルマが生じるとし、大きいものや長生きするものを殺すとカルマが大きいとし「人間のカルマはどっとくる」と言い、「教団の病院で診ていた患者が退院後に死亡した際は、死んだと同時期にカルマが来て体中に蕁麻疹ができて痒くて大変だった」とした。

また、転生とカルマの関係については、「人間でなくても修行はできる。転生のときに修行できる形態になるようにすればよい。修行できる形態で転生しても修行できないカルマがあれば転生の意味はない。これはどの教典にも書いていないが、麻原氏に聞けば『正しい』と言うだろう。カルマがあれば修行はできず、こういう人を釈迦は『縁なき衆生は度しがたし』とした」と言った。また、「大乗仏教は全ての人を涅槃に導くことを目的としている。オウムは師がいて弟子がいて教団があるから大乗だ」とし、全ての人を涅槃に導くなら事件は起こせないとの筆者の問いには、「死んだ人は仏縁ができて次の転生で修行ができると考えれば衆生済度ということになる」とした（平成八年一一月二九日）。

このようなカルマの認識の下で人を殺傷する事件をなぜ起こしたかについては「言えない」としつつ、カルマを積んでからこれを落とす過程により自らの浄化作用を高めるというのは修行の目的になるとした（平成八年七月一〇日）。

カルマを積んでは落とすことについては、「カルマを一旦落としたところにまたカルマを受けてそれをまた落とすというのが（麻原の考える）修行だから、落とすのに失敗すると元の木阿弥より悪くなる。私は事件についてのカルマは肉体的にはあるが精神的にはほとんどない」とした（平成九年二月二五日）、また、「地下鉄サリンは、松本サリンでカルマの効果を悟ってやったのではない。全ての事件が利害を超えたところで行われた。利害関係のない人間をやる方がカルマは小さい。自分へのダメージは小さい（小さいカルマを着けては落とすことで魂のトレーニングになる）。感情に動かされているとトレーニングにならないから、関係のない者をやる。利害関係者をやると感情に基づくということになるから。最初から事件をトレーニングとして考えていたわけではないが、麻原氏は考えていたと思う。ある程度考えていた」と最終的には語っている（平成一〇年二月五日）。

また、「修行ができなくなるのになぜ捕まるようなことをしたのか」との問いに対しては、「今こうして捕まっているのも修行だ。修行には形はない。これは形を変えた修行だし、少なくとも麻原氏はそう考えているだろう。修行は生きているうちに完成を見なくともよい。捨てる人生もあり得る。修行とは成道までの間、何生にもわたって無限に操作していくものだ。こういう考え方はニヒリズムに陥りやすい」（平成八年九月一九日）と、輪廻転生の中では捨てる人生があることも認めている。

以上を総合すると、オウム教団の上層部は輪廻転生の認識の下、究極には殺人等によってカルマを自らの身に受けてはこれを落とす修行を繰り返して自身のカルマへの耐性を高め、今生で多少の不利益を被っても、次の輪廻転生以降の修行をより良くしようとしていたということではないか。そして、他者の殺生については、彼らに仏縁を与え、その輪廻転生をより良くするということで「高い」行為としている。輪廻転生という認識に基づき、他者への介入と自らの社会的逸脱行為が肯定されることになる。なお、輪廻について智正は「死に対する恐怖はない。私には死で終わらないという恐怖がある。生命はずっと続いているという恐怖だ」（平成九年九月二二日）と語っている。

ちなみに、教団では「良い・悪い」ではなく「高い・低い」が価値観だったと説明する。その基準については河原弁護士にも話していない。いずれ手紙に書くとした（平成八年七月一六日）。自分たちがやったことは「高かったか」との問いには「それは言えない」とし、自身が「空」の体験をしたことを語った。周囲が真っ白になるとする。正悟師以上はみな体験していたのではないかとする。体験は認識に結び付かないと意味がないとし、麻原の喩え話として「体験はアメリカに旅行すること、認識はアメリカに永住すること」とした。

また、殺人によるポアについて智正は「人を殺してしまえばこの世界に縁を作ることになるので、輪廻から脱するという意味の解脱を直ぐにすることはできない。ポアするためにエネルギーを使うし、転生のために（この世に生まれる）カルマが生じる。麻原氏は次の転生先という観点から言ってステージが下がったのではないか」としている（平成一五年一一月一九日付来書）。

注意すべきは、こうした認識は「思想」や「教義」はなく体験（いわゆる「神秘体験」）に基づくものであったことである。一例を挙げれば智正は、「人は死ぬと無常の風が吹いて魂を運ばれていく。自分も臨死体験のさなかにこの風に吹かれたことがある」とし、また、臨死体験について「死体の自分と幽体離脱した自分が風景のように見え、浮いている自分の魂がジェットコースターのように落下する感覚が『無情の風』だ」と語り（平成八年七月三日）、また、「瞑想が楽しい。最初に転生先を見て、それから光の世界が見えるが、怖くて入れない。転生先がアストラルで、光の世界がコーザルだ」とも語っている（平成九年三月五日）。何より、「教義を全て正しいとは思っていないし、間違っているとも思っていない。自分の体験した部分だけを正しいと思っている。『心の現れ』ということを体験するのは、人の心が光や色を発しているのが見えるとか、色に明暗があるとかいうことだ。教団でも常に見えている人は一割程度で、見えている人の間では見えている光や色は一致する。低い人には金色に光っているものが黄色にしか見えないということはある」（平成九年三月七日）と、教義自体も相対化していた。ただ、認識に基づいて教義は概ね肯定しており「教義が正しいということが自分の体験で分かったが、一部一致を確認していない部分もある。例えば地獄を私は見ていないが、地獄に落ちた人を私は見た」（平成八年七月二二日）などとしている。

智正はあくまでも自身の体験に基づく認識に忠実だったわけで、筆者が、何の必要もなかったと本人が認める都庁爆弾事件の被害者にだけでも謝罪をしたらと勧めたところ、「社会との和解は不可能だろう。詫び状は書かない。謝罪はあり得ない。詫びをするという問題ではないし、謝罪は僕の仕事ではない。こうした考えを世の中に通用させようとは思わないが、謝罪の言いようがない。井上君や豊田君のように謝罪を重ねることもしないし、法廷外でも謝罪しない。悪いことをしたという問題でもない。実際そうなのだ。実態のあるもののままにやったのだから反省のしようがない。事実を言うべきかは問題だが、新實さんが法廷で言うかもしれないと検事は言っていた。私は見たものだけを言っている」と答えている（平成八年七月一九日）。

智正の当時の内面はこのようなもので、山本医師は、母親からの依頼と智正の希望に基づき平成八年六月二一日に接見したが、いわゆるマインドコントロールの状態とは異なったので少し驚いていた（平成八年六月二六日。なお、山本医師も同様に回想する（山本医師の息子、山本真也からのメール））。

なお、この接見は智正が「私と母の関係が悪性になっているので、私と母の間に入ってもらいたい」との希望に基づくものでもあった。接見では、親との問題のほか、獄中結婚への期待、精神鑑定に関する情報について話がなされたという（同前のメール）。

ただ、こうした認識一辺倒によるオウムの修行の危険性も承知しており「釈迦が言ったのは四苦からの脱却、とりわけ死からの脱却だが、実際問題として死から抜け出してしまえば人間とは言えなくなる。生死の問題では無意識に生にウエイトを置くのが人間だ。そのウエイトを死に寄せるのが修行で、オウムもそうだった。これは狂気の世界である。小乗仏教なら修行の過程であらゆるものを遮断しつつ最後に死について脱却の境地に至るから安全なのだが、大乗仏教や密教はいきなり一切苦を唱えて途中のプロセスを抜いてこの境地に至ろうとするから危険であるし、我々も危険だった。昔のチベットなどでは狂う者も出た。自分の中に狂気を感じるし非常に危ない。麻原氏はこの修行を前世の記憶に基づいてやっていたと思う。生きるということは例えば情報を創り出すことで、そこにおいては自他を区別しているが、生きることを否定すると自他の区別がなくなり、普通は生きていけなくなる。自殺も生への執着である」（平成八年九月二日）としている。

また、修行としての呼吸法と瞑想を東京拘置所で行うようになるが、「呼吸法は肉体のエネルギーを、瞑想は精神のエネルギーを調整する。瞑想に熟達すれば呼吸法は要らなくなる。呼吸法は数や深さを客観的に測定できるが、瞑想はそれができないから。呼吸法により肉体から状態を整えると精神が崩れたときに肉体も崩れる。瞑想で精神の状態を整えると肉体の状態が崩れても精神は崩れない。自分は教団ではほとんど修行をしなかった。しなくても神秘体験はしたし、クンダリニーの覚醒も出家前にあったからすでに師クラスだった。最近、修行しなければだめだということが分かった。麻原氏は呼吸法を教えてくれなかった。修行しなかったからこうなったと言えなくもない。集中的にやることはあっても毎日決められた時間に決められた修行をするということはなかった。ただ、教団の仕事はストレスになるから常に瞑想修行であるとは言えた。麻原氏はストレスを弟子に与えるために無茶を言っていたきらいはある」(平成九年三月二七日)、あるいは「教団の人間があまり修行しなかったのは麻原氏依存の体質があったから。麻原氏に触られると光が見えるとかの体験をしてしまい、それに依存した。修行は一番やる人で一日六時間から八時間程度。修行では神秘体験することが大切で、自分はその状態になってしまっている。結局、徳を積まなくてはいけない」と言い(平成九年三月二八日)、教団では麻原により引き起こされる神秘体験による認識が主となっていたことが窺われる。

ただ、智正の場合は、こうした認識の萌芽が麻原と会う以前から生じていて、麻原と会ったことで一気に顕在化したと見られる。

智正の麻原観

智正は麻原をどう見ていたのか。

平成八年一〇月一八日の麻原法廷については、報道を前提として「証人出廷した井上君はいい加減なことを言っているので麻原氏も怒ったのではないか。麻原氏が井上君を『偉大なる成就者でマハームドラーの成就者』、『ダルマカーヤの魂を苦しめたくない』と持ち上げて反対尋問を中止させようとした理由はよく分からない。教団的に解釈すれば自分の師をおとしめるような嘘はつかせたくないから麻原はああいう態度を取ったということになるだろうが。私自身にはよく分からない。麻原氏は突然に言うことの変わる極端な人だから。井上君は現象界の上の色界（ダルマカーヤ）まで行った。私はその世界は覗いただけ。麻原氏はさらにその上の無色界にいると思う。麻原氏の体調が尋問終盤の一六時頃に悪くなったのはエネルギーが上昇し続けたからだろう。そうなると頭が割れるように痛くなる。蓮華座を組んでエネルギーを回したかったのだろう」（平成八年一〇月二二日、『読売新聞』同年一〇月一九日）とした。

また、自ら平成九年一月三一日の麻原法廷に出廷したことの感想として、「公判時は段々調子が良くなった。地下の仮監獄にいたときから光が降ってきた。法廷に出たら麻原氏は光っていた。公判でブツブツ言っていたのは事件のことばかりだった。弁護人や検察官と同じくらいの声なので集中できなくて困った。教団時代から比べたら断然おかしいが、完全に狂っているとも思えない。入廷して麻原氏を見てびっくりしたが、ブツブツは周囲の人のアストラルに反応している。拘禁ノイローゼではないと思う。チベット密教の修行者に『ニョンパ（狂った行者）』というのがあるがそれではないか」（平成九年二月三日）とし、二月二〇日の麻原公判出廷の際の感想として「グルから与えられた苦悩はいかなることがあっても実践しなければならないというのは教義だが、本当にグルが与えたものかが問題だ。地下鉄にサリンを撒けというのが麻原氏の意向だったかは疑問だ。假谷事件（目黒公証役場事件）からはっきり言っておかしい。事件の流れが変わっている。松本サリン事件や坂本事件は麻原氏は人のせいにはできないが、假谷、地下鉄サリン、新宿青酸ガス、都庁爆弾の四事件、特に地下鉄サリンについては井上君の意向があった。『グルの考えていること』を実践せねばならないので、グルが嘘をついたらそれを見抜いてやらなければいけない」（平成九年二月二六日）と発言し、麻原も起訴された目黒公証役場事件と地下鉄サリン事件における麻原の関与あるいはその度合いを疑問視した（なお、この出廷においても麻原は明るい光を発し、「廷内がシャワーのように降り注ぐ明るい光で輝いていた」としている（平成九年二月二六日付智正作成メモ））。

麻原の精神状態については「狂うこと自体は問題ではない。修行は死を恐れなくなるのが眼目だから狂うのは構わない。自殺も可である。欲界に転生しないステージまで行けば自殺しようが狂おうが構わない」（平成九年二月七日）と解説している。

また、麻原の宗教的立場として「麻原氏も小乗をやりたかったのだが、カルマで大乗をやった。大乗には狭義の大乗とヴァジラヤーナがあり、狭義の大乗は『人に良く自分に悪い』、ヴァジラヤーナは『自分にも悪く人にも悪いことがある』ということ」（平成九年三月二五日）と述べている。そして麻原が「教祖」となったことについては「結局教祖的にならざるを得ないのは、人を導いたというカルマがないと来世で助けてもらえないから。そうした広がりがないとやっていけない。人に教えてもらえないと先がないし、瞑想していてももろい。宗教的な縁は段々広がる。今の日本で麻原氏を知らない人はいないだろう。名を知られるのも縁だがこれだけ縁を作った人も珍しい」（平成九年三月二六日）としている。

東京拘置所での生活

智正は、警察署時代と異なり、時間に余裕が出てきたため、関心事について色々やる機会を得ていた。神秘体験への対応あるいは医者としての興味もあって、健康関係の本の差し入れを求めていた。このほか、平成八年六月から『ボーダーライン』という雑誌を読んでいた。また、星占学の本の差し入れをしばしば頼み、占うための表のコピーも筆者に依頼している。

そして「医学書を書きたい。検証は仕切れていないだろうが、現代医学が細胞レベルまでの解析研究に終始したことで見落としていることがある。トータルの生命体としての研究を尊師も求めていた。『気持ち』による（癌での）延命は科学的解析を拒否されている。また、人間は骨と筋肉だから物理的な手法を使って力学的シミュレーションで人体を考えたい。例えば教団では患者を一〇〇〇人近く診たが、心臓と胃を同時に患っている人はいなかった。文書は私信で外に出せるから、生きている意味は何か残すしかない」と後年の執筆活動を予告している（平成八年六月三日）。

また、自らの体調管理については、「座禅は組み替えなしで二～三時間、組み替えれば一日中できた」（平成八年七月二九日）と語り、また、以前、検事に「国に破れて僧伽（サンガ）あり」ともじったら大受けした（平成一〇年一二月一〇日来書）とあるから、平成七年頃の取調べにおいても諧謔の精神は残っていた。健康法としては、屈伸運動を二五〇回一セットを一日二セット行うことで足の筋肉を付け、また、アサーナ（ヨーガの坐法）をやることで前屈して手のひらが床に着くようになったとしている（当時の智正作成メモ）。

平成九年に入ると、「運動と気は相関関係にある。五体投地は体操の意味合いがあると思う。私も普段は房内で激しい運動をしている」（平成九年一月二四日）、あるいは「最近、呼吸法と瞑想の時間を増やしたので本はあまり読んでいない」（平成九年二月五日）、「今は呼吸法と瞑想だけで一日三～四時間やっている。瞑想が主だ。呼吸法だけやるのは大変だ。教典には呼吸法を一時間程度毎日続ければ三ヶ月で解脱できるとしているものもあるが、それくらい大変だ。道場で周りにやる人がいるのならまだしも独りでやるのは難しい。呼吸法をやると軽くなったり光が見えたりという効果はすぐに現れる。教団は小乗の修行をあまりしなかった。教祖が一番よくやっていて弟子は怠けていた。皆が小乗の修行に励んでいれば大乗的な方向には進まなかったのではないか」（平成九年二月一二日）と、修行法を自分なりに考えた様子が窺われる。

なお、瞑想の効果については「瞑想をやると脳波の周波数が低くなる。寝ているときと同じような状態でシータ波が出る。研究所にデータを持って行くと『寝ているのでは』と言われるが、本人に意識はある。教団のデータでは瞑想が進むと脳波が止まった。自分もそうなったし麻原氏もそうなった。麻原氏の場合、瞑想中で脳波が止まっていても人が部屋に入ると脳波が出たり、同じ建物に人が入ると脳波が出たりしていたから気を受けているということだろう」（平成九年二月一四日）と語っている。

河原弁護士の辞任まで

智正は自らの体験・認識（内面）については、法廷などでは語りたくないとしていた（平成八年五月七日）。これは母親の意向を多分に心得てのものだった。このように自身の内面の問題も含めて自身の裁判にどう向き合うか決めかねており、平成八年五月一四日の麻原の公判でも証人としての証言を拒否した。

智正は、東京拘置所に移されてから雑文を書き始めた。ここにも彼の精神状態が見て取れる。平成八年八月一三日の雑文四の中では、麻原彰晃が光っていることを記し、その光は五〇〇キロメートル先からも自分は見えるとしている。

河原弁護士の費用が、接見一回が交通費込みで七万円、公判一回が一〇万円ということで、河原弁護士の当時の仕事の一、二割が智正の事件だった（平成八年一〇月四日）。中川家は、平成九年一月時点で河原弁護士に約六〇〇〇万円支払っているが、これには佐々木の分も含まれていたという。

智正が、地裁の初期段階で内面の話をしなかったのは、河原弁護士がそうしたことを語るのを好まなかったためで、その背景に智正の母の意向もあったのではないかと語っていた。また、内面の話をすると裁判が長期化し、岡山から通っている河原弁護士一人ではもたないとの考えもあった（平成九年一月九日）。ただし、河原弁護士がこの段階で「内面」を語らせなかったのは、法廷が事実の立証段階で、背景動機を語るには早いという判断があったためで（令和四年七月八日聞き取り）、智正はこの当時は刑事訴訟のプロセスをよく理解していなかったようである。

平成九年一月一三日に筆者が「あなたが『今の境遇は修行だ』と言うなら、それなら辛くても自分の内的世界を語るのが修行ではないか」と問うたところ、「全てを話すのが修行だと私も思う。争うか謝罪しかなく、謝罪できないなら全てを話すしかない。私の態度は今は保留という感じになっているが、そうなれば私の行動は（教団の被告の誰とも異なる）独自のものになるだろう。しかし、親に弁護士費用を出してもらいながらそういう態度をとってもいいものか真剣に考えている。この状況で親の援助を受けるのはおかしい。経済的な関係だけで親とつながっているのもどうかと思う。弁護士も教団に頼むか国選にするかを考えなければならないかも」とした。

この後、一月一四日の智正と母親との接見の際には弁護士解任が話し合われた。智正は弁護士を解任してオウム真理教団と復縁してそちらから弁護士費用を出させることを考えたのだが、母親はこれに反対した。

一月二一日、智正は河原弁護士と接見した。ここで河原弁護士は「一緒にやろうよ」と言い続け、「途中で投げ出すのは不本意だ」とも言った。これを受けて智正も翻意し、「もう少し一緒にやりましょう」と答えた（平成九年一月二二日）。河原弁護士は、この際「智正君は泣いていた」と語った。智正としては「納得ずくで決めたわけではないが、引っ張るだけ引っ張ると言うこと。修行して乗り越える決心をした。呼吸法とか瞑想とかで」と語っている。

なお、一月二八日のＶＸ事件に関わる山形明の裁判への証人出廷を受けての話で「当日の午前は山形の発言の影響を受けて調子が悪かった。午後の反対尋問ではエネルギーを振り絞った。今回の弁護士の解任騒動を経て、内的に変化があり、裁判所の影響は受けなくなってきたので以前より喋れるようになってきた（意識の場所が臍から胸に上がり、腰の詰まりはあるがこだわらなくなったと一月二二日に述べている）。山形の影響を受けて、昨夜は夢で山形の世界に入った。機関銃を撃っていた。彼は習志野の空挺団にいた」と語っており、弁護人解任騒動が彼の内面を結果的に良くしたことになる。

ただ、智正はなかなか心を開かず、自らの内面を語ろうとはしなかった。四月三〇日及び五月一六日の東京地裁杉本繁郎・豊田亨・廣瀬健一法廷（第二〇回、第二一回）において、若干、自身の「神秘状態」について語ったのみである。

なお、出張尋問の関係で、智正は平成九年一〇月七日から短期間千葉拘置所に移送され、千葉地裁で証人尋問を行っている。

結局、河原弁護士は平成一〇年二月二八日に弁護人の辞任願いを出した。智正の実家は余力はあったものの、もうよいということになった。河原弁護士自身も平成一〇年の参議院選挙に中学・高校・大学の同期で盟友の江田五月が立候補することで多忙になることが予測されていた（江田五月の後援会長になる）。河原弁護士は私選弁護人から国選弁護人に転ずることも考えたが、国選になると往復の交通費も接見の手当も出ないということで断念した（平成一〇年二月五日）。

河原弁護士は、二年九ヶ月の任期中に八八回接見した（平成一〇年三月六日付河原弁護士来書）。ちなみに河原弁護士は弁護人辞任後も、私的に智正とは年に何回か面会を続け、その交流は最終盤まで継続している。

附論　智正が見聞した教団の状況

智正の伝記からは少し外れるが、智正が教団で見聞きしたことについて、断片的に記しておく。

智正は、オウムの教義については「密教のラディカルなやつ」でチベット密教とも違う、ヒンズー教の影響も受けていると表現した。また、教団上層部では一時期『西遊記』を読むことが流行っていて麻原も朗読されたテープを聴いていたとする。孫悟空は座禅が組めない、三蔵法師は小乗の綺麗な修行ばかりやっている、孫悟空は妖怪を殺しまくったがちゃんと仏になったという評価で、『西遊記』には道教の影響が大きいという岩波文庫版の訳者中野美代子の評価を持ち出すと「仏教も道教も同じ地点を目指している」と答えた（平成八年五月一日）。また、『西遊記』の作者については、「仏教の修行をよく知っている」と評し、一例として「西遊記に出てくる瑞雲は見える。あれは霧のようだ」と語った。「三蔵法師が如来のところに着く手前で凡胎から離脱して自分の死体を眺める場面があるが、ああいう臨死体験は実際にあり、その体験をしないとそれより上の修行は絶対にできない。また、黄風大王が吹かせる三昧神風は人が吹かれれば絶対に死ぬと言うが（『西遊記』第三〇回）、人は死ぬと無常の風が吹いて魂を運ばれていく。自分も臨死体験のさなかにこの風に吹かれたことがある」とも語った（智正は臨死体験については、死体の自分と幽体離脱した自分が風景のように見え、浮いている自分の魂がジェットコースターのように落下する感覚が「無情の風」だと語った（平成八年七月三日））。

また「『西遊記』でしばしば孫悟空を閉じ込める瓢箪や瓶は子宮を象徴しているのだろう。人は卵、子宮、木、奇跡的な生まれ方（仏典にのみ出てくる）の四つの転生の仕方があるが、子宮から出てくるのは相当に苦しい。ちなみに、名前を呼ばれてそれに答えると吸い込まれるという瓢箪の話は、転生の形を示す。人の魂は何かに反応すると転生する。孫悟空が火焔山で牛魔王を退治した際『水火既済』して心身が清涼になったとしているが（『西遊記』第六二回冒頭）、これは現象としてある。左の気道が浄化されて冷え右の気道が浄化されると体が熱くなる。気道は汚れると通りが悪くなるが、普通に生活していると汚れるからヨガや呼吸法で浄化する。気道の浄化は勧められていたが、教団でも偉い人しかやっていなかった。私はやらないと調子が悪くなるので今でもやっている。この修法は簡単にできる。

『西遊記』が男の世界なのは女は成仏しにくいからで、釈迦は女を出家させると末法は五〇〇年早まると言っていたが、教団も女人禁制にはできなかった。実際、教団の女性の霊的能力は問題にならないほど低く、石井（久子）さんは霊的体験は多いが霊的能力は低かった。松本知子さんも低かった。だから教団が起こした事件で大事なところでは女性は使っていない。教団での霊的能力は一番が村井さん、上祐さんが二番、やや離れて青山、新實、遠藤、早川、井上のグループ。

そこから少し離れて我々。私は教団内では二〇番目くらい。他の宗教でもそうだが、結局修行は男の世界ということだろう。『西遊記』では後半、女の妖怪が三蔵法師を誘惑しようとするモチーフが繰り返されるが、瞑想していると性的な誘惑にはすごいものがある。強力に吸い込まれるような感じになる」とする。

なお、最終解脱については、「（自殺・他殺に限らず）あらゆる行為が生への執着となる。それを切るのがニルバーナ（涅槃）だ。修行も生への執着だ。修行をしながら最後は修行の要らない境地を目指すということになる。麻原氏は生への執着を切っていないと思う。最終解脱は何かは分からないし麻原氏に聞きもしなかった。ビルの一階から二階に上がろうとする者が二〇階の様子を聞くようなものだから。七つのチャクラのうち最上部のサハスラーラ（頭頂のチャクラ）の崩壊が最終解脱だと言っていた」といった旨を述べている（平成八年九月三日）。

また、教団時代の本当の麻原側近は村井、早川、井上の三人で、上祐は麻原とは距離を置いていたとする。麻原は人の心をその色で識別していたとし、自分も少し人の心が分かると語り（平成八年五月二日）、上祐がロシアに行ったのは、麻原が逃がしたのだと指摘している（平成九年三月二四日）。

麻原については、「宝髪」は食べると気が上がるとし、遠藤誠一が麻原のＤＮＡを複製して配っていたが、たしかに効果はあったとしている。六月に麻原の次男が二歳で教祖になったことにつき「あの子は霊力が有る」と評し、麻原の子たちは後に生まれた子ほど霊力があるとし、人の色が見えたり、三女のアーチャリーは智正とじゃんけんして二〇連勝したとか、学校でテストのとき隣の人の答えが見えたというので、隣ではなく先生の答えを見なくては駄目だと教えたという（平成八年六月二〇日）。

また、なぜ麻原を拝むのかと問うたところ、「グルはシヴァ神の体現だから神と麻原はイコールになる。真理勝者（如来）の体現者がグルだ。グルを通してシヴァ神を観想することになる。インドの行者たちも自分のグルから神を観想している」（平成八年八月二〇日）とした。

また、「人間界はいずれ消えるべきというのがオウムの考え方だ。これはヒンズー教から採った考え方である。だから転生先確保のための性行為は不要である。人間界がなくても天人界に転生すれば修行はできる。私は天人界にいたことがあるし、井上君も一緒でそのときは私の方がステージが上だった。我々は天界では竜で、麻原氏は竜王だった。（竜の爪の数を問うと）昔のイメージというのは光景や夢とは違った形だからそうしたことは分からない。この間瞑想したら私は過去世で今の林郁夫さんと同じように麻原氏に敵愾心を持っていた。これが利益でないということを経験したので、現世では麻原氏に敵愾心を持たない。遠藤さんは前世では私と一緒にアメリカで殺し屋をやっていた。麻原氏の四女の父だったこともある」といった旨を語っている（平成八年九月三〇日）。

そして、「出家信徒間での私語を禁じるのは余計なことをやらないという仏教の戒律からだ。美食に走ってはいけないとされ、私もバナナを出されたときは皮まで食べた。会議の場所や時間を風水や奇門遁甲で決めたのはある意味煩悩だが、人間界にいる限りは効果を目指さねばならないということはある。ただし、効果が上がったかは不明だが、布教活動がどうでもよいことではないのと同様だ。ただし、こうした煩悩はいずれ去らねばならない。初期には他の教団からのスパイがいたし、波野村事件以降は警察から金品をもらって情報を提供している者がいた。この点は佐伯一明に二回目の接触をしたときに『注意しろ』と言われた。彼も坂本事件がばれるのが怖かったのだろう。温熱療法は捨法で意味はあるが万能ではない。カルマ落としには効果がある。

飯田さんと新實さんがやったバルドゥの導きのイニシエーションはお化け屋敷みたいでどうかと思った。麻原氏は早川さんも子供扱いしていた。村井さんは美人の運転手を付けられて、関係はなかったが様子がおかしくなって気が下がり、麻原氏にカレーライスを皿ごとぶつけられた。井上君は美人をわざと付けられてその都度手を出しては怒られた。私も麻原氏にご飯を食べろと勧められて食べたら『美味しそうに食べた』として叱られた。麻原氏の弟子をやるということはなかなか大変だ。麻原氏は宗教に入る前に占星術を学び、それで食える程度の腕前にはなっていた」

と教団内の複雑な事情も語っている（平成八年一〇月三〇日）。

四　新弁護団の結成と第一審の再開

河原弁護士の辞任を受け、新たな弁護団が結成された。裁判所側は新たな弁護人の選任に時間がかかるようなら国選を付けるとしたが、裁判所側にも国選を付ける目処はなく、河原弁護士の知り合いの知り合いで、関西では随一の刑事弁護人とされる後藤貞人弁護士（司法修習第二七期）にまず白羽の矢が立った。オウム関連事件としては後藤弁護士は松本知子の弁護人になっていたが、その事件の一審判決が見通せたことと、智正と松本知子との間に利益相反はなかったことから、後藤弁護士は智正の弁護を引き受けた。なお、後藤弁護士は受任に際して、松本知子と智正と双方から了解を取っている。

後藤弁護士は、被告人の人柄に関係なく弁護は引き受けるという主義であったが、平成一〇年三月二七日に初めて智正と接見した際の印象は「気を遣いすぎるくらいの丁寧な人」というものであった。また、智正の人柄としては「穏やか。他罰的でない。心優しい。精力的に勉強する人」としている（令和四年一二月三日聞き取り）。実際、智正は法廷で反対尋問を行うについては弁護人に尋問のポイントや聞いて欲しい事項を的確に指摘しており、河原弁護士に対して被告人席から振り返ってあれこれやり取りする智正の姿を筆者は何回も法廷で見ている。

智正の裁判は弁護士一人ではこなしきれるものではなく、後藤弁護士は前田裕司弁護士（同第二九期）に同僚として弁護人になることを打診して了解を取り、さらに前田弁護士と同じ事務所にいた渡邉良平弁護士（同第四九期）もこれに加わって新弁護団が結成された。

特に後藤弁護士と前田弁護士は刑事弁護の経験が豊富で、この二人の法廷での尋問は「芸術品である」と智正は後に評した（平成一一年五月二八日付来書）。なお、渡邉弁護士は、智正と最初に東京拘置所で接見した際、智正がしきりと頭を下げて「よろしくお願いします。死刑は間違いありませんから、気楽にやってください」と語ったと回顧する。その背景には、当時、弁護士としては新人だった渡邉弁護士の気を楽にしようと気を遣ったのではないかと推測している（令和五年一一月一日来書）。

三弁護士は私選弁護人であり、金銭負担は教団脱会者からなる有志の会が行った。弁護団は、裁判所での主張立証について会の意向は一切忖度しないということで弁護を引き受け、会も弁護方針については智正の逝去まで一度も口を挟まなかった。

後藤弁護士は平成一〇年五月二八日に河原弁護士との打ち合わせ（引き継ぎ）を行った。その際、反対尋問については、智正が尋問事項書を作って河原弁護士はそれに沿って尋問していると聞かされた。また、書証についてはあまり検討しないで同意したものもあるが、同意した書証についての承認申請を裁判所は了解しているとの話があった。

なお、智正は、色々な資料を引用して組み立てる反対尋問において、自ら調書等の資料を読み込んで質問案を弁護士に送付し、これをもとに弁護士と拘置所で打ち合わせを行っていた。後藤弁護士は「あんなすごい人いてません」と率直に印象を語っている。智正は、即時抗告などでも自分で原案を作成しているが、これは遠く岡山から来るため時間の取れない河原弁護士の事務を補う中で身に付けたことなのかもしれない。

六月一六日に裁判所・検察側と第一回の打ち合わせを行って六ヶ月の準備期間を要求し、一一月二四日に智正の公判は再開された。智正は「調書に同意しているので全事件の検察側立証は平成九年中にも終わるのではないか」と従前していたが（平成九年二月二日）、新弁護団は争うべき点は全て争う方針で、各事件の起訴状に対する意見書を詳細に作ることとし、河原弁護士が認めた証拠についても、多くの件で証拠排除を行ったため、公判は長期化した。当時は、本人の調書すら検察側が証拠開示しないという状況であった。

一一月二四日に出された「弁護人意見書」では、坂本事件については、事実関係は争わないが塩化カリウム注射液では弁護士一家の殺害はできないと認識していたとし、落田事件は殺人幇助にとどまるとし、滝本サリン事件はサリンの効果がなかったから無罪とし、松本サリン事件は、サリンを発散させて不特定多数を殺害するという共謀の存在を否定し、水野VX、濱口VXの両事件については傷害の幇助の故意にとどまるとし、永岡VX事件も幇助にとどまるとした。地下鉄サリン事件については、サリンが散布されることを知らなかったから無罪であるとし、新宿青酸ガス事件については無罪、都庁爆弾事件についても傷害にとどまるとした。その上で、智正の神秘体験に触れて責任能力の問題で今後争う可能性を示した。

同日の智正の被告人意見陳述も従前と変更はなかった。

弁護団は、責任能力について争えるかを検討するため、後藤弁護士が平成一〇年一二月二九日に岡山で山本昌知医師と面会した。また、翌平成一一年四月の第三週に山本医師が精神鑑定のために智正と面会したが（平成一一年四月三〇日）、山本医師の判断は「責任能力を云々するほどの症状ではない」というものであった。弁護団は、責任能力を争うにしても、今現在の妄想はなく、いわゆるマインドコントロール論でも裁判では勝てないと見通した。智正自身も教義による事件関与あるいはマインドコントロールについては否定していた。後藤弁護士は、智正の責任能力そのものについて山本医師も含め何人かの精神科医の意見を徴したが、この点を争うことは難しいと判断し、結局、一審では弁護人意見書に記された事実認定の在り方が争点の中心に据えられた。

なお、後藤弁護士は、智正の神秘体験については、智正の神秘体験は信仰ではなく現実であり、輪廻転生・前世も彼にとっては存在するものであると受け止め、輪廻転生を前提とすれば、殺人に至ることもあり得ると感じていた。後藤弁護士は端的に「死は我々にとっては『。』だが、中川さんにとっては『、』でしかない」と評している（令和四年一二月三日聞き取り）。

事実認定について弁護団は、客観的事実に争いのない坂本事件等は反論のしようもないが、特に地下鉄サリン事件については、本人がサリンの使用について知らされていないなど智正の関与度合いの低さを争点とした。また、智正も地下鉄サリン事件で使われたサリンの原材料となったジフロについては、自身ではなく井上嘉浩が保管していたことを法廷で明言するようになった。これもあってか、井上は自身の法廷の結審を急がせたと見立てている。井上は、智正が出廷してジフロの保管は井上だったとする証言を回避したかったのだとしている（平成一一年末に複数の来書）。

参考までに記すと、井上の第一審の流れは、平成一一年一二月二四日に論告求刑（死刑）、翌平成一二年一月一七日に弁護側最終弁論で結審し、同年六月六日に無期懲役の判決が出ている。

智正は、平成一三年二月九日の麻原法廷での証人出廷の際にも、地下鉄サリン事件における自らのサリンの製造・袋詰めについて、併せてジフロは井上が保管していたことを証言している。また、智正は、自らの法廷への出廷と並行して、麻原法廷にも証人として何回も出廷しているが、ここでも麻原側と対立する内容の発言をするようになった。

平成一二年七月二七日の自らの公判の坂本事件についての冒頭陳述で、麻原に「やれ」と言われたことを発言したことについて、従来は麻原とは対立しないというスタンスだったが「結局、何が利益かといえば、現時点ではしっかり証言するのが利益だ」とした（平成一二年七月三一日）。その背景として、「麻原氏が裁判上、私に有利なことをしてくれるとは思えない。証言すれば自分の魂には負荷があるが、結局、この段階では証言するのが自分にも他人にも利益だと思う。話すことは事件についてで、内面のことは喋ると切りがないから話さない。証言しない方が個人的には体調が良いし『黒い気』も生じない」（平成一二年八月一一日）としている。

ただ、こうしたスタンスに至ったのは、麻原が独自の路線を取っているという認識に基づいてのもののようで、平成一二年九月二二日の麻原公判で、証言を始めた理由について「麻原氏の念を去年秋から感じられなくなった」とし、その理由として「念（吸引力のある光）が来なくなったのは放送局の問題か受信機の問題かは分からない。ただ、公判で自分が喋れないという状態ではなくなった。喋ってもよいという決断をした。喋ってもダメージを受けなくなった。念が来ていればダメージを受けることもあるが、ダメージを受けないので念が来ていないと判断できる。去年秋から来ていないというのは振り返ってみればということ。ただ、念は来なくなっても（エネルギー源としての）光の分け前は来ている。前より沢山もらっている。受信機の性能は上がっているから、やはりあの人が放送を止めたという感じ。あの人が体力的にも精神的にもまいっていないのははっきりしている」（平成一二年九月二八日）としている。

なお、智正は平成一一年一〇月に出張尋問で一週間程度福岡拘置所に移送された（往復とも航空機利用）。このときは、検察側証人である九州大学医学部井上尚英教授に対して、サリン事件関係での尋問が行われたが、その際の様子は同教授がモデルの主人公が登場する小説『沙林 偽りの王国』（帚木蓬生著、新潮社、二〇二一年）に描写されている。渡邉弁護士によると、弁護側尋問では、証人適格性等について形式的な質問の後のサリンに関する実質的な質問案は全て智正が作成し、弁護側は基本的にはそれを読み上げるだけだったという。小説中、サリン中毒の治療法を縷々と話す証人の発言を聴く智正が「講義を受けている学生のようだった」という描写は、「知的な対決」の際の智正らしい態度ではある。ただ、この証人尋問については、「弁護側の反証の頭出しになるような尋問になった」と直後に語っており（平成一一年一〇月二七日）、一方的にやり込められていたわけでもなかった。また、平成一二年一二月四日から一三日まで出張尋問のため大阪拘置所に移送されている。

智正は、平成一三年四月一九日と二〇日に麻原公判に証人出廷した。この際の感想として「地下鉄事件がほぼ終わった。井上がジフロを持っていた件は全て話した。大将の機嫌は良かった(「大将」とは麻原のこと。筆者は麻原のことを智正に対して「そちらの大将」と言うことが多く、智正もそれに呼応して答えることが多々あった)。パーリ語で『修行者』とか言っているのが聞こえた。光はいつもと違うものが出ていた。その光については良いとも悪いとも言えない」と述べている(平成一三年四月二三日)。

六月二二日の麻原公判で、智正は踏み込んだ発言をする。「教団はシバ神や真理勝者の名を標榜して来たと思うが、こういう状況になってしまって、それを尊師はどうお考えなんですか」「何らかの形でそれを私たちに、麻原氏、尊師を信じてきた人たちに示して欲しい。私たちはサリンを作ったり、ばらまいたり、人の首を絞めて殺すために出家したんじゃないんです」(『朝日新聞』平成一三年六月二三日)。

この発言について智正は次のように語った(平成一三年七月五日)。

「最後の証人出廷ということで決めの言葉が必要」と考え、かなり考えて話した。事件当時、ポアであろうがなかろうが人を殺す気は全くなかったのが事実であるとした。また、泣いたのは色々の理由があったから。泣き言を言ったことは一度もなかったが、最後に言っても良いだろうと思った。本当に辛かったのもたしかだ。松本サリン事件の民事訴訟での出廷で気が変わったわけではない。実際に自分としては色々体験しているし、転生も見ているので、その部分は変えようがない。ただ、法廷で自分の体験だけを喋るわけにもいかない。葬式でバンザイと言うわけにはいかないようなもので、あの場で自分の体験を絶対視するようなことは言えなかった。「自分の体験はさておき」ということにすればああいう話になる。「さておき」ということは前々からあった話で、被害者を見て心が変わったわけではない。ただ「さておき」を話そうと思ったのは最近のことだ。麻原氏に対する最後の発言は感極まって言ってしまった。久保田（筆者）に対するこれまでの発言とは少し異なるが。ただ、自分としては必要なプロセスで、言った方が良かったと思う。感情から喋ったものではないということはない。自分の体験については自分の公判の被告人質問でちゃんとやる。二二日の発言について手紙に整理して書くのはちょっと難しい。麻原氏は私の証言をちゃんと聞いていた。井上のジフロの話をしているときとかはブツブツ言っていなかった。最後の私からの呼びかけには答えなかったが、元々期待していなかった。麻原氏のエネルギーの状態はむしろ良かった。あの人は法廷で遊んでいる。臆しているのではない。超然としている。もっとやり方はあると思うが。麻原氏への最後の質問は、彼の宗教家としての姿勢を質した。これは宗教の弟子としては失礼でない。本人もそう思っているはずで、この質問をしたところで自分の体験には何も変化がなかったから、質問には回答しないというのが麻原氏の回答だろう。

この件についてはさらに来書があり、

泣いたのはその場の雰囲気でああなった。「サリンを撒くために出家したのではない」は以前より考えていた言葉。この日に言おうとしていたわけではないが、我ながら良く思い出した。麻原氏の沈黙は「言ってもお前らには分からんし、分かる奴には言わんでも分かる」ということだろう。喋る気はない。徹底的な確信犯。私のスタンスは、対立する二つの価値で揺れているのではなく、この世界がどういうものかは分かっていて、それを包摂するもう一つの世界があるということ。前提条件を変えればどちらの態度を取ることも可能で、内的体験に基づくものが間違いと思っている訳ではない。体験に基づいている以上、それを否定することは不可能と思う。ただし、それを語らなければ当然この世界の価値観しか残らないことになる。遺族や世間にそんな話をしても反発を買うだけ。人は理解できるものしか理解しようとしないから。この辺は煮詰まらずに上手くやって行ければと思う。

といった記述内容だった（平成一三年七月一八日付来書）。

平成一四年二月二五日の公判に麻原が証人出廷し、証言に応じるそぶりをしたため、一瞬法廷内がどよめくという珍事があった。結局、麻原の署名が不明瞭で書き直しを求めても応じなかったため証言拒否に終わったが、この件については「あの拒否はよく分からない。当初は喋るつもりだったのが臍を曲げたのか、それとも最初から喋るつもりがなかったのか。私の声が震えたという報道もあるが動揺はしていない。『真っ赤な顔』というのもどうか（あんたはいつも法廷では顔が赤みがかっていると筆者がコメントする）。麻原氏は昔から変わらんなと思った。牧太郎を殺せとか坂本弁護士を殺せとか。あの人はそれなりに修行しているようで、法廷をからかって帰ったという感じだ」（平成一四年三月八日）と冷静に分析している。

事実関係の立証が進む一方、弁護団が、智正の精神鑑定も視野に入れた活動を始めたことについては「いない人間に後ろから声をかけられるという経験は今年一月に一回あった。声が聞こえた件では平成元年に京都の公的機関で一回非公式に受診させられた。カルテに数行書かれただけで内容は教えてくれなかったが解離性反応と見たのではないか。今、後藤弁護士が当時のカルテを探している。ただ、声に指示されて何かをやってしまう分裂症とは違うし、分裂症にしても『声に従った』だけでは責任能力なしとはならないだろう。今の弁護団は言えることは全部言うということで精神鑑定も申し立てているし、今回の声の話も公判で証言することとなった」（平成一三年三月一九日）と、責任能力についての立証も本格化させた。

弁護団は被告人質問における冒頭陳述作りを行い、その中で智正の神秘体験の話が出てきた。弁護団はこれをもって直ちに責任能力論につなげようとは当初考えていなかったが、裁判官側から責任能力について争わないのかとの指摘を受け、責任能力についても争点にすることにした。ただ、この段階では事件当時の智正には行動制限能力が欠けていたとした。

また、一部事件については事実認定自体を争おうとし、智正は「新宿青酸ガス事件の発火実験をするところがほしい。裁判所に証拠申請して検察が異議を申し立てて裁判所が却下すれば控訴の理由になる」と語っている（平成一四年八月一二日）。

平成一四年一一月下旬から一二月三日まで京都に移送されて出張尋問を行ったが、その多くは責任能力問題を主とする被告人側の証人尋問で、両親、河本陽介などが呼ばれた。同様に、同年一二月一七日、東京地裁で開かれた公判に武本洋典と筆者が証人として出廷した。やはり智正の神秘体験についての話が主で、筆者に対しては、智正がオウムの被害者救援基金に一〇万三〇〇〇円を寄付したことを紹介した。これは智正が他の法廷で証人出廷した際支払われた証人としての日当を蓄えたもので、ある意味彼の「勤労」による所得である。また、筆者は附属中学同期生七〇人の署名を添えて、同期一同による減刑嘆願書を提出した（執筆は筆者）。

智正は、弁護団と共同作業を続け、弁護側提出文書のかなりの部分の下書きを行っていた。「弁護側弁論の作成作業の下請けをやっている。後ろ向きで大変な作業で嫌になる。弁護士か医者かというと私は間違いなく医者が良い」（平成一五年三月四日付来書）、「部屋の引っ越しがあるが、公判調書だけで一万頁近くあり、それ以外の証拠がざっと八千頁、それ以外は不明」（平成一五年三月一一日付来書。ちなみに三月末から新築の拘置所の六階で暮らすようになり、平成三〇年の広島への移送まで概ね六階で暮らした）、「弁護側意見陳述の締め切りを控えて大変だ。重要な井上君との絡みの所は私が書いた。後藤弁護士に九五点と言われた」（平成一五年四月二八日）、「弁護側最終意見陳述書は七月三一日に提出した。ある材料からすれば八割の出来、地下鉄サリン事件は九割の出来」（平成一五年八月五日）と、膨大な資料を渉猟しての自らの作業にある程度の満足を示している。結局、最終弁論五〇〇枚のうち、地下鉄サリン部分の草稿一五〇枚は自分で書いた（平成一五年一一月五日）。この草稿を元に弁護団は文言を調整して弁論を作成したが、出来が良いので用字・用語や文体は手を入れたものの、骨格部分はそのまま使うことが多かった。後藤弁護士は「書き方のスタイルは教えたが、使えるものを書ける人はなかなかいない」と評している（令和四年一二月三日聞き取り）。

もっとも、極刑への覚悟はあり、「私の心境は『とくとく首を取れ』と言った（平）敦盛のようなもの」（平成一五年一月二九日の論告求刑後の同年一月三〇日付来書。ここで敦盛を引き合いに出したのは、平家物語のこの話が中学の国語の教科書に載っていて筆者との共通認識があったからである）としていた。

なお、平成一五年五月一二日の弁護側最終弁論の最後において、智正は「一人の人間として、一人の医師として、一人の宗教者として、失格。全てを関係者にお詫びします」と述べている（『朝日新聞』平成一五年五月一三日）。

智正の体調管理の進展、麻原の影響からの離脱

智正が東京拘置所に移監されてから、呼吸法や瞑想といった修行を行っていたことは前述したが、そのやり方を色々工夫した結果、平成一〇年頃から智正の体調・神秘状態に変化が現れた。

「最近、ムドラーと呼ばれる保息を伴う行法を取り入れている。エネルギーの粒子（プラーナ）が見えるが、これが細かく微細になった気がする。また、ナーディ管の詰まりが取れて体のバランスがかなり良くなってきた」（平成一〇年六月五日付来書）、「連日弁護士と会っているが体調は崩れない。昔は半日接見すれば翌日は一日寝込んでいたが、今は半日会っても体調は崩れない。修行が進んだからだろう。弁護士の年齢は関係ない」（平成一〇年一一月一二日）としている。また、「最近、他人のことは分からなくなってきた。小さなことで引っかからなくなってきた。修行が進んだかとも思う」（平成一一年一〇月一九日）と、従前のように人の影響でハンバーグが食べたくなったりするようなことはなくなったようである。

ただ、体調管理が上手くなる一方、麻原からの影響も依然続いていた。平成一〇年一〇月一五日に麻原の公判に証人出廷した際、麻原は光っていたとし（平成一〇年一〇月一九日）、遠藤誠一の元部下である三一歳の現役信者が突然死したことについて「彼女は転生のためのエネルギーを尊師から取ったために、私にも若干の影響が出て彼女が亡くなった月曜の朝から不調に陥っています」（平成一一年八月四日付来書）とあり、筆者が接見したところ「遠藤さんの元部下が死んだときに麻原氏からの光の分け前が減った。麻原氏は自ら光って弟子にプラスの分け前を与えている。その分け前が一時期、元部下に使われたので私への分け前が減った。ただ、麻原氏が光を与えている相手は減っているので、私への分け前は相対的には増えている（智正は、このときは「あのおっさん」と言っていた）。麻原氏は光を発して影響を与える相手も減ったので白髪が減って痩せて調子も良くなった。前は太っていたのではなく浮腫んでいたのだ。光は分けるほど劣化するようだ。麻原氏は自分の意志で光っている。問題は周囲にその光を受け取る能力があるかということ。全盛時の受取手（信者・弟子）は万を超えていた。ただ、自分が光を受け取っていることを常に自覚できる人はそのうち一パーセントもいない。年に一、二回気付く程度だ」と麻原から光を受けているという認識を詳細に語っている（平成一一年八月二六日）。

なお、体調管理には試行錯誤があり、「体をくすぐることで体の緊張を取る操体法を自分でやってみて、房内で自分で自分をくすぐって大笑いしていたら看守に見つかった。看守は『こいつ何やっているんだ』という感じで呆然とみていた。なお、妹の子がおねしょするというので寝る前に体をくすぐることを勧めたら、おねしょをしなくなり、初めて母と妹に感謝された」（平成一二年一月二四日付来書）と思わぬ副産物があったことも伝える。

体調管理の具体的な内容については、

教団の修行は力尽くで気を上げる修行であります。以下、チベット仏教的身体感を利用して説明します。人体には七万二千とも八万四千とも言われる管が通っており、そこに風《フウ》が流れています。体の一番重要な管は肛門から背骨に沿って垂直に上昇し　頭頂に至る中心管です。この中心管の中には心滴が存在しており、これは魂と言ってもいいものです。心滴は風によって運ばれ、上昇下降を繰り返します。なお心滴が上昇するほど転生先は良いとされ、頭頂から抜き取る技法がポアの技法です。風を上昇させる修行において、普通の人の場合、管が曲がったり穴が空いたりしたりで風は簡単には上昇しません。そこで一般的にはまず、管の漏れを塞ぎ、管の曲りを直して管の詰まりを取るという作業が風を上昇させる前に必要となります。ところが教団の考え方は別の所にあり、とにかく詰まっていようと曲がっていようと漏れていようと気の流れ（風）さえ強くなれば詰まりや曲りは修正されて、漏れていても漏れる傍から補給してやれば良いという考え方なのです。この強い風の上昇をさせることによって確かに効果がある人もいますが、駄目になる人、修行が止まってしまう人も沢山いるようです。具体的には、胸か喉の辺りまではこの技法で大丈夫ですが、大体その辺りで止まってしまうことが多々あります。急ぐ場合に心滴を上昇させることは可能でしょうが、その状態を維持するのは非常に大変です。教団が崩壊してしまった理由の大きな一つがこの修行形態（気の上昇・エネルギーの上昇）だけを追求したことにあると思います。教団の修行大系にも気を下げる修行もちゃんとあり、教祖自身も初期にはそれをやっていて弟子にも勧めていたのですが、後になればなるほどそれを言わなくなりました。エネルギーの上昇に頼る技法はタントリズムの一方法として存在はしているのだと思います。ただし危険性も大きいし教える方も教えられる方も大変ではあります。私が今行っているのは、どちらかというと気を下げる系のみのが多いです。エネルギーを上昇させても詰まっていたり曲がっていたりしたら飽和感のみでにっちもさっちも行かなくなります。充分に管の詰まりを取り、曲りをなくして漏れを止めてから気を上げれば無理矢理上げるより遙かに効果があります。結論としては教団は急ぎすぎたということなのでしょうか。（平成一二年一月一三日付来書より一部改変）

また、気の上昇と下降については、

仙道などで言う大周点などは背中の脊柱に沿って気を下げ（上げの誤りか？）、頭頂に到達させた後、体の前面を通して降ろすということを行います。チベット仏教やヨーガの系統でも同様の技法が存在しています。私の経験から言えば、背中に上げたエネルギーは、頭頂からは自然に体の前面を通って降りてくるものであります。その際に降りてくるエネルギーは感覚としては冷水の如きものであって、上昇させたエネルギーとは全く違うものになっております。エネルギーの漏れと言うとき、私の感覚ではこの下降させたエネルギーが漏れるのでは無く、背中を上昇するべく存在するエネルギーが体の前面に移動して漏れるような気がします。また、詰まるという時も、この背中の上昇させるエネルギーのことを言っているように思います。さて、背中のエネルギーが十分強くてしかも上の方で詰まっているとどうなるか、上手く行けば上へ抜けますが、下手をすれば下から漏れるしかありません。教団の修行法は力尽くでエネルギーを上げて上部の詰まりを取る（まれに上部の詰まりを抜き取って貫うこともあるが、これは沢山あることではない）ということなので、失敗すると下からエネルギーを漏らすしか無くなります。この時、教団ではエネルギーが下るとか気が下るとか言いますが、この時の下る道はやはり背中なのです。頭頂を経て体の前面を通って下降してきたエネルギーが漏れている訳ではありません。私は最近背中でエネルギーを上下させることを始めました。確かにこれをやると水垢の付いたパイプを掃除するようなもので、後で強引にエネルギーを上昇させるのが楽になります。なお、独力で頭まで背中のエネルギーを上げるのは非常に大変なことです。（平成一二年一月三一日付来書より一部改変）

なお、「エネルギーを頭頂に自力で上げるのは難しい。これは他人のエネルギーをもらわないと無理だ。エネルギーを上げるための観想では霊力のある人を対象にしないとだめだ。麻原氏は元々頭頂にエネルギーが抜けているという珍しい人だ。麻原氏との関係は頭頂からエネルギーを抜くためには麻原氏を観想しないといけないという点で残る」（平成一二年二月一六日）とも発言している。

平成一二年六月二三日の麻原法廷で証人出廷して阿部文洋裁判長からの「作れと言われたのは人を殺すための毒ガスではなかったのか」との問いに一瞬絶句したのは、「そのとき体が詰まっていたので呼吸法をやっていたから。法廷で呼吸法はずっとやっていたが、あのときはたまたま絶句したように取られた。色々工夫して法廷の影響をなくしている」としている（平成一二年六月二六日。なお、この法廷では、松本サリン事件については、教団のサリンの毒性について低く見積もっていた旨を証言している）。

また、「光は見える。影響を受けても下痢はしなくなったし鼻水も出なくなった。公判ではエネルギーを取られるが、接見では大丈夫だ。（老齢の女性ということで一番影響を受けやすい）母親が来ても大丈夫。体調管理には一日四時間程度当てている。呼吸法と体操が主で瞑想はほとんどやらない」（平成一二年八月二八日）ともしている。

平成一三年に入ると、最近の麻原公判証人出廷時の印象として、「麻原氏は好きにしているので体調は良い。光の分け前も来ている」、自分の体調として「良い。体内の管の歪みをちょこちょこ直している。太くまっすぐにするのが永遠の課題だが、一箇所曲がると川の蛇行のようにどんどん曲がる。体型とか生活の癖が影響する。私は曲がりやすい体質だ。盲腸の手術痕のせいか腰のあたりで曲がっている」（平成一三年三月六日）と述べている。

一ヶ月後にも「大将は修行を頑張っている。近くに行ったときの影響はここのところは新實さんの方が大きかった。大将は意図的に自分の影響を遮断している。悪い状態ではないがかなり近付かないとエネルギーの分け前をもらえない。自分からは分け前を配らなくなったようだ。今回の人生はもう終わりで来生に備えているのでは。行き先は天界だろう。天界でも修行はできる。人を殺してしまえば解脱はできない。ポアするためにエネルギーを使うから。殺人に関与したのでステージは下がっているのではないか。平成五年にサリンを作ったときから大将のエネルギーはおかしかった。弟子を育てるという手間暇かかることができず、促成栽培しようとして失敗した。失敗も本人は予見しているはずだが」（平成一三年四月九日）と麻原の影響力の低下を述べている。なお、この認識は前田弁護士にも語っていた（令和五年一月六日聞き取り）。

平成一四年当初においては「麻原氏から光の分け前は来ているし、法廷で会うと体調は良くなる」（平成一四年二月二一日）としていたが、同年一一月七日の麻原法廷での証人出廷については「（麻原は）騒ぎもせず証言を聞いていた。不規則発言もなく、寝てもいなかったが口元が動いていた。土谷君が証人出廷して喋ったので機嫌が良かったのかもしれない。光ってはいないが黒くもなかった。拘置所でも光は来ないが存在は感じる。修行は不明だが昔からの蓄積があるから。よく分からない」（平成一四年一一月八日）、「（麻原から）光は来ない。関心がないのではないか。こっちのことは覚えているが一人で楽しくやっているのだろう」（平成一四年一二月二五日）とその影響の低下が顕著となる。平成一五年二月二七日の最後の麻原法廷での証人出廷では、最後に「笑ってないでぜひ被告人質問を考えてください」と発言した（『毎日新聞』平成一五年三月二日）。

なお、「顔がすっきりしているのは気功を始めたから。初心者は呼吸法の方がやりやすいだろう」（平成一五年二月二一日）と、平成一五年初頭から気功も始めている。もっとも、武本洋典に勧められてこの年から始めたスクワットなどの「激しい運動」を多少しても摂取カロリーの過多は如何ともし難く、「体重が九〇キログラムある。これからはスクワットをやる。拘置所建て替えで接見の際歩く距離が減った。以前は八〇〇メートルくらい歩いていた」（平成一五年七月二九日）という有様だった。

ただ、この年になっても「麻原氏からの光は建物が変わったからといって見えないことはない。光の分け前は来ているけど光が弱まっているかははっきりとは分からない。分け前にあずかっている人もはっきりとは分からない。取材が来たら『覚悟を決めているようです』と言って欲しい」（平成一五年一〇月一四日）という状態だった。

そして、一一月には麻原と距離を取ったことを明言し、「麻原氏が光っている光っていないには関心が無いし、注意してみていない。昔は関心があろうがなかろうが光は視野に入ってきたけれど」とし、麻原から「心が離れ」、「麻原氏の意識を感じることもうない」とした（平成一五年一一月一四日付来書）。そして、「体験の中に没入せずに避けられるようになった。それは心の持ち方で何とかなるというものではなく、いろんな方法を試行錯誤して見つけた方法による。修行ではなくこの世界に足を付けて残りの人生を送るためのメンテナンスです。実際私がやっていることを普通の人が見ても修行しているとは思わないと思う」としている（平成一五年一一月一九日付来書）。

なお、智正は麻原から心が離れてもけじめとして、弁護人との接見においては最後まで「麻原氏」と呼び続けていた（令和四年一二月三日後藤弁護士聞き取り）。

また、宗教ジャーナリスト藤田庄市が東北学院大学名誉教授で宗教学者の浅見定雄を紹介するとした際、「あの人（浅見）の話を聞いてどうのこうのするという問題ではない。自分でどうにかしているので。浅見さんと会ってどうにかなるなら私は出家はしなかった。藤田さんには非常に感謝するが、私はむしろこういう状態と上手く付き合っている人を探している」（平成一五年二月一〇日）と述べ、自身が必要としているのは神秘体験・状態への具体的な対処の在り方だとしている。

なお、智正は、平成一五年一月二四日付で裁判所に上申書を出し、被害者・遺族にお詫びの言葉を伝えるための手紙を出したい旨を表明した。智正は従前から被害者・遺族に対して、「気の毒なことをした」という感情があった。神秘体験・状態により責任能力が完全でなく、輪廻転生を体感しているものの「本当にそれで良かったのか」という思いからの「反省」の念は生じており、このような態度を示したのである。筆者が被害者側との和解を勧めた平成八年当時とは大分心境・認識に変化が生じていた。

智正はいつの頃からか事件の日あるいは春秋の彼岸に切り花とお菓子を供えて被害者を「供養」するようになった。

切り花とコアラのマーチ彼岸入り（平成三〇年四月一六日発出の句）

五　第一審判決（平成一五年一〇月二九日）

第一審の判決の言い渡しのための公判は、平成一五年一〇月二九日一〇時に東京地裁一〇四号法廷で開廷した。筆者は傍聴席最前列最右翼に陣取り、智正の表情を窺っていた。智正は閉廷まで私を認識できなかった。

岡田雄一裁判長は智正を証言台に促し、「先に理由を読んでそれから主文を読みます。理由が長いので座ってください」と智正を着席させた。ここで極刑が予想され、記者席の何人かが傍聴席から外に出て行った。智正は着席して眼鏡を取り、目をつぶってうつむいて裁判長の朗読を聞いていた。

理由では、智正の生い立ちにおいて神秘体験があったらしきことに触れ、坂本事件以下一一事件についての関与を認め、特に坂本事件、落田事件、松本サリン事件について関与の度合いが深いとした。また、地下鉄サリン事件については、智正が「サリンはすぐ撒かれるものとは承知していなかった」と一貫して主張していたのに対し、「関与の度合いは浅くない」とした。また、目黒公証役場事件については「医学の悪用で厳しく非難されるべき」とした。また、責任能力については「各犯行の動機として神秘体験が具体的に供述されていない」ことから犯行時の心神喪失は認められないとした。公判は一二時半で一旦休憩となり、一三時半に再開。被告人の状況と情状について述べ、智正が他の法廷に証人出廷した際、日当として得た合計二五万円をサリン被害者救援基金に寄付し、弁護士を通じて四八通の謝罪の手紙を出したことも認定した（手紙は自筆で最低二枚、最高四枚で一二〇〜三〇枚くらいは書いたとする（平成一五年一一月五日））。

その上で、岡田裁判長は智正を起立させ、「主文、被告人を死刑に処する」と読み上げた。一四時一七分であった。

智正が一礼して被告人席に戻ろうとしたところ、一息置いて岡田裁判長は智正に対し「二週間以内に高等裁判所に控訴できます」と付け加えた。少し証言台の方に戻った智正は二回お辞儀をして被告人席に着き眼鏡をかけた。この後、傍聴人に退廷が告げられ、智正は傍聴席を見やり、筆者とも目を合わせた。顔は少し赤らんでいた。

智正の弁護団は短歌二首を発表した。

秋風に世捨てし日々の影うごく　ひとびとの顔還らざる時
垣間見る　かなたへ青く深き空　我が身は端座す暗きところで

両句は、筆者の直近の接見日である平成一五年一〇月二四日以降に作ったものと知らされた。判決直前の来書には「判決は全く面目ありませんが、まだまだ先があります。一回に二〇点取られた野球の敗戦処理のようなものですが、今後とも何卒よろしくお願いいたします」（平成一五年一〇月二七日付来書）とあり、厳しい判決を意識して詠んだものと分かる。

判決後に当時の心境を綴った平成一五年一〇月三一日付来書には以下のようにある。

傍聴席を探したのですが、判決言い渡しの後まで貴殿の所在が分からず、ご無礼しました。永岡氏、河原先生の知り合いのM氏、江川女史、何名かの教団関係者が来ているのが分かりました。

判決はしょうがないですね。弁護人は控訴すると言ったらしいですが、少し時間を置きます。いずれにしても弁護人にお任せしています。私が手続きをすることはありません。

私自身はあまり大きなダメージはありませんでした。こちらの主張が通った事実認定は、朝日には唯一ジフロだけと報道してありましたけれど、そうではありません。何点かこちらの主張が通りました。あと、反省しているとか、元々事件を起こすような者ではないとかいう認定を聞いて、貴殿や友人達に出て頂いて良かったと思いました。ありがとうございました。

後藤弁護士や前田弁護士によると、責任能力論に関しては控訴審でやりようがある内容だったとのことでした。私にはよく分かりませんでしたが……。ただ、嘘だとは一言も言わなかったのは分かりましたけれど。

あと、裁判長から「どうしてこんなことをしたんだ」というような意識、ただ怒っているというより少し違うニュアンスの感覚も伝わって来ました。やっぱり人に死刑を言い渡すのは良い気持ちではないのでしょうね。

なお、岡田雄一は後に記者に対して「中川は礼儀正しい良い人間だったが、やったことを考えるとあの判決しか出せなかった」と述べたという。裁判官としては刑の選択ができる状態ではなかったということである。判決書には「将来被告人が犯罪に手を染めるというようなことはまず考えられないといえる」の一文があり、この表現には弁護団も驚いたが、これには岡田裁判長の心証があったのである。

後藤弁護士は、法廷での智正の姿勢を評して「論理的で言うべきことを言う。自分が行う尋問も的確で無駄なことを言わず、その性格・知性は裁判所側にも伝わったのだろう」とする。そして、判決については、坂本事件（の存在）が重かった。地下鉄サリン事件での関与を否定できなかった。何とか無罪にできそうなのは滝本サリン事件だけだったとした。また、重大な裁判であるほど責任能力の問題は軽く扱われる傾向にある。ただ、麻原について責任能力がないとされれば、他の被告人の量刑にも波及した可能性はあるとした（令和四年一二月三日聞き取り）。

智正の弁護団は一一月五日に控訴した。後日交付された判決書はＡ４で三五〇頁あり、智正は「優秀な人が書いた優秀な文書という感じ」と表現している（平成一六年四月三〇日）。

六　控訴審に向けた智正の動き

第一審判決の頃も智正の「神秘状態」は光の体験を中心として続いていた。筆者との面会での

会話においては、

瞑想中に明るくなる体験はまだある。現在は瞑想はしていない。自分の状態はオウム時代も含めてオウムの修行で良くなったことはなかった。自分で工夫するしかなかった。麻原氏の光は今はあまり感じない。明らかに今は麻原氏と意識が分離している。平成九年当時はまだ教団の考えを引きずっていた。自分の考えは逮捕されてから今に至るまで微妙にどんどん変化している。向こうの世界も分かっているが、今はそちらに行かないようにしている。それをコントロールできるようになった。オウムは暴走させる技術に長けていたが、コントロールする技術はなかった。一代の宗教だ。爆発的に状況を変える力はあったが、コントロールはできない。コントロールの方法は自分で編み出した。精神医学や心理学の本も役に立たなかった。(平成一五年一一月一三日)

あるいは、

昔は光とエネルギー源であることと分離できなかったものが、何か変わってきた。今は光とエネルギーが分かれている。エネルギー源は喩えれば餌のようなもの、光(吸引力)は無条件で引っ張っていく力。エネルギー源とは何か、実はよく分からない。今は明確でない。

自分の内面の光は消えない。この光は変わらない。昭和六三年当時から目をつぶると光が見える。閃光のような光もあるし、黒いところにポッンとある花火みたいに変わる光、一部だけステンドグラスのようになる光と色々ある。ポアは嫌いだった。教団の世界観の中で嫌いだった。麻原氏はポアについて皆の前で語るとき、ポアをした者が地獄に落ちる話はあまり言わず、良い話ばかりしていた。社会も実行犯もポアは良いことばかりという教義と思っている。私と同じ認識をしていたのは新實さんで「ポアで良いことなんてない」と言っていた。ポアは直感的なものである。

一切苦は小乗で一切楽が大乗か密教。オウムは一切楽だった。ただいずれにせよ一切空に至る。(平成一五年一一月二一日)

といった発言をし、麻原の影響は減退したものの光の体験は残っているとする。

なお、平成一五年一〇月頃、宗教ジャーナリスト藤田庄市が智正についてはは「巫病の態」だったのではないかと指摘し、智正もこの辺については研究したようで、「オウムの人は多かれ少なかれ私と同様に巫病の傾向はあった。それが前面に出ているか出ていないかの違いだ。私は麻原氏に『何とかして欲しい』という感じではなかった。井上君は『解脱させてくれ』とか言っていた」と語っている(平成一五年一二月一日)。

平成一六年に入ると、巫病と筋肉の問題についても考え始め「最近、体を動かしている。筋肉には体を動かす筋肉と重力の中で姿勢を維持する筋肉がある。両者にはつながりがあるし同じ筋肉で両方の役割をしているものもあるが、姿勢を維持する筋肉を鍛えれば老人でも元気でいられる。内転筋、外転筋、外腰筋がこれに当たる」とし（平成一六年五月二四日）、また、「骨盤を締める体操をダイエットのために開始した。自分でやってみて太腿の周りが二、三センチ細くなった。朝夕二回、一回二、三分やっている。光はピカッと室内が光ったりすることがある。青色LEDみたいな高級そうな光が不定時に漂う。ステンドグラスの青いやつみたいな光がポッと光って消える。色としては『人間』。麻原氏の光は見ていない」としている（平成一六年九月八日）。こうした試行錯誤に基づいて作成された「体のバランスを整える二六の運動」というマニュアルが平成一六年九月二九日に筆者にも送られており、この時期の智正は「体」の問題を相当深く考えていた。

ちなみに智正は巫病発症の理由の一つとして、国家試験前に柔道の稽古を止めて筋肉が衰えたことを挙げる。「巫病の影響は筋肉を付けると減る。筋肉の鎧で対処できる」と最終的には振り返っていた。麻原は、弟子に筋トレを奨励し、自らもウォーキングマシンや水泳を行っていたのは、筋肉の鎧を着けようとしていたことかと推測している（平成二六年一月二八日）。

平成一六年九月一三日には、目黒公証役場事件の被害者假谷清志の息子、実と面会した。これについては、「面会は大変だった。ずっと俯いていた。怒鳴られたりしなかったので余計辛かった。假谷さんが一番怒っているのは大将（麻原）に対してでしょう」と語り（平成一六年九月一七日）、一一月三〇日に假谷実と二回目の面会を行ったが、その際の報道については「私が麻原氏について『具合の悪い振りを平気でできる。以前から教団の中でも同じことをやっていた』と語ったというのは事実と異なる。『おかしいかもしれないし、ふりをしているのかもしれない』と言ったのが本当だ。私が言ったことは麻原弁護団のコメントと同様で、私も最後に法廷で会ったのは一年以上前だから、それからどうなったかは分からない。最後に会ったときはほとんど反応しなかった。『無動』という感じ。外見上、精神医学用語で言うところの『人格の荒廃』がどんどん進んでいるのは確かだ。法廷での態度はそれに似ていた」としている（平成一六年一二月一〇日）。

平成一七年に入ると、「麻原氏については無害になった。彼のことは今は遠巻きにしているし、それができるようになった。内的なものはなくならないがコントロールしている」と距離がとれたことを語っている（平成一七年五月二二日）。

智正は、内的なコントロールについては、平成一八年一月一一日にも肯定的に語っている。後に語ったところでは、結界を張る技法もできるがこれには集中力を要するとしていた（平成二五年一二月一七日）。

なお、平成一六年に講談社から手記の依頼があったが断っている（平成一六年一一月八日）。

七　佐々木雄司博士との出会いとその診断

一審の弁護人は第一審判決後に辞任し、平成一六年九月一六日に一審と同様に後藤貞人、前田裕司、渡邉良平の三弁護士が弁護人として選任された。控訴趣意書の提出は、平成一七年の九月末までとなった。

控訴審において弁護団は智正の責任能力を主張立証の争点に据えるが、この前提として、智正の神秘体験・状態が、社会人類学で言うところの「巫病」、精神科の病名で言えば解離性障害ないしは祈祷性精神病と呼ばれるものに起因することが明白化したためである。

智正のこうした状況について最初にコメントを発したのがオウム裁判を注視し続けていた宗教ジャーナリストの藤田庄市である。藤田は岩波書店発行の月刊誌『世界』二〇〇四年四月号に「彼はなぜ凶悪犯罪を実行したのか　ルポ　オウム真理教・中川智正被告裁判」を掲載し、そのなかで、智正は巫病だったと結論付けた。巫病について藤田は「人類学などで用いられる言葉だが、シャーマンになる過程でよく見られる神秘体験と一体の心身異常、とでもいえばよいだろうか」と定義し、その症状については「『巫病』に陥ると、神や霊のごとき超自然的存在がその者に介入し、傍目には精神異常としか映らない態様を示す。神の指示により拝み場所を徘徊させられ、逆らえば肉体的苦痛にさいなまれたりする。神に従わない限り、心身の異常は持続する。つまり神の支配に服さねば、通常の生活は送れないままだ。結果、神に対して、他動性、不可避性の人間となってしまうのである。とはいえ、脳の器質的原因による精神疾患ではなく、心神耗弱と認定される精神障害でもない。いわゆる精神病とは診断されにくい現象である」と説明している。

弁護団は、智正の責任能力の存否を明らかにするべく精神鑑定のための医師を探し、その過程で藤田に佐々木雄司医学博士（当時は獨協大学教授）を紹介された。

平成一七年四月頃、後藤弁護士から佐々木博士に鑑定依頼を行ったが、博士は「作業量が多すぎる」としてこれを断った。当時、博士は七三歳とすでに高齢で、事務量の多い仕事を新たに引き受けることに躊躇があったのだろう。

しかし、この話が生じた当初から、佐々木博士には「これは自分の案件」という思いが生じたようで、元来、沖縄等でフィールドワークもしてきたという経歴から、自身の仕事の花道にしようという気になったとされる。結局、前田弁護士が再度働きかけを行い、佐々木博士は意見書の執筆を受諾した。

佐々木博士は平成一七年六月二日と一三日に三〇分ずつ智正と面会し、彼に興味を持った。控訴趣意書に付ける意見書の作成については当初から同意した。博士にとっては智正の症状はまれな例ではなかったが、医師が巫病になったという点では珍しく、博士もその点も含めて興味を持ったようである。「私くらいしか鑑定できる人はいない」と智正に言い、自分がやらざるを得ないという思いに至ったようである。

佐々木博士は面会で智正を診察して「解離性障害（祈祷性精神病）」の診断を下した。本格的な発症以来、一八年目で智正にやっと自身の症状が医学的に説明されたことになる。これを契機に智正は「明るくなった」と周囲から言われるようになった。なお、博士によると神秘体験は最初がものすごく、段々に貧困化するとのことで、平成一五年くらいから智正の状態が落ち着いてきたのは、本人の試行錯誤もあるが時間の経過による部分もあったようである。智正の症例は同症状の人の中ではかなり激しいものとされた（平成一八年一月一一日）。智正の発症の契機は医師国家試験、沖縄県立中部病院の不採用、医師としての勤務を開始したことといった一連のストレスによるものと見立てられた。

結局、佐々木博士は鑑定人となることに同意した。鑑定となると拘置所で制限時間なしで智正とゆっくり話せるし、診察の対象（智正）が医学的所見を言えるというのも精神医療の世界ではかなり珍しいということもあった。博士の診断を受けて、弁護団は解離性障害による責任能力の毀損の問題を控訴審での主張の中心に据えることとし、博士による精神鑑定の実施を高裁側に申し立てた。

しかし、正式な精神鑑定の実施については高裁側は必要性を認めず、佐々木博士はさらに八月一八日に三〇分面会した後、供述調書等の公判関係書類や智正から弁護人に出した書簡の一部を通読して同年九月二一日に「中川智正君に関する精神医学的見解」と題する意見書を出した（資料（二）頁）。

この中では、智正に生じた「神秘体験」を解離性障害の一種と位置付け、また、藤田論文と同様に巫病であるとしている。なお、巫病は、シャーマン（＝シャヤマン：巫者）になる過程の途中などで神秘体験と結び付いてよく起こる心身の異常であるが、韓国や沖縄ではシャーマンは社会において祭り上げられる例もあるとする。

巫病については、修行が先行してその後から神秘体験が生じるタイプと神秘体験が先行するタイプとがあり、前者の方が通例とされるが（教団の信者の多くに見られる「神秘体験」は前者に該当するものと考えられる）、智正の巫病は後者のタイプで（後者の方が予後が悪いとされる）、しかも治療が必要とされる程度の状態だったとした。佐々木博士は智正について、診断当時の平成一七年頃には「自分なりに体のバランス（特に体幹の深層筋のコントロール）をすることで体験自体もかなりコントロールがつくようになった。つまり、体験に没入しないで済むようになった」としているが、それ以前の教団時代においては、麻原と一体化しており「麻原がそう考えていると思ったらそれはもうやらなければいけないこと。私と麻原とを結び付けていたのは神秘体験」という状態であったと指摘する。

佐々木博士は、さらに一一月一四日に三〇分の面会をした後、平成一八年四月六日付で「『鑑定意見書』補遺 Q&A」（資料（一二）頁）を出し、坂本事件以降の一連の犯行時における智正の責任能力を再検討すべきであるとして、正式な精神鑑定の実施を求めた。

一方、東京医科歯科大学の小畠秀吾、山上皓の二医師も検察側の求めに応じて、智正関係の裁判記録のみによって面会はせずに同年八月一八日付けで意見書（資料（五七）頁）を作成した。この中では、智正に解離性障害があること自体は肯定したものの、これによって責任能力が損なわれたとまでは言えないとし、精神鑑定についても実施は不要とした。

これに対して佐々木博士は、同年三月から始まった控訴審も一〇回傍聴して智正の発言を聞き取った上で、一一月二七日に「鑑定意見書（その2）」（資料（二一）頁）を提出している。

結局、控訴審において精神鑑定請求は平成一八年一二月一三日（第一三回公判）で却下され、そのまま判決が下された。佐々木博士は上告審に向けて「控訴審判決に対する精神医学的所感」（資料（三四）頁）を平成二〇年八月二六日に作成している。この所感は最高裁において証拠調べの対象とならなかったため、平成二九年八月三一日に前田弁護士が東京地裁に提出した「再審請求意見書」の証拠書類となっている。

ただ、佐々木博士は再審請求意見書が提出される九日前の八月二二日に八五歳で逝去し、再審請求の行方は見ることなく終わった（逝去の影響で智正は下唇が腫れたという）。また、博士の体調不良により、智正と博士が共著で書くとされた宗教性精神障害についての本の執筆も日の目を見ることはなかった。この執筆の前段階として智正は「上申書」の形で自らの神秘体験・状態を様々記しているが、断片的なもののみに終わってしまっている。

佐々木博士の鑑定に基づく智正の再審請求は（智正が請求書の一部を執筆した）、平成三〇年五月三〇日に東京地裁において棄却され、弁護団は六月四日に即時抗告を行った。そして、新たな医師の下で再度精神鑑定に向けて動き出そうとした矢先、刑が執行されている。

なお、智正は麻原も巫病だったとし、麻原は智正の巫病が分かっていて自分を用いたのだとした。そして、麻原は子供の頃から発症していたからコントロールができたが、自分のような青年・

中年で発症したら大変だ、と述べている（平成一九年四月二七日）。
また、平成元年の頃を振り返って、

薬は投与されたが、飲みたくなくて飲まなかった。神秘体験を病気とは思っていなかった。佐々木先生が診たとしてもカウンセリングのみで、場合によっては投薬ということだろう。巫病について医者としてできることはないと思う。何ともならない。江川（紹子）さんからカルト対策としての協力を求められたが、巫病については何ともならないから協力しなかった。医師がカウンセリングをするだけなら、宗教団体の方に行った方が体験者としては良い。巫病は史上では沢山いて、旧約聖書にも出てくる。巫病は精神分裂症とは違って、細胞の異常とかの物質的な基礎がないので、薬を出すというロジックにもならない。（平成二九年七月二〇日）

とし、巫病者における精神医学による対処の限界も述べている。

一連の智正の精神鑑定を巡る動きを総括して前田弁護士は、「巫病という捉え方は、司法精神医学の世界ではなかなか受け入れられない。統合失調症のように例が多数あるわけでもないので、この点は不利だった」とし、「結局、佐々木意見書では鑑定しようというところまで裁判所はいかなかった。佐々木博士は昔流の『ざっくりした』鑑定で、診断名からの責任能力過程の分析が少なかった。近時の考え方では症状が行為にどう影響を与えたかを見る」と評している（令和五年一月六日聞き取り）。

ちなみに、麻原については、平田信が麻原の実姉から直接聞いた話に基づき「麻原については神秘体質というか、生まれつき特殊な能力があったのだと思う」としており、佐々木博士の言うところの「神秘体験が先行するタイプの巫病」であったことが推測される。

八　麻原公判控訴棄却と控訴審

智正の弁護団は後藤弁護士が控訴審に詳しく、「絶対的控訴事実（判決理由の食い違い）」を盛り込んだ控訴趣意書を書くと意気込んでいた。一つの争点は、一審で精神鑑定をしないでおきながら、判決文では「神秘体験はあったのだろう」、「心理学的に説明できる」と記したことで、これは心理学について素人の裁判官が書くのはおかしいというものだった。また、新宿青酸ガス事件も当該装置では青酸は発生しないから不能犯だと主張する方針だった。智正の弁護団は平成一七年九月三〇日の締め切りを守って控訴趣意書を提出している。

趣意書は二〇〇頁程度になり、その半分は精神鑑定関係の記述であった。後藤弁護士は、責任能力に重点を置くので事実関係の話はあまり出さなかったとし、坂本事件、落田事件、目黒公証役場事件は争わなかった。松本サリン事件の被害者のうち一人の死亡は医療過誤によるとの主張も出さなかった。

一方、麻原法廷では、平成一六年二月に第一審において死刑判決が下され、国選弁護団は控訴申立書を提出した後、辞任した。この後、麻原については私選弁護人二人が付いたが、麻原との意思疎通ができないとして、麻原の訴訟能力不存在を理由として控訴趣意書を提出しなかった。当初、控訴趣意書の提出期限は平成一七年一月であったが、これを延長した同年八月三一日になっても控訴趣意書が出されなかったため、平成一八年三月二七日に東京高裁は控訴を棄却、これに対する特別抗告も最高裁が同年九月二五日に棄却したため、麻原公判は終結した。

これにより、他の共犯者の公判についても店じまいムードとなったと智正は観察した。共犯者の公判については、麻原公判が延々と時間がかかることを見込んで、「麻原公判より先に結審すればよい」と比較的緩やかに行っていたところ、麻原公判の結審により、いずれの公判廷も「最後の判決」になるのを嫌がり、スピードアップが始まったと智正は見ていた。

智正の控訴審公判は平成一八年三月一日から始まり、責任能力について二期日にわたって検察側が反対尋問した。本書の元となった「接見録」についても、弁護側が証拠申請しようとしたが、伝聞証拠ということで検察側が反対して却下された。

その代わりに筆者が責任能力について証人出廷することとなり、陳述書を作成の上、平成一八年一〇月一一日に出廷している。これに合わせて急遽、再度の減刑嘆願書を作成し、中学の同期に署名を募った。一審の際の減刑嘆願書は証拠採用されず、本体も行方不明になってしまったが、二審の嘆願書は集めた署名とともに正式に証拠採用されたから、同窓の苦労は報いられた。

ただ、智正の観察とは裏腹に、弁護団は、麻原の控訴棄却の前に智正の控訴審の日程は大体決まっていたし、控訴審に要した期間も、控訴審としては当時としても長い方だったとする。また、精神鑑定を行わなかった分、審理を若干充実させたとも捉えられる。智正の観察はともかくとして、客観的には控訴審としては審理を尽くしたと言えよう。

なお、平成一八年一二月に、智正についての全ての接見禁止処分が解除された。この結果、約一一年間の接見禁止期間に受領していた膨大な信書が差し入れられたが、その多くは意味不明のものであったという（一人で四〇〇通以上意味不明な手紙を出してきた者もいた）。

また、全ての者が智正と面会することが可能となったため、同窓生、報道関係者等多くの面会希望者が智正と接見することとなった。

なお、智正は教団関係者との接見も開始した。その理由としては、①教団関係者がいつまでも教団と関係を持っているわけではない、②VX事件の被害者永岡弘行が智正の一審において法廷で証言した際「教団関係者の相談に乗ってやってくれ、自分で考えられるようにしてやってくれ」と依頼した、③教団関係者の中には肉体的な病人も多いが、彼らは分かってもいないのに「修行で治す」などと言いとんでもないことになっている、④教団にいるからといって教義を信じているとは限らない、の四点を挙げている（平成一八年一二月二〇日付来書）。なお、実際に教団関係者と会うなかで、巫病の者も二名（三〇代の男女）おり、いずれに対しても生活指導を行っている。

そのうちの一人は、「智正に体のバランスが崩れていると言われた。智正に教わったストレッチは役に立った」とする。

また、彼らとの面会については、上告、再審請求まで見据えた場合、新たな証拠を得るためにも教団関係者との「人脈」は断ち切れないという訴訟遂行上の判断もあったと思われる。

もっとも、教団関係者については、「病人の巣で体調不良だけでなく精神的な不調を来している者の集団」と言っており（平成一九年一月二二日付来書）、教団関係者の相談に乗ることは、精神的に大変なことであった。こうした智正の活動について、佐々木雄司博士は「ヒーラー（民間療法家）的な役割」を行っていると評し、一年間に二〇人程度の健康相談を受けていたとしている（佐々木雄司「控訴審判決に対する精神医学的所感」資料（三六）頁）。

なお、智正と面会した教団関係者は、当時の智正について「修行をしっかりしているせいかシャープだ」と評価していたという。

九　控訴審判決（平成一九年七月一三日）

控訴審判決は、平成一九年七月一三日、東京高裁七二五法廷でなされ筆者も傍聴した。智正は紺のスーツで下は白のワイシャツ、靴下も白だった。証人席に座ると顔は赤らんで下を向いたまま目をつぶり、微動だにしなかった。七月九日付来書には「判決ですが、まあ一審より悪くなることはないだろうと思ってるので、そこは少し気分が楽です」とあったが、とてもそのような平穏な状況ではなかった。

開廷は一三時一五分で、植村立郎裁判長は冒頭「主文、本件控訴を棄却する」と宣した。

主旨としては、控訴理由についていずれも理由がないとするもので、最大の論点であった責任能力については、精神鑑定をしなくても違法ではないとし、最も責任能力が低かったとされる坂本事件においても刑事責任に疑いを持たれることはないと結論付けた。その証拠としては、注射をするなど計画的・合理的な行動ができている、罪証隠滅を行っていることを挙げた。精神障害があったとしても責任能力にまでは影響は及んでいないとした。また、量刑不当については、他の共犯者と個々に比較するのではなく全体的に比較するとし、濱口ＶＸ事件で智正が死刑、井上が無期懲役でも齟齬はなく、松本サリン事件で土谷が幇助にとどまり智正が共謀共同正犯であることも問題なしとした。また、地下鉄サリン事件について智正が事前にサリンの散布を承知していなかったことも、ビニールに詰めたサリンが保存できる期間は短いことから、近いうちにどこかに撒かれることについては故意があったとして、共謀共同正犯の成立を認めた。

ただし、新宿青酸ガス、都庁爆弾の二事件については、智正は首謀者ではないから原審の書きぶりはやや不適切としたが、量刑には影響がなかった。

情状として、解離性障害については、汲むべき理由ではあっても死刑回避の特段の事情には当たらないとした。また、反省や謝罪の気持ちを前提としても坂本事件以降重大な犯行を重ね続けており、矯正不可能性がないとは言えないが、死刑の選択を妨げる事情はないことを検討し、主文の結論になったとした。

この日廷内は暑く、智正は卓上に置いたハンカチで顔を拭っていた。主旨の朗読が終わった一六時四五分頃、智正は涙を拭った。なお、言い渡し後、植村裁判長は智正に対し、「よく考えて」という言葉を何回か使って語りかけていたのが印象的であった。一六時四六分に閉廷が宣された。

智正は判決に臨むに当たり次の二首を詠んで公表した。

詫びて済む人生でなしでも詫びつため息で話す遠き日の夢

あの人があの人がというは終わりなり我がなしたこと我が前で見る

後者にある「あの人」とは麻原を指している。

判決について智正は「事実認定の根幹部分において辛かった。しかし、その割には文言がソフトでやさしかったと思う」とし（平成一九年七月一八日付来書）、七月二〇日の筆者との接見においては「高裁判決としては大サービスと思う。丁寧にやっているが結論は動かないという感じ。三時間半判決文を読んだのは異例で力作だった」と評した。これは植村裁判長の性格によるものと後藤弁護士はするが、智正が自身のあるいは証人として出廷した法廷で真摯・的確な対応をしてきたため裁判所側にも好印象を与えていたことにもよろう。

なお、短歌について筆者が「力が入りすぎ」と評したのに対し「新聞に載ると分かっているので、今回は考えて分かりやすくした。一審の歌については『どこに反省があるのか』て言われたから」と語った。また、「水に落つ朝の蛍を掬いとりみじかき命愛でしはるか」という歌も用意していたが、披露は見送った（平成一九年七月二七日）。

一〇　上告審に向けての動き、絞首刑違憲論

控訴審判決後、弁護団は辞任したため、しばらく智正は形式的には裁判関係の動きからは遠ざかる。智正と佐々木雄司博士との縁は控訴審後も続き、智正は博士に自身の体験についてまとめて出版する気はないかと打診されている（平成一九年一一月一二日）。なお、平成一九年六月一日から施行された収容施設法により、智正が出せる手紙が一日一通になったほか、房内の所持品が裁判記録以外は合計一二〇リットル以内とされ、智正は生活が不便になり、新法への対応も課題となった（平成一九年九月二〇日）。

平成二〇年三月七日に後藤貞人弁護士を私選として選任し、続いて前田裕司、渡邉良平弁護士も選任したため、弁護団は元の姿になった。

弁護団は、上告趣意書を作成するに当たり、上告理由としては、責任能力の問題を再度主張する方針であったが、責任能力だけでは前審を覆すのは難しく、上告審で必須となる前審判決が

「憲法違反」であることの主張をどのようにするかが問題となった。

死刑判決を受けて上告する多くの例においては死刑が憲法三六条が禁ずる残虐な刑罰に当たるから違憲と主張するが、この主張は昭和二三年三月一二日の最高裁大法廷判決により棄却され、また、絞首刑が残虐だから同条に違反するとの主張も昭和三〇年四月六日の最高裁大法廷判決で却下されていることから、以降も同様の主張が最高裁においてなされたものの、こうした主張が最高裁で認められる可能性は極めて低かった。

智正は、絞首刑の執行において首が切断される「頭部離断」の例があることに着目して後藤弁護士と相談し、上告において、この点から絞首刑が憲法三六条の禁ずる残虐な刑罰であると主張することとした。また、昭和二七年の法医学者古畑種基博士による鑑定（絞首刑においては首を吊られた瞬間に失神して人事不省に陥るため苦痛は伴わず、身体への損傷がないから残虐な刑罰とは言えないとする）への反論として、頭部離断の可能性があることは、適正手続を定めた憲法三一条にも反するという主張をすることとした。

智正は、平成二〇年八月に明治六年太政官布告六五号を、平成二〇年九月に「新律綱領」の絞と斬の部分の差し入れを依頼している（平成二〇年九月八日）。その後も、明治期の日本人の体重の平均値やサダム・フセインの異父弟が絞首された際に頭部離断が生じたところを映したＣＮＮの動画などを確認している。

智正は、明治期の日本での絞首刑の例を関係者に依頼して当時の新聞から広く集めて事例集を作るとともに、官報から明治期の死刑執行の全事案をデータベース化した。

弁護側は、上告趣意書にこの旨を盛り込み、さらに、日本の絞首刑で頭部離断の例があったとして補充書も提出した。

その上で、頭部離断の可能性等の論点について最高裁が全く検討しないことを避けるために（最高裁では証拠調べの手続がない）、大阪市此花区パチンコ店放火殺人事件（平成二一年七月五日、五人が死亡した。被告人は高見素直）が死刑求刑事案であったことから、同事件の被告側弁護団に加わっていた後藤弁護士がこの主張を援用することとした。この事件の一審で証拠調べをさせれば、最高裁側も「証拠を知らない」とは言えなくなるからである。この公判では、平成二三年一〇月一一日にオーストリア法医学会会長のヴァルテル・ラブル（Walter Rabl）博士を、翌一二日に土本武司元検事（筑波大学名誉教授）を証人出廷させた。その目的は、この公判が裁判員裁判であることから、絞首刑の見た目の残虐性を示すためでもあり、また、古畑鑑定の誤謬を証拠調べに基づき問うものでもあった。ラブル博士は、絞首刑においてはファクターが多すぎてどのように死亡するかをコントロールできないとし、古畑鑑定の誤りを指摘した。また、土本は自身の体験から絞首刑の外観的な残虐さについて述べた。これらの証言は、検察側が反対証人を出せず、そのまま証拠採用された。

ただ、一審判決（平成二三年一〇月三一日）は、「死刑の執行方法が残虐と評価されるのは、これが非人間的・非人道的で通常の人間的感情を有する者に衝撃を与える場合に限られるものというべきである」とした上で、死刑に処せられる者は「執行に伴う多少の精神的・肉体的苦痛は当然甘受すべきである」とした。また、同事件の二審判決（平成二五年七月三一日）においては、薬物を利用した死刑でも事故は起こるとして、絞首刑を違憲とはしなかった。国際人権法からすれば何ともすさまじい理屈ではある。

平成二三年一〇月に『絞首刑は残虐な刑罰ではないのか？——新聞と法医学が語る真実』を現代人文社から発刊した。中川智正弁護団とヴァルテル・ラブルの編著となっており、巻頭に河原昭文弁護士の「推薦のことば」が付されている。立論は、智正が支援者を通じて収集した明治期の新聞・官報にある絞首刑の記録をデータベース化したものに基づき、観念的ではなく実証的な研究である。

後藤弁護士は、この本は実質的には智正の執筆といってよく、校正から題名付け、装丁にまで関わったのだが、智正が著者として名前を連ねることを固辞したため弁護団の名義にしたと語っている。

一一　最高裁判決（平成二三年一一月一八日）

平成二三年一一月一八日に最高裁判決があった。同日一五時二〇分に傍聴券の抽選がなされ、筆者も当たった。一六時開廷という時刻設定は異例で、「何か良いことを書いてくれるかも」と筆者も淡い期待をした。最高裁では被告人は出廷せず、第二小法廷で検察出身の古田佑紀裁判長が理由を簡略に述べた後「主文、上告を棄却する」と宣告した。四人の裁判官はそそくさと退廷し、傍聴人も早々に退出させられた。

弁護人は判決書きを持って東京拘置所の智正と夜間面会を行った。そこで、智正も判決文の誤りを指摘したため、弁護団は一一月二八日に判決訂正の申し立てを行い、一二月五日には判決訂正申立書補充書（一）も提出した。補充書では、最高裁判決において、坂本事件当時智正は教団幹部だった、坂本龍彦の首を絞めた、都庁爆弾事件での爆弾の郵送先が都庁だったなど、一、二審判決と内容が異なる事実認定がなされていることを具体的に指摘した。しかし、あっさりと棄却されて、一二月八日付で判決確定の通知が出され、九日に智正に交付された。

ただし、判決確定後、実際に死刑囚としての処遇になるのは検察庁から拘置所に死刑判決確定通知書が届いてからで、それまでは面会・信書の発受等においては被告人時と同様の扱いであった。智正の被告人扱いは一二月一八日まで続いたが、一九日の朝、死刑判決確定通知書が東京拘置所に到着した旨が智正に伝えられた。

この状況について、智正自身の文書を引用する。

二〇一一年十二月十九日の朝、食事が終わった直後、午前八時過ぎではないかと思います。私の部屋に主任が来ました。主任は、現場で看守として直接私を管理する立場ではないのですが、その直接の上司として、何か特別なことやトラブルがあると出てくる職員です。「言い渡しがあるから」と主任は言いました。検察庁から指揮書《（ママ）》が来たのが分かりました。その日は月曜日だったので、十六日の金曜日に指揮書《（ママ）》が届いたのでしょう。私が「早かったですね。もう来たんですか」と言うと、「うん」と主任。出す準備をしていた手紙があり、別の職員にそれを渡しました。言い渡し以降は手紙を出せなくなると分かっていたので、この時に出したのです。これは幸いにして受け付けてもらえましたが、送る予定だった手紙などでこの時に間に合わなかったものがありました。後悔先に立たず、です。

　私は部屋を出て主任と一緒に廊下の端まで行きました。収容棟から出るときは、いつも簡単なボディチェックがあります。主任はそれをしたあと、「腹に力を入れて」と言ってくれました。言い渡しで失神したり取り乱したりする者もあったと聞いたことがあります。私は「大丈夫です」と答えました。

　私たちは今までいた収容棟とつながっている管理棟に入りました。そして、そこの一室のドアの前へ行きました。同じ階で、私の部屋から歩いて一分もかかりませんでした。

　主任が部屋のドアを開けると、そこは中学校の教室くらいの広さの部屋でした。普段は会議などに使う部屋なのかも知れません。この時は入口近くをつい立てで仕切ってスペースを作っていました。そこに十数人の制服を着た幹部職員が並んで立っています。手前から奥へと袋小路を作る形で、皆私の方を見ていました。袋小路の突き当たり、つまり正面に、所長の代行を務める処遇関係の幹部が一人立っています。「気を付け」という声がかかった後、皆立ったままの中、正面の幹部が話し始めました。「番号は」「〇〇〇〇番」「名前は」「中川智正」「本籍地は」「〇〇県〇〇市……」という問答の後、その幹部が話を続けます。「十二月八日付で死刑が確定したので、本日から死刑確定者としての処遇になる」。私はあれ、と思いました。判決の訂正はしないという最高裁の書類が私に手渡された日が確定日なんじゃないかと思ったのです。「えっ、八日ですか。九日ではないんですか」。幹部は「んっ」という顔をしていました。一瞬だけ手元の紙に目を落とした後、こちらを向いて「うん、八日」と言いました。私は、「ああそうなんですか」と返事をしました。幹部は話を続けます。「死刑囚としての処遇は今までと違うこともあるので、分からない事があれば職員に聞くように。以上」。ごく手短な話が終わって、幹部職員はほとんどが退室しました。

次に正面にパイプ椅子を置いて、かなり若い教育関係の幹部が一人で座りました。私も言われるまま、向かい合ってパイプ椅子に座り、彼の話を聞きました。早口過ぎて全てが頭に入ったわけではなかったのですが、要するに、遺言を事前に残すことができる、という話と、宗教家の教誨を受けることができるので希望の有無を申し出るように、という話でした。話が終わって気付いたのですが、この幹部は「死刑」とか「処刑」などという言葉を全く使っていませんでした。

この幹部も退室したあと、区長が正面のパイプ椅子に座って細かな話を説明してくれました。区長は主任のすぐ上の幹部ですが、毎日見かけますし、何かあれば話すこともあるので、あまり格式ばらずに話が出来ました。

区長の話は、外部の者との交流が制限されることや、交流したい人のリストを提出するようにということ、分からないことは現場の職員に聞くようにということ等でした。区長は最後に「で、何か感想はあるかな」と聞いてきました。私は「いやあ、早かったですね。もう少し指揮書《（ママ）》が来るのが後かと思ってました。それだけです」と言いました。区長は少し首をかしげて、「そうだね。少し早かったね」などと言っていました。

それから区長も退室して主任の立会いの下で、荷物の整理になりました。私の部屋から荷物が全て言い渡しのあった部屋に運び込まれました。領置物といって拘置所の倉庫に預けてあった物も運ばれて来ました。これらを私が分別して片付けるのです。捨てる物、本、雑誌、パンフレット（本・雑誌以外の印刷物）、写真、手紙、日用品、筆記用具、衣類、訴訟の記録などに細かく分類していきます。元々私の手元に来た時点で全て検査・検閲されてるわけですが、それを全てもう一度行うとのことでした。私の裁判記録は膨大で、少なくとも十万頁ほどはあります。死刑囚の処遇になる日にこれを分別するのは大変なので、事前にかなりやってました。それでも、残りをこの日に全て整理するのは無理でした。出来なかった分は翌日以降にしようということになり、夕方、収容棟の部屋に戻りました。そこは以前と同じ階の同じ並びですが、違う部屋でした。服や洗面用具、筆記用具、未使用の便箋、どうしても急ぐ書類としてお願いしたものなどはこの日のうちに戻ってきましたが、他は翌日以降となりました。（以上、「私を取り巻く世界について（その3）」『ジャム・セッション』第四号（私家版、二〇一三年一二月）より）

このような経緯で、筆者と智正との交流は約一ヶ月絶たれ、平成二四年一月二六日から交流者五名との面会・信書のやり取りが可能となった。

なお、死刑判決確定通知書が正式に届くとそれまでに差し入れられていた食料品は全て廃棄されると予め知らされていたため、智正はすでに差し入れられた品を無理して食べ続け（缶詰は一日に三つ食べていた）、一時期体重が一一〇キログラムに達した。

ちなみに差し入れが缶詰の場合、一〇時半と一五時半に申告して缶を開けてもらい中身はプラスチックの容器に移されて房内での自己管理となる。冷蔵庫がないので、コーンビーフは夏場だと二日くらいで食べる。バターは意外と保つとのことだった（平成一九年八月二五日）。

このように、智正の死刑判決確定通知書が通常より早く発出されたのは、オウム関係の死刑囚一一人が全て東京拘置所に収監されていて、彼らを全て同日に執行することは困難なことから、いくつかの拘置所に分散しようとする動きがあったためである。

しかし、平成二三年一二月三一日に目黒公証役場事件の共犯者である平田信が千代田区の丸の内警察署に出頭したことから、同人の事件の取り調べ、公判手続のための証人が必要となるために移送計画は見送られ、智正は引き続き東京拘置所に収監されていた。

第五　死刑囚としての生活

一　死刑囚の日常

平成二三年末の平田信の出頭に続き、翌平成二四年六月七日に菊地直子が、六月一五日には高橋克也が逮捕されたことで、智正は週に二、三回、一三時から一六時二〇分まで検察官の取調べを受けることとなった。高橋克也関連の取調べにおいては、目黒公証役場事件における假谷清志の死因が監禁致死か殺人かで井上嘉浩の証言と智正の証言が食い違って「バトル」になり、連続一〇日の取調べがなされる時期もあった。

智正は、平成二六年一月二一日に平田信の一審公判に証人出廷し、筆者も傍聴したが、この際は衝立の陰に隠されて傍聴人側からはその姿は見えなかった。警備が一〇人付き、証言席では両脇に刑務官が二人ずつ座った。なお、証人尋問が終わってから立ち上がった際、腰紐をぐっと締められてズボンが脱げてしまい（収容施設にいる者はベルトは取り上げられている）、女性検察官に見られるという惨事もあった。

他方、オウム関係の三人の被告人に係る公判に新たに証人等の立場で関わらざるを得なくなったため、智正が東京拘置所から移送される可能性はこれらの裁判が終局するまではなくなり、また、死刑執行もこの間は行えないことから、智正は通常の死刑囚に比べれば精神的には落ち着いた生活が可能となった。

死刑囚としての智正に筆者が初めて面会したのは平成二四年一月三〇日であった。親族以外で面会・信書のやり取りができる交流者は五人までとなっていたが、筆者は真っ先に指定された。面会願いの書類において、受刑者等については面会理由を詳細に書く欄があったが、死刑囚については求められなかったのが驚きではあった。他に四人の交流者も四月半ばまでに指定されたが、いずれも教団の元関係者で、その役割の多くは智正の裁判関係の書類の管理であった。なお、交流者との面会時間は一律二〇分であった。

智正は、死刑囚となったことで、房内で買える食品が増え、トマト、レモン、梨、ブドウが買えるようになったと語った。それまでは蜜柑、リンゴ、甘夏、オレンジしか買えなかったのだが。生活パターンは確定前と同じで、朝食は七時一五分くらい、昼食は一一時、夕食は一六時くらいであった。また、ビデオの視聴ができるようになり、大河ドラマの音楽集や東日本大震災関連の番組を見ることができた。人が沢山死ぬような映画の類いは途中で止めてもらっていた。

冬は週二回、夏は週三回の入浴はそれまでどおり。正月のおせちも変わらず出ていたが、年々レベルが下がると嘆いていた。雑煮はどろどろにならないようにするために汁と焼餅は別に提供され、入れたい人は自分で汁に入れる。汁は、醤油味、味噌味、具のないもの、鶏肉入りのものとバラエティーに富んでいた。なお、洗濯物は宅下げして家族が洗うこともあるが、長時間放置されているので匂いが抜けず大変だったという。

ちなみに、拘置所では夏は団扇が貸与され、九月になると回収される。平成二六年については、クーラーは七月一日から入ったと語った（平成二六年七月二日）。

智正は長期の拘留で足が弱り、三〇分の運動時間で立っていると膝がガクガクすることから、前十字靭帯の損傷を懸念して、平成二五年の夏からサポーターを使うようになった。このサポーターについては、通常の差し入れ許可に加えて医務サイドの判断も要し、「首を絞めない」程度の大きさかを調べた上で差し入れられた。運動については、二週間に一回は屋上の運動場に行き、そこでは空が見えた。ただ、斜めにスリットが入った壁があるので外は見えなかった。鳥かごのような構造で風は入り、そこで歩いていた。毎日使う運動スペースは金網を張ったベランダみたいなところで外は見えなかった（平成二九年一二月二〇日）。

なお、智正が外部から影響を受けるという状態は変わらず、平成二六年二月二六日にアレフにいた女性が亡くなった際、影響を受け足の裏に髭剃りをした後のようなチクチクとした感じを受けた（平成二六年三月一〇日）。また、菊地直子の公判に証人出廷した際は、菊地の状態が悪く、影響を受けてふらふらになって一週間くらい体調不良が続き、日当としてもらった八〇〇〇円で栄養価の高い物を買って回復したという（平成二六年六月二三日）。

宗教については、「宗教は悪くないが、教団が社会的逸脱行為をするのが問題。そのときは立ち止まらないといけない。逸脱の話が出てきたときがポイント。深入りしていない人には逸脱の話は出てこない。難しい。逸脱行為の話が出たときに振り返る余裕がないといけない。自分はできなかった」と振り返った（平成二七年三月九日）。

平成二八年になると両目とも白内障が悪化した。九月二一日にまず失明寸前だった左目の手術を拘置所内で行った。悪くなってから四年くらいは放置しており、眼科医には「医者のくせによくここまで放置した」と呆れられた。平成二九年三月一日に右目も手術した。手術の際は検査をし、外部から機材を搬入するために時間がかかった。その際、眼底出血も見つかり、高血圧の薬を飲まされることとなった。

二　短歌・俳句・同人誌

智正は、獄中で折に触れて短歌を詠むようになった。詠むようになったきっかけについては、「取調べが連日深夜にわたり、ほとんど自分の時間がないので気分転換に作っていた」としている。

逮捕後に詠んで、河原昭文弁護士が口述筆記した四首は次のものである（仮名遣いについては、不正確かもしれない）。

悪性の腫瘍の如く取り切れぬ紙面に潜むオウムの三文字
ああ俺は罪人なりとまた思うガチャリと食い込む手首の重さに
血の色にザイールの陽の沈み行く我立ち尽くしこの日三十
「もういいや生きてる意味は何もない」　笑えば「生きよ」と井上北村

句は河原弁護士から親に伝えられ、当時のNHKの報道にも取り上げられた。

余談になるが、麻原も短歌を詠んでおり、麻原が新實智光の句への返歌として詠んだとされる二首が河原弁護士経由で智正に伝えられている。

この世界カルマの果報と悟るなら今の立場は極楽冥利
内観しすべてを知り得た魂の切れたカルマを誰が裁く

さて、東京拘置所に移管された後、短歌については「現在はやっていない」（平成八年四月一八日）としていたが、一審判決、二審判決、最高裁判決と出る折々に詠んでいる。

もっとも、判決のたびに歌を発表したのは彼の風流心からばかりではなかった。「歌を詠むと新聞がそれを取り上げるので、その分に記事のスペースが取られて自分に対する批判の記事の掲載量が減る」と弁護士に言われたということで、ある種の打算も働いていた。

智正は、京都府立医科大学時代に同大学で事務を執っていた縁で顔見知りとなっていた俳人江里昭彦と上告期間中に何回か面会しているが、その際、その話をして江里から大いに不興を買ったという。

ただ、智正の短歌・俳句に寄せる思いはそれなりのものであり、江里の手解きを受けて専ら句作に励むようになる。作品については、江里が自ら起こす同人誌に掲載することを約しており、それが平成二四年八月に創刊された『ジャム・セッション』として結実する。

同誌は、ゲスト、智正、江里のそれぞれの句作とエッセイ等から構成され、初刊で智正は「肉牛の眼」と題した一八句を載せている。

句の作成過程について述べると、智正が作った句は数句をまとめて筆者経由で江里に見せ、江里は意見がある句についてはそれを筆者に示し、筆者がこれを智正に取り次ぎ、智正はこれを受けて推敲し、各号の掲載分として溜まったものを一つにまとめて筆者経由で江里に最終送稿するという手順を踏んでいる。このため、彼の意図しない表現形式に「改変」されている部分はないと言ってよく、各句とも全て本人が納得した上でのものである。なお、号数が進むにつれて江里が意見を付した句は減っていたと筆者は認識している。平成二九年九月二一日の第一二号に掲載予定の句に対して江里が記した感想には「名句をつぎつぎに産みだしていますね。快調です」とあり、高い評価を受けていたことが分かる。

また、平成二四年一二月発行の第二号から智正は「私をとりまく世界について」のタイトルでエッセイを連載している。内容は獄中生活あるいは教団時代のことが中心で、彼の心境あるいはかつての教団の状況を知る手がかりとしては重要である（特筆すべきは、第一一号に載せた平成二九年に東京拘置所で出された「おせち」の絵である）。

『ジャム・セッション』は毎年二回ずつ発行され、彼の死の直後に出された第一三号までは智正は全て句を寄せた。

第一号「肉牛の眼」一八句、第二号「素粒子の光」一六句、第三号「万年後の陽」一六句、第四号「隙間から木星を見ながら」一九句、第五号「久々にスーツを着て」二一句、第六号「麦の海」一五句、第七号「遠花火」一七句、第八号「スフィンクス」二二句、第九号「覚え」二四句、第一〇号「炎天下」二一句、第一一号「陽のひかり」二三句、第一二号「昭和の辞書には『エイズ』がない」二四句、第一三号「古里を通過して」一九句である。

なお、第一三号のタイトルは、智正が平成三〇年三月に広島に移送された際、岡山を通過したことにちなむもので、智正の郷土への思いがほの見える。

智正の句については、金子兜太が平成二六年一〇月二一日付『朝日新聞』で特に第五号までを読んだ上で、第四号所収の「島の夜や　子河童口あく大《おお》銀河」と第二号所収の「流さるる蛍掬えば掌に光り」の二句を取り上げ、「青少年期を詠んだ句は澄み、柔軟な感性さえ感じます。『子河童口あく』なんて、なかなか書けません。蛍を詠んだ句もプロに近い出来映えです。それに比べ、事件後の自分を詠んだ句は硬い。動揺を見せまいとする覚悟のようなものが感じられます」と評している。

また、恩田侑布子が『朝日新聞』の俳句時評（平成二八年八月二九日）で『ジャム・セッション』第九号所収の「かのピカは七十光年往けり夏」と「指笛は球場の父　虎落笛《もがりぶえ》」を取り上げ、「死刑執行官の足音におびえる独房生活を思う。奈落の底から生まれた俳句は勁《つよ》い」と評している。

智正は、『ジャム・セッション』第二号から「私をとりまく世界について」を連載し、自身の近況や教団での生活、麻原等の回想も記している。そして、第一二号（二〇一八年一月発行）においては、前年七月一〇日に記した「マレーシアでの神経剤ＶＸによる金正男氏の殺害について」を掲載した（この点については後述）。

なお、『ジャム・セッション』はインターネット上でも公開され、また、智正の句については英語版でも公表したため、一般人も参照できる状態にあった。

ちなみに江里は同人誌関係以外でも物心両面で智正を援助した。平成二六年に行われた平田信、高橋克也の公判に智正が証人として出廷した際に着用したスーツは江里からの差し入れ金によるもので、その感謝もあって智正は第五号の句のタイトルを「久々にスーツを着て」としたのであろう。

ただ、江里からは高い評価を受けたものの、智正が交流者名義で新聞等に投稿した句は一つも採用されておらず、智正の俳句の高評価にはやはり「獄中俳人」という「下駄」が履かされてのものだったきらいはある。

三　テロ対策への貢献

智正は「詠まざればやがて陽炎　獄の息」の句を『ジャム・セッション』第九号に載せたが、テロ関連の論文執筆はまさに陽炎になる前のきらめきであった。

アメリカのリチャード・ダンジック博士（Richard Danzig：民主党クリントン政権下で海軍長官。後にオバマ大統領のアドバイザー）は平成二〇年四月二二日に初めてテロ対策のために智正と面会した。彼は一回の接見時間は三〇分で我々より恵まれていた。ダンジック博士とその協力者は、智正のほか、上祐史浩、早川紀代秀、土谷正実、野田成人、匿名のオウム信者にインタビューを行った。智正は、計八回のインタビューを受けている。また、一七回の通信が直接あるいは弁護士経由で手紙・電子メールの手段によりなされた。

ダンジック博士が中心となって作成したレポート「オウム真理教：洞察――テロリスト達はいかにして生物・化学兵器を開発したか」（米国新安全保障センター）は、平成二三年七月に完成した。同書には教団の生物兵器・化学兵器の作成・使用のプロセスとその背景としての教団の状況が記されている。レポート中に、智正が作成した図三点と表二点も掲載され、同レポートの冒頭の謝辞では、その最後の部分で「特に、中川智正博士《ママ》の惜しみない情報提供には恩義を感じていることとをここに記しておきたい」と智正に対する深い感謝の念が綴られている（同レポート日本語訳より）。

このレポートについてはいくつかの指摘がなされ、平成二四年一二月に第二版ができた。智正は死刑囚となってもレポート作成に協力し、平成二四年五月一日にダンジック博士と面会したほか、死刑確定後に五通の通信をダンジック側に発出している。第二版には追加で智正の作成した年表も掲載されている。

ダンジック博士と智正の交流はこの後も続き、平成二九年にダンジック博士はトゥー博士に託して智正に一〇〇ドルを差し入れ（平成二九年二月二二日）、同年一〇月三〇日にも面会している。ダンジック博士に紹介されて智正と面会したのが、松本サリン事件において科学警察研究所に毒物についての助言をしたアンソニー・トゥー（Anthony T. Tu 台湾名：杜祖健）博士である。トゥー博士は、昭和六年に台湾で生まれ、台湾大学理学部を卒業後渡米し、後に米国で大学院を出た後教職に進み、最終的にはコロラド州立大学の名誉教授となった生化学者で、蛇毒が専門であった。なお、平成二七年からはカリフォルニアに在住している。英語とともに日本語も堪能であったことから、智正にインタビューするにはうってつけの人物であった。

トゥー博士は平成二三年一一月に智正に手紙を送った上で、一二月一四日にNHKの記者と共に智正と面会した。これは智正の死刑判決確定通知書が東京拘置所に着く直前で、誰とでも接見が可能な最後の時期であった。当時、多くの人間は一〇分程度しか接見はできなかったが、トゥー博士は三〇分面会できたという。これは、ダンジックと同様の特別扱いで、博士が松本サリン事件において警察に協力したことが評価されての措置と考えられる。

トゥー博士は、死刑判決確定通知書到着以降も、五人の交流者の枠外として、不定期に面会を許された（計一五回面会している）。智正は、弁護士経由でメールあるいは手紙で博士とやり取りした。博士は、平成二四年六月と一〇月、同二五年一〇月にも智正と面会し、面会と文通で得られた知見も活かして平成二六年に『サリン事件――科学者の目でテロの真相に迫る』を東京化学同人より刊行している。同書では最終章で智正について生い立ちも含めて記述がなされ、後に出る智正についての本の嚆矢となっている。博士は平成二七年四月にも智正と面会し二万円を差し入れている（平成二七年四月二七日）。

トゥー博士は平成二八年三月の面会において智正に事件についての執筆を勧めた。当初の話は、地下鉄サリン事件に使われたメチルホスホン酸ジフルオリド（ジフロ）の保管者が誰かを特定したらというもので、その後、教団のサリン製造全般について書くこととなった。当初は、博士と連名で書く、あるいは博士が智正の文章を引用する形式にするということだったが、最終的には智正の単独執筆となり、『現代化学』五四八号（二〇一六年一一月）に「中川智正死刑囚の手記 当事者が初めて明かすサリン事件の一つの真相」として発表された。論文の前半は教団のサリン製造・事件の経緯について記し、後半はトゥー博士から出された質問に答えるという形式になっている。なお、前述のように智正は当時白内障を患っていて、執筆や校正では苦労が多かった。発表直後の一〇月一七日に博士は智正と面会している。

平成二九年二月一三日、マレーシアのクアラルンプール国際空港で金正男が北朝鮮の工作員の指示を受けた二人の女に薬品を顔に塗られて暗殺されるという事件が発生した。智正は、報道にある金正男の症状から判断して、使われた薬品はＶＸではないかと考え、二月二二日に後藤貞人弁護士経由でトゥー博士にその旨を電子メールで伝えた。翌二三日にこのメールに接した博士は、その前日に毎日新聞社から照会を受けていたため、早速、智正の指摘内容を同社側に知らせ、その内容は同月二五日付の『毎日新聞』に掲載された（その内容と経緯については、トゥー『中川智正との対話』二二五頁以下）。五月にトゥー博士は月刊誌『丸』六月号に「金正男氏暗殺・最凶の神経ガスＶＸ」を寄稿したが、同論文に智正が博士に四月に発した文章がそのまま引用されている。

智正は七月一〇日付で「マレーシアでの神経剤ＶＸによる金正男氏の殺害について」を執筆し（この論考は『ジャム・セッション』第一一号（平成二九年七月）にも掲載）、トゥー博士に送付した。博士からこの文はマレーシア政府側に渡ったと見られる。

一連の報道に接して、七月に後藤弁護士経由でマレーシア政府側も国連を通じて智正に対してＶＸによる人への被害や治療法について照会した。当時、智正はＶＸに被曝した人への治療経験を有する世界で唯一の医師であった。

なお、ＶＸに係る論文執筆前に智正がどのようなことを筆者に語っていたかを記すと、平成二九年四月一〇日においては、すでに二人の女が薬を別々に塗って金正男の顔の上でＶＸを合成していたことを看取していたことが分かる。

それぞれで顔に塗っても（ＶＸは）合成できる。ＱＬと斜方硫黄でやったのではないか。二人目はすぐに手を洗ったから助かった。塗るとチクチクするのは皮膚が破れるから。破れると一気に毒が入る。目を狙ったら効果は早く出るが、あれは意図しなかったのではないか。予想外に効果が早く出てばれた。効果が出るまでに永岡事件で四時間、水野事件で二時間かかっている。ＶＸで死ぬと普通では診断はつかない。顔に塗るところを映したビデオが無かったら分からなかったろう。中国国内で死んだら診断はつかなかったろう。

また、トゥー博士と二〇日に面会したあとの同月二四日の面会では、

ＶＸは使いにくい毒物。皮膚に付けないといけないから、爆弾で飛散させないといけない。サリンは撒けるがＶＸは暗殺にしか使えない。自分は治療に携わったし製造も少しは知っている。濱口事件では、診断書では心臓発作で死んだことになっている。北朝鮮の大使がマレーシアで当初「心臓発作で死んだ」と言っていたのは、間違いなく裁判記録を読んでいたからだろう。工作員はともかく少なくとも大使は。「心臓発作だ」なんていきなり言えない。

この話はトゥー博士には言えなかった。博士はダンジックから預かってきた一五〇ドルとチョコパイを入れてくれた。

智正は、九月一一日と一一月一〇日にもトゥー博士と面会して考察を深めたようで、同年一二月一三日の発言では、

金正男の顔から検出された物質が本当にそれかが不明ということ。不安定な物質なので検出されるとは考えられない。物質の一部だけが検出されたのかもしれない。実行犯が無事だったのはpHが違ったからだと気付いた。金正男の顔は中性になっていて、二人目の実行犯の手は酸性になっていた。だから実行犯はVXを吸収しなかった。最初に塗った女はアルカリ性分の多い原材料を塗って、二人目が酸性の多い原材料を塗った。だから金正男の顔は中性になったということ。この原材料がシリアで見つかったものと一致している。このことは今朝気付いた。この点について文献があるかどうかだが、VXは元々農薬なので、VX製造の初期の文献には色々出てくる。農薬としては強すぎるとか。今、農薬の方から勉強している。VXは農学、化学、薬学の分野が混ざる。

マレーシアはVX事件のデータは公開していない。犯人のうちの一人からVXが出ていないので裁判の進行に影響がありそうだから非公開なのかもしれないが。北朝鮮は高度なこと

をやっている。マレーシアでも見抜けていないことはある。VX塩酸塩を使った人はいないから。自分もやっと気がついた。

と、事件でVX塩酸塩が使われたことに思い至ったことについて言及した。翌平成三〇年一月一〇日には、

VX論文については、元々十分なデータがないので断定調では書けない。どこまで断言できるかについてやっと目処が立った。あのVXの原料はシリアだけでなくサダム・フセインも使っていた。中東の伝統的なやり方。原料はシリアのは北朝鮮からで、サダムのやつはアメリカなど各国から来たのだろう。当時は条約もなかったので。VXは水溶液なので、戦争には向いていない。持っていることに意味があると考えたのだろう。

とし、一月一六日には、

VX論文を今、必死に書いている。目からしか入らないVXの使い方というのはやってみないと分からない。北朝鮮はどこかであの使い方をしていると思う。目に入れて効くというのは実例がないとできない。北朝鮮は人体実験をやっているという脱北者の証言はある。金

正男の襲撃が失敗できないものだとすると、どこかであのやり方を検証していると思う。オウムも人体実験はしていない。VXの塩酸塩のことが分かるのは私と土谷だけ。トゥー博士はバイナリー（二成分方式）を中心に論文が書きたいみたい。ただ、本当にバイナリーかは金正男事件については証拠がない。詳細に自分で検討したが証拠にはならないと思う。論文はパーツごとには一応書き終えているが、つなぎ合わせないといけない。トゥー博士は知識が古い。台湾の青酸中毒の話をしていたが、別途、その話を問い合わせたら戦前の話だったというオチがあったりする。

と述べている。

この頃にはすでに英語論文を書き始めていた。ただ、困難もあったようで、二月一五日には、

　VXの英文を今やっているがトゥー博士は頑固。彼の知識は九〇年代で終わっている。化学兵器禁止条約を知らない。それ以降の話が出てこない。だからVXが世界中にあるという話になる。トゥー博士は古い論文を元に書いている。査読も困っていると思う。綴りも不統一だし指摘してもその部分しか直さない。VXの製造年代にも間違いがある。彼は助手がいない。私が助手。八七歳なので衰えている。その辺が分かっているから日本も彼を呼ばなくなってきている。バイナリーシステムにこだわっているが、その話は自分（博士）が八〇年

代に日本に紹介したからだろう。彼が紹介者としては先駆。それを引きずっている。ボツリヌスの論文はもう少しこちらをやってから。ほとんどできているが。オウムでこれをやったのは選挙後の話。

と語っている。

智正は、三月一三日にトゥー博士と面会した後、翌日の移送を告げられ、三月一四日に広島拘置所に移送された。同拘置所の幹部からは、「VXの論文についてはどんどんやれ」と言われた。東京からの申し送りが良かったお陰か、ダンジック博士やトゥー博士との交流もできそうだと安心している。英語論文は、査読の方から厳しい指摘が出てきていてトゥー博士では乗り越えられそうになく、智正単独で日本語で『現代化学』に載せることもあり得ると覚悟している。

結局、英語論文については、平成三〇年五月二一日にトゥー博士と連名で出された。また、日本語論文は「オウム死刑囚が見た金正男氏殺害事件　VXを素手で扱った実行犯はなぜ無事だったのか」の題名で単独論文として『現代化学』二〇一八年八月号に掲載された。ここで智正は、VX塩酸塩を金正男の顔の上で合成して目から吸収させ、これが体内でVXとなったという経過と化学物質の由来が北朝鮮であることを推測している。雑誌の発売は七月一八日で智正がこれを見ることはなかった。

ダンジックの共同研究者であった国連薬物犯罪事務所（UNODC）テロ防止プロジェクト管

理官の結城秀美も智正と面会している。平成二九年八月三日に智正と面会した結城は、ＩＳ対策のように智正にビデオレターを作成させたかったという。しかし、智正はこうした作業は法務省が拒否するだろうと見通し、結城は「日本はカルト対策ばかりでテロ対策をしない」ことへの不満を智正に漏らした。翌日、金正男暗殺事件に関連して、マレーシア警察が日本の警察に何を求めるのかはっきりさせるよう結城経由で助言している。

このようなテロ対策への智正の協力については、「死にたくないから恩赦狙いで協力している」といった穿った見方もあったが、この点について智正はトゥー博士への平成三〇年七月二日付の手紙で「私が論文を書いたり、研究者に協力しているのは、私がやったようなことを他の人にやって欲しくないからです。被害者を出したくないのもそうですが、加害者も出て欲しくないと思っています。（略）マレーシアの事件を分析するには、医学知識はともかく、私の化学知識は不足していたので、ずい分勉強しました。死にたくないというのが理由ならば、あんなに勉強しませんし」と記している（トゥー『中川智正との対話』二二六頁）。

たしかに智正は、事件の再発防止を強く願っていた。いちいち指摘しないが智正は報道関係からの間接的なインタビューにも極力対応しており、筆者への最後の手紙にはＮＨＫからの質問に対する回答も含まれていた。

ただそれに加えて、そもそも智正には飽くなき知的好奇心があった。智正はダンジック博士あるいはトゥー博士といった理系の専門家との知的なやり取りが好きだったのである。また、死刑囚という不安定な立場に置かれていたことから、もやもやとした不安感を抑えるためにも、何か没頭するものが欲しかったのだと筆者は感じている。それが俳句であり、テロ対策への提言だったのである。

四　再審請求

オウム関係の三人の被告人に係る公判の終盤が見えてきた平成二九年三月九日、智正は再審請求書を東京地裁に提出した。同請求については、弁護側は一事件ずつ取り上げていく方針で（前田裕司弁護士がまず六月九日に選任された）、ここでは坂本事件において智正は解離性障害（祈祷性精神病）のために責任能力がなかったことを主な争点とした。請求書に係る証拠として前述のように佐々木雄司博士の意見書が提出された。なお、前述のように博士はすでに病床にあったため、智正と前田弁護士で請求書の相当部分を補充した。

同年八月三一日に後藤貞人、渡邉良平の両弁護士のほか、贄田健二郎も新たに弁護人として選任され、同日に再審請求意見書も提出された。

弁護団は九月八日に精神鑑定請求書も提出し、一〇月一一日には智正の上申書、翌平成三〇年一月一五日には入信時の経緯を知る平田信の陳述書が提出されている。さらに、三月一日には再審請求書の補充書も提出されている。ただ、この請求は五月三〇日付で棄却された。

第六　最期

一　広島への移送と新生活

オウム関係の三人の被告人に係る裁判は平成三〇年一月の高橋克也裁判の上告棄却（無期懲役）をもって終わった。これによりオウム関係の死刑囚一三人については証人等で法廷に呼ばれる可能性がなくなり、いつでも執行ができることとなった。そして、同一事件に係る死刑囚は同日に処刑するという不文律があることから、東京拘置所に集中していた死刑囚を刑場のある各地の拘置所に移送することが必要となった。

智正はこうした動きを平成三〇年二月の段階で予想していたが、果たして同年三月一四日早朝、東京拘置所から移送されて同日一八時頃、広島拘置所に移管された。移送を告げられたのは前日の夕方で、二時間程度で荷造りをさせられるという慌ただしさだった。告げられた一三日日中はトゥー博士との面会があり「お目にかかるのは今日が最後かもしれません」と語ったまさにその日だったのである。

　智正は一四日朝東京拘置所を護送車で出発し、京都拘置所で休憩し昼食が出された。ただ、そのメニューがべとべとの麦飯とごぼうのマヨネーズあえ、乾いたクリームシチューというもので、寝不足と車酔いに苦しむ智正は「食べれば吐く」と判断し、茶だけ飲んだ。一三時に京都を出て久々に岡山の風景を見た後、一八時半頃広島拘置所に着いた。到着直後の血圧は収縮期が二〇〇、拡張期が一〇〇を超え、心拍数も一〇〇前後だった。疲れているのに夜も眠れず、体重は五キログラム落ちた（以上、「私をとりまく世界について（その一二）」『ジャム・セッション』第一三号（二〇一八年七月））。

　翌一五日に弁護士二名に広島への移管を伝え、同日夕刻に智正が広島にいることが関係者に知れ渡った。これを受けて一七日に早速親族が面会に行っている。この際、智正は執筆中のVX原稿についての意欲を示していた。境遇が変わっても意気は衰えなかったのである。

　広島拘置所の処遇は長期間収容されていた東京拘置所あるいは出張尋問のために一時期拘置されていた大阪拘置所などとも異なった。最大の違いは外部者が食品を差し入れられなくなったことで、これはいわゆる「差し入れ屋」が存在しないことによる（種類は少ないながらも自身で購入することはでき、ツナ缶を注文したと来書にはあった）。智正は「もう一生分の差し入れは受けた」として、この点は受忍した。また食事については、東京拘置所に比べて野菜のメニューが多いこと、野菜に「野菜の味がある」ということ、汁物が少ないということ、レトルトのお好み焼きには麺が入っていることを筆者に伝えている。また、夏には寝ゴザが買えるとし、これは夏に布団が汗まみれにならないようにするために布団に敷くものとしている。要するに拘置所には冷房設備はないということである（以上、平成三〇年五月三〇日付来書）。残念ながら広島ではおせちは食べることができなかった。

また、『ジャム・セッション』第一二号の記事によれば、運動場が外にあるので、週に何回かはコンクリートの上ではあるものの地上に立てるとし、朝、窓の外で鳴く雀の声が聞けるともしている。

広島拘置所での体験・環境の変化は同誌第一三号に寄せた次の句作にも現れている。

花粉飛ぶお好み焼の中の麺
沈みつつまた獄窓の春の月

刑の執行が近いと予想した弁護士がいたことから、四月二五日に後藤弁護士が死刑を無期懲役に減刑する恩赦を願い出た。その理由には智正のこれまで行ったテロ対策への提言も含まれていた。

ただ、流石に死期も近いと観念したものか、五月七日付の句は、「そろそろこういうことを考えます」との註付きで、

わが骨をわけるわけかた　春の泥

と詠んでいる。

智正は広島でも執筆に励み、前述のように五月にＶＸについての英文論文をネット上に掲載した。そして、七月発売予定の『現代化学』に金正男事件で使われたＶＸについての検証論文も完成させて投稿している。智正は移送に備えて色々準備をしていたようだが、環境が激変した中で、執筆中の原稿を完成させて発表・投稿することに相当苦労したであろうことは、筆者の経験からも推測できる。

移送後も弁護団は引き続き精神鑑定を行って再審請求する道を模索しており、河原昭文弁護士は再審請求において次なる意見書を書く予定の精神科医から派遣された臨床心理士と智正との二時間程度の面会（二回）に立ち会った。なお、河原弁護士は、広島への移送後は月に二回程度接見していたが、平成七年の五月の最初の接見から死刑執行直前の面会までの間、「中川君の態度に変化はなかった」と評している（令和四年七月八日聞き取り）。

二　刑の執行（平成三〇年七月六日）

七月六日、麻原彰晃、早川紀代秀、新實智光、井上嘉浩、土谷正実、遠藤誠一と共に刑が執行された。享年五五歳。執行の告知は当日の朝行われ、智正はVXに関する別の論文の校正のための手紙を書いている途中であった。執行を告げられたとき、智正は書きかけの手紙の末尾に「みなありがとう‼　最後までありがとう。みんな本当にありがとう。7／6朝　お別れです。みなさんありがとう」とメッセージを残した。

拘置所側からの聞き取りでは、智正は遺言として「支援者の方々と弁護士の先生に感謝申し上げます。自分のことについては、誰も恨まず自分のしたことの結果だと考えています。施設の方々にもお世話になりました」と述べた。また、特定の親族のみに託した遺言もあったという。智正は執行を告げられた後も取り乱すことなく落ち着いていて、「触らなくても自分で行きます」と刑務官に支えられることなく刑場に向かった。刑場の隣室では菓子・果物が供されたが何も食べず、お茶だけ二杯飲んだ。教誨師として浄土真宗の僧侶が来ていたが「宗派が違う」と読経は断った。執行前に誰に言うとなく「お世話になりました。被害者の方々に心よりお詫び申し上げます」と語った。死亡時刻は八時五七分であった。辞世の句はなかった。

執行後、遺体は遺族が引き取り、広島市内のメモリアル施設に安置された。筆者も七月七日、八日の二日遺体と対面したが、安らかな顔つきであった。ただ、絞首の影響か顔の右側が浮腫んでいた。関係者・親族の弔問を受けた後、遺体は智正が帰りたがっていた東京に移され、前田裕司弁護士等の弔問も受けてから同月一三日に同地で荼毘に付された。荼毘までに時間を経たのは、

12行　○年○月　⇒　年月を入れて下さい
~~私の気持は　⇒　私の分析は~~　私の気持は ⇒ 私の分析は

13行　始々 ⇒ 始まる

全体　目は ⇒ 目

24行　また、　⇒トル

36行　液体 ⇒ 水溶液

50行～52行　エリアと～かります。　⇒ 削除

日付は（180706）.

みなありがとう!!

最後まで、ありがとう。

みんな本当にありがとう

7/6 朝。

お別れです。

みなさん　ありがとう

智正の最後のメッセージ

「死んですぐに遺体を火葬するとまだ浮遊している魂が混乱を来す」という彼自身の認識に基づくものと思われる。

三　死後の余韻

智正が人生の最終盤で情熱を傾けたVXについての単独論文が『現代化学』に死亡直後に掲載されたことは前述した。

また、平成三〇年七月二六日にはトゥー博士により『サリン事件死刑囚　中川智正との対話』がKADOKAWAより発行された。

そして、同月末に『ジャム・セッション』第一三号が発行された。トゥー博士の本は、智正の死去後速やかに出版する運びとなっていたのだが、論文と同人誌はたまたま七月の刊行となったもので、死の直後に彼に関わる著述が三本もまとめて出るというのも奇縁である。トゥー博士より印税の二割が遺族に渡り、博士と智正とのやり取りにかかる弁護士費用を除いた金額はサリン事件等共助基金に寄付された。

『ジャム・セッション』は第一四号（二〇一九年二月）をもって終刊となった。

おわりに

智正は巫者であり、麻原も巫者だったようである。先輩の巫者である麻原が後進の巫者であった智正を、その状況を承知して利用した、これがオウム事件の一つの底流であった。巫者が加害者となる例はあまり見られないとされるが、こうした事例をどう捉えるのか。智正が巫病となった後、頼る先がオウム真理教団しかなかったことは事実であり、事件の教訓としては、巫者を孤立させない、包摂する社会が求められるということになる。

麻原の一連の著作で、後天的に巫者とする手法はすでに広められてしまった。オウムの信者の修行については、先天的な巫者である麻原に憧れて後天的な巫者になるべく修行していた側面がある。智正以外の主要な幹部は多分にそうだったのではないか。

神秘体験あるいは解離性障害に基づく各種症状にどれほどの意味を持たせるかは最終的には個人の価値判断だが、意味を偏重してしまうと、あのような悲劇がまた起こり得るということは意識しておいてもよかろう。

智正は、死刑執行の際に断首となることがあると知り、そうした事例を集めるべく、イギリスの裁判・処刑例に着目していた。イギリスの犯罪者列伝としては『ニューゲート・カレンダー』

が著名だが、同書に紹介される罪人たちの中には、公開の処刑場で絞首刑になるに際し、見物人に対して「我が末期を警告とせよ」と叫ぶ例が散見される。智正も公開処刑だった場合、同じことを言ったのではないかと筆者は密かに思っている。本書が「光が見える」あるいは「声が聞こえる」といった解離性障害ないし巫病の人たちに何らかの参考になるのであれば、泉下あるいは輪廻転生先の智正も満足すると思う。

あとがき

本書は多くの方の支援によっている。

まず、故中川智正君は、没後の伝記の執筆を了解され、生前、多くの資料を提供してくれた。改めて彼の生前の尽力に感謝する次第である。

また、裁判に当たって意見書を作成された故佐々木雄司博士にも感謝申し上げる。

本来、智正君は佐々木博士との共著で自らの体験記を書くことを模索していた。単著にすると「異常者の独白」の域を出ないことを危惧していたことによる。ただ、佐々木博士の早すぎる逝去によりこの企画は頓挫し、智正君も逝去した。

智正君の伝記を書くに当たっては、彼のこうした意図を汲んで精神医学者との連携を模索していた。幸い智正君の友人河本陽介博士の紹介で大阪大学大学院・医学系研究科精神医学教室教授池田学博士を経由して鹿児島大学医学部保健学科・同大学院保健学研究科教授赤崎安昭博士に解説を寄せて頂けることとなった。ご多忙の所、拙稿をご高覧頂き、解説文まで書いてくださった赤崎博士には改めて厚く御礼申し上げるとともに、河本、池田両博士にも謝意を表する次第である。

オウム入信前の智正君の友人たちには、本書での言及の有無にかかわらず、執筆の上で貴重なご助言を頂いた。これらの方々にも厚く御礼申し上げる。

本書で紹介した智正君の最後の挨拶文には「みなありがとう」、「みなさんありがとう」とある。智正君が逝去に当たり「施設の方にもお世話になりました」と謝意を表したことからすれば、この挨拶文は獄中の智正君を有形無形に支えた無数の友人たち、支援者の方々に向けられたものと解するのが相当であろう。

ただ、こうした方々を全て特定することは不可能であり、挨拶の相手先が誰かは智正君以外には知る由もないから、逝去後六年を契機として本書で挨拶文を公開し、未だご挨拶が行き届いていなかった方々にお伝えすることとした。この措置は本人の遺志にも沿ったものであると確信している。智正君の友人や支援の皆様はこれをもって諒とされたい。

最後に本書の成り立ちであるが、筆者は、勤務先からの国内留学として大学院生になっていたため、時間的に余裕があり、東京拘置所に収監された直後の約一年間で一四一回の面会を行い、多くの記録を得た。こうした時期に智正君の貴重な肉声に接し続けられたことから、彼の発症以降の記録を作成することを天命と感じ、智正君が死没するまでの間、彼の用に立ちつつ、その間に種々の記録作成を行ってきた。

これらの記録に基づく智正君の伝記の刊行を今日まで見送ってきたのは、もともと智正君の存命中は、再審の可能性があるため、彼から聞き取った話を元にする以上、彼に裁判上不利になる可能性のあること（情状面も含めて）は一切公表できないと考えたことと、筆者も国家公務員であったため勤務先を退職した立場でないと自由な発表は難しかったことによる。

筆者と智正君との間では、生前に彼の伝記（私は戯れに『河童伝』と名付けていた）を出すことについては合意ができていた。彼は二つの条件を付けていたが、そのいずれも本伝ではクリアしていると信じるし、また、ここでは書けないその条件ゆえに読者が不満に思うことはあるかもしれないが、その多くは筆者の力量不足による。

筆者は軍事史の研究を行い、いくつかの著作がある。若い頃書いていた論文では「なぜ（WHY）」にこだわったし、また、そう書くことを勧められもした。その一方で友人の研究者からは「上手い研究者は『いかに（HOW）』と書くものだという」と教えられもした。智正君が逮捕されて私が接見するようになってから、多くの友人に「なぜ、智正君はあのような状態になったのか」と問われ、私も色々智正君に聞いたことを元に「なぜ」に答えた。後に智正君から佐々木博士の発言として「巫病の発症について『なぜ』を問うのはそれ自体宗教的である」旨の話を聞かされ、智正君には幼少期より巫病（解離性障害）の予兆があり、それが劇症化した後、何とか本人がコントロールできるようになった過程を伝える方が有意義であると思い至った。というわけで、本書は筆者の執筆としては珍しく「いかに」を基本として記している。

こうした貧弱な記述で智正君が意図した「りんご樹」の実がどこまで伝わるかは甚だ心許ない次第ではあるが、「記録がないよりはまし」ということでご海容願いたい。また、本書の記述には行き届かない面も多々あると思われるが、その点は御宥恕頂きたく予めお詫び申し上げる。

なお、オウム真理教関係事件の刑事裁判記録が法務省において刑事参考記録として永久保存となったことを踏まえ、本書とこれらの記録との照合を可能とするべく、事件関係者については実名のままの記載とした。

本書を春秋社から出版するについては、智正君サイドに佐々木博士を紹介した藤田庄市氏のご尽力を賜った。智正君の公判以来、智正君ともども藤田氏にはお世話になっており、改めて御礼申し上げるとともに、本書を担当して頂いた春秋社編集部の豊嶋悠吾取締役にも感謝する次第である。

最後に、一連のオウム教団関係事件で被害を受けた方に改めてお見舞い申し上げ、亡くなられた方のご冥福をお祈り申し上げるとともに、本書をお買い上げの方には厚く御礼申し上げる。

宗教と精神医学の関係および解離性障害に対する精神医学的解説

鹿児島大学医学部保健学科　教授　赤崎安昭

私は、臨床精神医学を専門としている精神科医であり、特に研究面では精神鑑定等を行う司法精神医学をライフワークにしている。したがって、獨協大学名誉教授・元東京大学医学部教授の佐々木雄司医師、東京医科歯科大学の小畠秀吾医師、同じく山上晧医師による中川智正元死刑囚（以下、中川）の精神面に対する意見書（資料（一）～（七〇）頁）に目が留まり、興味深く拝読させていただいた。この意見書では、中川が精神科的診断として、「特定不能の解離性障害」、「解離性トランス状態」、「トランスおよび憑依障害」に罹患していた可能性について記載されている。ここでは、依頼された本書における私の役目として、宗教と精神医学の関係性や、解離性障害の診断・治療・対応などについて解説する。

（1）宗教と精神医学について

本書には、中川の宗教体験や、解離症状と思われる独特な体験に関する内容が緻密に記載されているが、実は「宗教と精神医学」に関する研究は古くからあり、大宮司信（加藤敏ほか編『現代精神医学事典』弘文堂、二〇一一年）によると、精神障害に現れる宗教体験様式が精神医学の一分野として注目されたのは、一九二七年にSchneider K.が記述したのがその初めで、各精神疾患に独特な宗教的症状や、宗教的な幻覚・妄想を主な対象とするものであった。

また、今日では、「宗教」と「精神病理学」の分野について、例えば人間の日常性からの超出という共通の観点や、教祖の病跡学的研究、宗教的な癒やしとしての精神療法について、宗教の中に潜む精神病理学的側面を扱う「宗教の精神病理学」あるいは「宗教精神医学」の領域が成立している。

精神科診療場面において、宗教に傾倒しつつ同時に精神科医による精神療法（カウンセリングよりも医学的な手法）も受ける患者は少なからず存在し、宗教と精神医学との関係性を、精神病理学的および精神科治療学的に掘り下げていくとさまざまな議論が成り立つ。中川も幻覚・妄想様の症状や独特な体験をしたとされており、宗教精神病理学的観点あるいは病跡学の観点で考察をしていくと宗教精神医学にとっては重要な知見が得られるであろうことが想像され、そういった意味で本書は、貴重な「記録」と思われる。

(2) 解離性障害の原因・分類・症状・薬物療法について

先述のように、三名の医師が、中川は解離性障害に「罹患していた／罹患していた可能性がある」との見解を示している。一般的に、解離性障害は、神経症性障害（以前は〝神経症〟と呼称されていた）の一型であり、精神的なストレス（以下、心因）があり、それにより心身の症状が出現するもので、従来は「ヒステリー」と呼ばれていた病態である。

神経症性障害には、不安障害（パニック障害を含む）、強迫性障害、社会恐怖症、心気障害などさまざまな疾患があるが、最近では、多くの神経症性障害が、心因はさておき脳内の神経伝達物質の異常性が関与していることも明らかになってきている。特にパニック障害や強迫性障害は、抗うつ薬でもある選択的セロトニン再取り込み阻害剤（Selective Serotonin Reuptake Inhibitor：ＳＳＲＩ）の適応疾患となっている。

一方、解離性障害は、抑うつ気分や不安症状に対してＳＳＲＩなどが一定程度の効果を示すことがあっても、発症に関わる心因がさまざまであることから、特効薬と呼べる薬剤は存在していないのが現状である。症状としては、さまざまな心身の症状が出現する。例えば、手足の麻痺、「立てない」（失立）・「歩けない」（失歩）・「声が出ない」（失声）などの運動障害、解離性けいれんなどの身体症状、自分自身の生活史、例えば両親、兄弟および自分の名前などをすっかり忘れてしまう全生活史健忘、島状に健忘症状が出現する心因性健忘、突発的な意識消失などといった精神症状である。時には、幻覚、妄想などの統合失調症との鑑別を要するような精神症状が出現することもある。

身体症状が主症状である解離性障害の患者は、往々にして身体科を受診するが、身体医学的には説明がつかない多彩な症状が出現するため、身体科の医師からは、「原因不明の謎の病気」として扱われ、治療に苦慮することが常である。一方、精神科領域では、解離性障害は、日常の診療場面でも遭遇することが比較的多いため、その対応はさほど難しくはない。稀に、うつ病など他の精神疾患を有する者がその治療経過中に解離症状を表出させることがあるが、その場合は、主診断である精神疾患の治療が優先される。

解離性障害は、心因により発症することから、ストレスを感じている者であれば誰でも発病するのではないかと思われがちであるが、精神科臨床の現場で患者の生育歴、生活歴などを聴取すると、解離症状を発症する患者の場合は、その人の人格特性（思考、判断、価値観、倫理観、宗教観、対人関係の取り方など）や環境要因に何らかの問題がある場合が多いように思われる。歴史的には、精神分析的な研究や、外傷体験に関する研究などがあるが、臨床場面では解離性障害になりやすい人となりにくい人を見分けることは困難である。このため、解離症状が出現した後に、その症状を的確に捉えて、生育歴、生活歴、家族歴（関係性も含めて）を詳細に聴取し、心因と思われることが特定できれば、その出来事などに介入しながら症状の改善を目指して精神療法や対症的な薬物療法を行っていくのが一般的な治療である。

中川もそうであったと言われるように、解離性障害の場合は、常に解離症状を表出させているのではなく、解離症状が認められない状況では、健常な人と同じように会話ができ、社会生活を送ることができる。心身の症状に関しては、場面選択的、状況依存的に出現する傾向が強いことから仮病（詐病）との鑑別も重要である。

さらに、本書に掲載されている医師の意見書には、「解離性トランス状態」、「憑依状態」といった診断名も記載されている。これらは、「宗教体験」とも解釈できるような状態像であり、状況や文化的な要素も考慮されねばならない。

(3) 解離性障害の診断について

以前は、精神科診断は、伝統的診断に基づき行われていたため、精神科臨床の経験の差で診断が大きく異なることもあった。しかし、現代の精神科診断は、米国精神医学会のＤＳＭ－５、世界保健機関（ＷＨＯ）のＩＣＤ－10といった国際疾病分類に準じて行うのが一般的である。例えば、ＩＣＤ－10によると、先述の意見書にあった「トランス及び憑依障害」は、「自己同一性の感覚と十分な状況認識の両者が、一時的に喪失する障害。症例によっては、あたかも他の人格、霊魂、神、あるいは『力』にとりつかれているかのように振る舞う。注意と認識は直接的な環境の一つか二つの局面のみに制限されるか集中し、限られてはいるものの反復する運動、姿勢、発語の組合せがしばしば認められる。ここには、不随意的か意図しない、かつ宗教的ないし他の文化的に受容される状況を逸脱して（あるいはそれらの状況の延長として）生じ、日常の生活行動の中に侵入するトランス状態のみを含めるべきである」となっている。つまり、宗教的ないし他の文化的に受容される状況とは区別しているわけであるから、トランス状態、憑依状態の全てを解離性症状とすることは合理的ではないと思われる。少し難解な表現が多いが、解離性障害についてＩＣＤ－10の診断基準を参考資料として添付したので参照していただきたい（二七一～二八四頁参照）。

（４）解離性障害を有する患者への対応について

解離性障害と思われる患者に遭遇した場合は、はたしてどのように対応すればよいのか。ストレス性、心因性とは言え精神疾患であるため、精神科医に相談をするのが望ましいであろうが、解離性障害の患者は、無意識に「病気に逃げ込む」（疾病逃避）という心理状態を有する者が多いため、各種の心身症状が深刻なわりには患者本人は無関心（満ち足りた無関心）であり、ケースによっては、症状が出現したことによって無意識的満足あるいは精神的安定が得られているとされる（一次疾病利得）。そのため、本来ならば深刻であるはずの心身の症状が出現したことに悩んでいる様子に乏しく、まるで満足しているかのように笑顔が見られることすらある。

したがって、解離性障害と診断されうるような患者は基本的には精神科を受診するのが望ましいと考えるが、精神科医の関わり方によっては、疾病利得（疾病逃避）を強めてしまい、かえって各種の心身症状を増悪させる可能性があるため、解離性障害とじっくりと向き合う姿勢を持った精神科医の診察を受けて、治療方針を決めていく必要がある。その際、必要に応じて、例えば、うつ症状が強い場合は抗うつ薬を、不安や緊張が強い場合は抗不安作用を有する薬剤を投与することもある。なお、各種薬剤の適応症に「解離性障害」が記載されている薬剤は現時点では存在していないため、薬物療法を行うのであれば、上記のように精神症状を見極めてその症状に見合った薬剤を投与することになる。

解離性障害の患者を持つ家族は、今までに経験したことのない多彩な、時には深刻な症状を目の当たりにして困惑することが多いため、治療者から病態の説明をよく聞き、患者の疾病利得を強化しないような対応をしつつ治療に協力していくことが求められる。家族としては、解離性障害が心因性の疾患であることを知ると、その「心因」、つまり「原因」を究明したいという衝動に駆られるであろうが、原因を詮索するよりは、「患者および家族が、これからもよりよく生きるためにはどのようにすればよいのか」といったことを念頭に置き、患者を見守りつつ主治医に協力しながら本人の治療を進めていくことが望ましいと考えられる。

(5) 犯罪の防止について

オウム真理教事件は、歴史に残る大事件となったが、このような犯罪が二度と起こらないために、さまざまな領域で精緻な分析と再発防止に向けた対応策が講じられてきた。では、精神医学分野ではどうだったか。これらの犯罪に関わった人々に事前に精神科医が介入することでこのような事件を防ぐことができたのであろうか。

司法側が、事件に精神疾患が影響していると判断し、事件後に精神鑑定が行われ、その結果、精神疾患が事件に大きく影響を及ぼしたと判断すれば、事件に司法精神医療が貢献することは可能であろう。しかし、本書でも明らかなように、一連の犯罪に精神疾患が大きく関与したとされたわけではなく、はっきりと、「(中川に対しては)精神鑑定の必要性はない」と判断されている。したがって、精神科医療では一連の事件を防ぐことができなかったと考えるべきであろう。では、本書に記載されている中川の犯行だけでも精神医学という学問で未然に防ぐことはできなかったのであろうか。確かに中川は、解離性障害に罹患していたかもしれないが、解離性障害に基づき事件を起こしたわけではないことから、やはり「不明/不可能」と言わざるを得ない。しかし、中川自身が、解離性障害という疾患に罹患していることを認識し、精神科医の診察を受け、全ての「体験」を主治医に話し、さらに、自分自身の生活歴などを含む個人の情報を打ち明けていれば、本書に記載されているような人生の結末を迎えることはなかった可能性はあるのかもしれない。

一般的に精神科医療において、解離性障害を発症した患者が受診した場合には、問題症状を抽出し、治療意欲を確認した上で、まずは心因となった出来事などを含めて本人がストレスとして感じていることを軽減していくことが治療の目標となる。そして次のステップとしては、人格形成の礎となった家庭環境、生育環境、生活歴を詳細に聴取していくことになる。したがって、そのためには、本人のみならず家族の協力がなければ治療を円滑に行うことは不可能となる。

解離性障害は、精神科臨床においては度々遭遇する疾患であり、稀な疾患ではないため、発症した場合は精神科を受診することが望ましいが、精神科医にも疾患に対する得手不得手があるため、解離性障害に対応できる力量を持った精神科医とともに二人三脚で治療を進めていくことが大切で、さすれば無意識に病気に逃げ込む（疾病逃避）ことはなくなり、社会的に容認されるような好ましい方向に人生を歩むことができることであろう。精神科という診療科に偏見を抱いている人は多いとされるが、解離性障害のみならず、精神疾患を有する人々が自発的に精神科を受診することでさまざまな社会的問題や事件を未然に防げることを期待して本書に対する精神医学的解説とする。

F44　解離性（転換性）障害　Dissociative (conversion) disorders

解離性（あるいは転換性）障害が共有する共通の主題は、過去の記憶、同一性と直接的感覚、および身体運動のコントロールの間の正常な統合が部分的あるいは完全に失われることである。直接的注意の対象としてどのような記憶と感覚が選択されるか、そしてどのような運動が遂行されるかについて、正常ではかなりの程度の意識的コントロールが行われる。解離性障害においては、意識的で選択的コントロールを行う能力が、日ごとにあるいは時間ごとにすら変化するほど損なわれていると推定できる。ある機能の喪失がどの程度随意的コントロールのもとにあるかを評価するのは、通常非常に困難である。

これらの障害は以前からさまざまなタイプの「転換ヒステリー」として分類されてきたが、「ヒステリー」という言葉は、さまざまな意味をもつために、現在では可能な限り使用を避けることが最良と思われる。ここに記述した解離性障害は、起源において心因性であり、トラウマ的な出来事、解決しがたく耐えがたい問題、あるいは障害された対人関係と時期的に密接に関連していると推定される。したがって、耐えがたいストレスに対処する患者のやり方に関して解釈したり仮定したりすることがしばしば可能であるが、「無意識的な動機」や「二次的利得」のような、何か一つの特別の理論から得られた概念は診断のためのガイドラインや基準には含まれない。「転換」という言葉は、これらの障害のいくつかに広く使われており、患者が解決できない問題と酸により生じた不快な感情がどのようにであれ、その症状に置き換わることを意味する。

解離状態の発症と終了は突然であるとしばしば報告されるが、催眠術や除反応のような意図された相互作用ないし処置の間を除いては、そのような観察がなされることはまれである。解離状態の変化や消失が、このような処置の際に限られることもある。解離状態のすべてのタイプは数週間ないし数カ月後には寛解する傾向があり、とくに発症がトラウマ的な生活上の出来事と関連しているならばそうである。解決不能な問題や対人関係上の困難と関連しているならば、より慢性的な状態、とくに麻痺や知覚脱失が（時に非常に緩徐に）発展することがある。精神科的な診療を受ける以前に一〜二年以上持続した解離状態は、しばしば治療に抵抗する。

解離性障害の患者は、他人には明らかにわかる問題や困難をしばしば強く否認する。患者が自分自身で問題を認めたとしても、すべてそれを解離症状のせいにすることもある。

離人症状と現実感喪失はここには含まれない。なぜなら、これらの症状においては人格的同一性の限られた側面しか通常は障害されず、感覚、記憶、運動の遂行に関する損失はないからである。

診断ガイドライン

確定診断のためには、以下のことが存在しなければならない。

a.　F44.- の個々の障害を特定する臨床的病像。
b.　症状を説明する身体的障害の証拠がないこと。
c.　ストレス性の出来事や問題、あるいは障害された対人関係と時期的に明らかに関連する心理的原因の証拠（たとえ患者によって否定されても）。

強く疑われることはあっても、心理的原因の確証を見出すのは難しいこともある。中枢あるいは末梢神経系の既知の障害がある場合、解離性障害の診断は十分に用心してくださなければならない。心理的原因の証拠がない場合、診断は暫定的なものにとどまるべきで、身体的および心理的な両側面の検索を続けるべきである。

〈含〉転換ヒステリー
　転換反応
　ヒステリー
　ヒステリー性精神病
〈除〉詐病（意識的な模倣）（Z76.5）

F44.0　解離性健忘　Dissociative amnesia

主要な病像は通常、最近の重要な出来事の記憶喪失であり、器質的な精神障害に起因せず、通常の物忘れや疲労では説明できないほどに強い。健忘は、事故や予想外の死別などのようなトラウマ的出来事に関係し、通常は部分的かつ選択的である。

健忘の範囲と完全さは日ごとに、また診察者間でしばしば異なるが、覚醒している状態では想起できない持続的な共通の核が存在する。完全で全般化した健忘はまれである。通常、遁走（F44.1）の部分症状であり、もしそうであるなら、そこに分類するべきである。

健忘に伴う感情の状態はきわめて多様であるが、重症の抑うつはまれである。困惑、苦悩、さまざまな程度の人の注意を引く行動がはっきりと認められることもあるが、時には落ち着いた対応も目立つ。若年成人に最も高頻度に起こり、最も極端な例は通常戦闘上のストレスにさらされた人に起こるものである。非器質性の解離状態は老年者ではまれである。目的のない、狭い地域の徘徊が認められることがあるが、それは通常身なりをかまわない状態を伴い、一日ないし二日以上続くことはまれである。

診断ガイドライン

確定診断には以下のことが必要である。

a. トラウマ的あるいはストレス性の最近の出来事（これらの点については患者以外の情報提供者がいるときにのみ明らかになることがある）に関する、部分的あるいは完全な健忘。

b. 器質性脳障害、中毒、あるいは過度の疲労が存在しないこと。

【鑑別診断】器質性精神病では、通常神経系の障害を示す他の徴候があり、加えて明らかで持続的な意識障害、失見当識、動揺する意識水準などの徴候がある。考えられる何らかのトラウマ的出来事や問題とは無関係な、ごく最近の記憶の喪失は脳器質性状態により典型的である。アルコールあるいは薬物の乱用に基づく「ブラック・アウト」は乱用の時期に密接に関連し、失われた記憶は決して回復しない。即時想起は正常だが、たった二、三分後の想起ができない短期記憶障害という健忘状態（コルサコフ症候群）は解離性健忘においては認められない。

脳震盪や重症の頭部外傷に続く健忘は通常逆向性だが、重症例では前向性のこともある。解離性健忘では前向性がほとんどである。解離性健忘だけが催眠術あるいは除反応によって変化しうる。てんかんにおける発作後の健忘や、統合失調症やうつ病に時折みられる昏迷あるいは緘黙症のような他の状態は、通常は基礎にある疾患の他の特徴によって鑑別できる。

最も鑑別が困難なのは健忘の意識的な模倣（詐病）であり、病前の人格と動機の評価を繰り返し詳細に行うことが要求される。健忘の意識的な模倣は、金銭、戦死の危険、あるいは禁固刑や死刑の宣言の可能性といった明確な問題と通常関連している。

〈除〉アルコールあるいは他の精神作用物質による健忘性障害（F10–F19の第4桁が.6のもの）

特定不能の健忘（R41.3）

前向性健忘（R41.1）

非アルコール性器質性健忘症候群（F04）

てんかんの発作後健忘（G40.-）

逆向性健忘（R41.2）

F44.1　解離性遁走（フーグ）　Dissociative fugue

解離性遁走は、解離性健忘のすべての病像を備え、それに加えて患者は明らかに意図的に、家庭や職場から離れる旅をし、その期間中は自らの身辺管理は保たれている。症例によっては、新たな同一性を獲得することもあり、通常は二、三日のみで終わることがほとんどだが、時には長期にわたり、かつその程度が驚くほど完璧なこともある。旅は以前に知っていて情緒的に意味をもつ場所を目的地とする場合がある。遁走期間中の健忘があるにもかかわらず、その間の患者の行動は第三者からみると完全に正常に映ることもある。

診断ガイドライン

確定診断のためには、以下のことが存在しなければならない。

a.　解離性健忘の症状（F44.0）。

b.　通常の日常的な範囲を超えた意図的な旅（旅と徘徊の区別は、その地域に詳しい人によってなされるべきである）。

c.　基本的な自己管理（食事、入浴・清拭）と、見知らぬ人との簡単な社会的関係（乗車券やガソリンを買うこと、方角を尋ねること、食事を注文すること）が保たれていること。

【鑑別診断】側頭葉てんかんによくある発作後の遁走との鑑別は、発作後遁走がてんかんの病歴、ストレス性の出来事や問題を欠くこと、そして活動と旅があまり意図的ではなく、より断片的であることから、通常明らかである。

解離性健忘の場合と同じく、遁走の意図的模倣との鑑別は非常に困難なことがある。

F44.2 解離性昏迷 Dissociative stupor

患者の行動は昏迷の診断基準を満たすが、検査や検索によって身体的原因の証拠が認められない。加えて、他の解離性障害と同様に、最近のストレス性の出来事、あるいは顕著な対人関係の問題ないし社会的問題での心因の積極的な証拠がある。

昏迷は、随意運動および光や音や接触のような外的刺激に対する、正常な反応性の著しい減弱あるいは欠如によって診断される。患者は長い時間、ほとんど動かないまま横たわっているか座っている。発語と自発的で意図的な運動は、完全に、あるいはほぼ完全に欠如している。ある程度の意識障害はありうるが、筋緊張、姿勢、呼吸、そして時には開眼や共同眼球運動があり、患者が眠っているのでも意識障害に陥っているのでもないことは明白である。

診断ガイドライン

確定診断のためには、以下のことが存在しなければならない。

a. 上述したような昏迷。
b. 昏迷を説明するような身体的障害あるいは他の精神障害がないこと。
c. 最近のストレス性の出来事ないし現在の問題の証拠。

【鑑別診断】解離性昏迷は、緊張病性昏迷およびうつ病性ないし躁病性の昏迷から鑑別しなければならない。緊張病型統合失調症の昏迷では、統合失調症を示唆する症状や行動が先行することが多い。うつ病性および躁病性昏迷は通常比較的ゆっくりと発展するので、患者以外の情報提供者から病歴を聴取することで決定すべきである。うつ病性および躁病性昏迷はともに、感情障害の早期治療が普及するにつれて、多くの国でますますまれになっている。

F44.3 トランスおよび憑依障害 Trance and possession disorders

自己同一性の感覚と十分な状況認識の両者が、一時的に喪失する障害。症例によっては、あたかも他の人格、霊魂、神、あるいは「力」にとりつかれているかのように振る舞う。注意と認識は直接的な環境の一つか二つの局面のみに制限されるか集中し、限られてはいるものの反復する運動、姿勢、発語の組合せがしばしば認められる。ここには、不随意的か意図しない、かつ宗教的ないし他の文化的に受容される状況を逸脱して（あるいはそれらの状況の延長として）生じ、日常の生活行動の中に侵入するトランス状態のみを含めるべきである。

幻覚あるいは妄想を伴う統合失調症性あるいは急性の精神病、あるいは多重人格の経過中に起こるトランス状態をここに含めるべきではない。トランス状態が、何らかの身体的障害（側頭葉てんかんや頭部外傷のような）、あるいは精神作用物質の中毒と密接に関連すると判断されるならば、このカテゴリーを使うべきではない。

F44.4-F44.7　運動および感覚の解離性障害
Dissociative disorders of movement and sensation

これらの障害では運動機能の喪失あるいは困難、あるいは（通常皮膚の）感覚の喪失が認められ、そのため患者は症状を説明できるものがないのに、身体的障害があるように訴える。症状は、患者が身体障害に対して抱いている概念を表していることがよくあり、生理学的あるいは解剖学的原理と一致しないこともある。そのうえ、患者の精神状態と社会的状況を調べてみると、機能喪失による能力の低下が、不快な葛藤から逃避すること、あるいは依存や憤慨を間接的に表現することに役立っていることが通常示唆される。問題あるいは葛藤が他人からみればはっきりしていても、患者はその存在を否定することがよくあり、どのような苦悩も、症状あるいはその結果としての能力の低下のせいにする。

この種のすべての症状による能力の低下の程度は、その場にいる他の人びとの数や種類や患者の感情の状態で変化することがある。すなわち、随意的な統制下にない、感覚あるいは運動の喪失という中心的で不変な核心に加えて、注意を引こうとする行動がさまざまな程度で認められることがある。

患者によっては、症状は心理的ストレスと密接に関連して発展することが多いが、別の患者では、この関連は明らかではないこともある。深刻な能力の低下を静かに受け入れること（「満ち足りた無関心」）が目立つこともあるが、一般的ではない。それは適応のよい人が明白で重篤な身体疾患に直面したときにも認められる。

病前の対人関係およびパーソナリティに異常が通常認められ、親しい親族や友人が患者の症状と類似した症状を伴う身体疾患に罹患していたということがある。このような障害のうち軽度で一過性のものは青年期、とりわけ少女によくみられるが、しかし慢性の例は通常、若年成人に認められる。少数の患者ではこれらの障害を産出することで、ストレスへの反復する反応パターンを確立し、中年や老年においてもなおこの障害を現すことがある。

感覚の喪失のみを呈する障害はここに含める。それに加えて疼痛のような感覚および自律神経系を介する他の複雑な感覚を含めた障害は、身体表現性障害（F45.-）に含める。

診断ガイドライン

神経系の身体的障害が存在したり、あるいは以前はよく適応し、正常な家族的、社会的な関係をもっていた人の場合は、十分注意してこの診断をくださねばならない。

確定診断のためには、

a. 身体的障害の証拠があってはならない。

b. 障害の出現の理由を説得力をもって系統的に記述できるように、患者の心理的、社会的背景、対人関係が十分に明らかにされていなければならない。

もし現にある身体的障害あるいは潜在的身体障害の関与が少しでも疑われる、あるいは障害の発症した理由が不明ならば、診断は疑いないし暫定的としておかなければならない。疑問が残るかあるいは明確でない症例の場合、重篤な身体的ないし精神科的障害があとで現れる可能性に常に留意すべきである。

【鑑別診断】進行性の神経疾患の早期、とりわけ多発性硬化症や全身性エリテマトーデスが運動と感覚の解離性障害と混同されることがある。とくに鑑別が難しいのは、早期の多発性硬化症に対して苦悩と人の注意を引こうとする行動で反応する患者である。診断が明らかになるまで、比較的長期にわたる評価と観察が必要なこともある。

多彩で漠然とした身体的愁訴は、他の身体表現性障害（F45.-）あるいは神経衰弱（F48.0）に分類すべきである。

個別的な解離症状が統合失調症や重症うつ病のような重大な精神障害に起こることもあるが、これらの障害は通常明白であり、診断とコード化のためには解離性障害よりも優先すべきである。運動と感覚の喪失の意図的な模倣を解離と区別することは、しばしば非常に困難である。決定は、詳細な観察と、患者の人格、障害の発症をめぐる事情、そして能力低下が持続した場合と比較して回復した場合の結果を理解することによって行われよう。

F44.4　解離性運動障害　Dissociative motor disorders

解離性運動障害の最も一般的なものは、一つあるいはいくつかの四肢の全体あるいは一部を動かす能力の喪失である。麻痺は部分的で、弱く緩徐な運動を伴うこともあるし、完全なこともある。協調運動障害（失調）のさまざまな型や程度が、とりわけ下肢で明瞭になることがあり、その結果、奇妙な歩行を生じたり、あるいは介助なしには立つことができなくなる（失立–失歩）。四肢の一つまたはそれ以上や全身に、誇張された振戦や動揺が認められることもある。ほとんどどのような種類の運動失調、失行、無動、失声、構音障害、運動障害、けいれん、麻痺ともきわめて類似しうる。

〈含〉心因性失声
　　　心因性発声障害

F44.5　解離性けいれん　Dissociative convulsions

解離性けいれん（偽発作）は、運動という点ではてんかん発作のきわめて精密な模倣でありうるが、咬舌、転倒による打撲傷、尿失禁はまれであり、意識消失はないか、あるいは昏迷かトランスの状態で置き換えられている。

F44.6　解離性知覚麻痺および感覚脱失　Dissociative anaesthesia and sensory loss

皮膚の感覚脱失領域の境界はしばしば医学的知識よりも、患者の身体的機能に関する観念と関連していることが明らかである。神経学的損傷によることがありえないような感覚様式間識別の喪失が認められることもある。感覚脱失は知覚異常の訴えを伴うことがある。

解離性障害においては視覚の完全な喪失はまれである。視覚障害は鋭敏さの消失か視野全体のぼやけ、あるいは「筒状視野」であることがより多い。視覚喪失の訴えにもかかわらず、患者の全般的な可動性と運動遂行はしばしば驚くほどに保たれている。

解離性聾と嗅覚脱失は、感覚あるいは視覚の喪失に比べてほとんどみられないものである。

〈含〉心因性聴覚喪失

F44.7　混合性解離性（転換性）障害　Mixed dissociative (conversion) disorders

上記に特定した障害（F44.0-F44.6）が混合する場合は、ここにコードすべきである。

F44.8　他の解離性（転換性）障害　Other dissociative (conversion) disorders

F44.80　ガンザー症候群

「的はずれ応答」によって特徴づけられ、通常いくつかの他の解離症状を伴い、しばしば心因の存在を示唆する環境において認められる、Ganserによって記述された複合した障害はここにコードするべきである。

F44.81　多重人格障害

この障害はまれであり、どの程度医原性であるか、あるいは文化特異的であるかについて議論が分かれる。主な病像は、二つ以上の別個の人格が同一個人にはっきりと存在し、そのうち一つだけがある時点で明らかであるというものである。おのおのは独立した記憶、行動、好みをもった完全な人格である。それらは病前の単一の人格と著しく対照的なこともある。

二重人格の一般的な形では、一方の人格が通常優位であるが、一方が他方の記憶の中に入ることはなく、またほとんど常に互いの人格の存在に気づくこともない。一つの人格から他の人格への変化は最初の場合は通常突然に起こり、トラウマ的な出来事と密接な関連をもっている。その後の変化は劇的なあるいはストレス性の出来事にしばしば限られて起きるか、あるいはリラクゼーション、催眠、あるいは除反応をもたらす治療者との面接中に起きる。

F44.82　小児期あるいは青年期にみられる一過性解離性（転換性）障害

F44.88　他の特定の解離性（転換性）障害

〈含〉心因性錯乱

　　心因性もうろう状態

F44.9　解離性（転換性）障害、特定不能のもの　Dissociative identity disorder

（『ICD-10 精神および行動の障害——臨床記述と診断ガイドライン 新改訂版第九刷』医学書院、二〇一三年）

2011年12月14日	アンソニー・トゥー博士と初めて面会
12月19日	死刑判決の確定通知書が届く。
12月31日	共犯者の平田信が出頭、智正らの移送計画は見送られる。
2012年８月	江里昭彦と俳句同人誌『ジャム・セッション』を創刊
2014年１月	アンソニー・トゥー『サリン事件』が刊行される。
2016年９月21日	左目の白内障手術を受ける。翌年３月１日に右目も白内障手術を受ける。
10月	『現代化学』11月号に「当事者が初めて明かすサリン事件の一つの真相」を発表
2017年２月13日	クアラルンプール国際空港で金正男がVXにより暗殺される。
2018年３月14日	東京拘置所から広島拘置所に移送される。
５月21日	アンソニー・トゥーと連名でＶＸについての英語論文を発表
７月６日	広島拘置所で逝去
７月18日	『現代化学』８月号に「オウム死刑囚が見た金正男氏殺害事件　ＶＸを素手で扱った実行犯はなぜ無事だったのか」を発表
７月26日	アンソニー・トゥー『サリン事件死刑囚 中川智正との対話』が刊行される。
７月	『ジャム・セッション』13号が刊行。最後の俳句発表となる。

久保田正志（くぼた　まさし）
1963年、東京に生まれる。岡山大学教育学部附属中学校、都立小石川高校を経て1988年に東京大学法学部卒業。1997年東京大学大学院法学政治学研究科修士課程修了（法学修士）、2020年法政大学大学院博士後期課程人文科学研究科史学専攻単位取得退学。現在、特定非営利活動法人城塞史跡協会理事長。窪田柑寧の高座名で軍記・軍談を読む。著書に、『ハプスブルク家かく戦えり——ヨーロッパ軍事史の一断面』、『日本の軍事革命』（以上、錦正社）がある。

オウム真理教事件と解離性障害
——中川智正伝

二〇二四年　九　月二〇日　第一刷発行

著　者　久保田正志
発行者　小林公二
発行所　株式会社 春秋社
東京都千代田区外神田二−一八−六（〒一〇一−〇〇二一）
電話〇三−三二五五−九六一一　振替〇〇一八〇−六−二四八六一
https://www.shunjusha.co.jp/
印刷所　萩原印刷株式会社
装　幀　鎌内　文
定価はカバーに表示してあります
2024©ISBN978-4-393-29967-8

鑑定意見書

— 中川智正君に関する精神医学的見解 —

2005．9．21

医学博士、獨協大学名誉教授
元東京大学医学部教授（精神衛生学）
佐々木　雄司

§Ⅰ．はじめに

１９８８年2月、当時２５才、医学部の卒業と国家試験とを控えた彼は、京都府立医大の寮に配られたチラシにつられて、オウム真理教のショウ「竜宮の宴」が催された大阪のホールに足を運んだ。その2，3日後の夕方、独りで黙想中に白い光が尾低骨のあたりから胸の方に上ってきた。その時から彼はさまざまなものが視えたり、聴こえたり、感じたりして、苦しむようになる。麻原に礼拝する前世の自分、麻原に首を絞められる自分、麻原の前で溺れて海に沈む自分、彼はパニックに襲われる。今まで体験したことの無い不安・焦燥・苦悶にあえぐ。他方、犬の言葉もわかってしまう。パニックに陥った彼は、先輩の精神科医や脳神経外科医を訪ねたが、救いとはならなかった。麻原の想念が自分に入ってくる。また患者の心身の状態がそのまま自分にのりうつってくる。ついに倒れる。そして研修医を続けられなくなった彼は、入信だけでなく出家への道を辿る。１９８９年8月末のことである。坂本事件はその僅か2ヵ月後であった。

さて、超エリートともいうべき青年医師の彼が何故入信、出家の道を選んだのか。そして何故こうした幾多の犯行に手を染めることになったのか。世間常識的に考えれば、全く不可解である。私は精神科医であり，メンタルヘルスを専門とするが、宗教精神医学も専攻の１つとしてきた。その立場から、彼をどう理解したらよいのか、若干の検討を試みた。但し今回の私の小論は、6月2日、13日、8月18日の各３０分づつ3回の接見と、供述調書など公判関係書類の１部分、および弁護人あての書簡を通読しただけといった範囲内での見解である。

§Ⅱ．「神秘体験」と不安・焦燥・苦悶、そして麻原

１．日常用語と専門用語

第１章冒頭に、彼の辿った道のあらましを述べた。そこでは、視える・聴こえる・感じるといった日常用語を意図的に使用した。日常用語を使用して具体的にそのまま記述する限り、とりあえずは万人に判り易い。彼にとっては視える・聴こえる・感じるのである。しかし、現実に存在しない対象を視たり聴いたりした時、精神医学的には、それは幻視であり幻聴であり幻覚であり、異常体験と位置づけるほかはない。宗教的な立場からは、その内容の価値さえ問わなければ「神秘体験」ということになる。本小論では、それらを、文脈に応じて使い分けることにする。

２．精神医学の立場から

①「神秘体験」

彼は本当に視えたり聴こえたりしたのか、嘘・偽りではないのかといったことは、取り

調べや公判中終始、問題とされてきたようである。精神医学、ことに宗教精神医学を専攻の１つとし、フィールドワークに埋没したことのある私にとって、神秘的な現象を視たり聴いたりなどしたという体験の持主との対面は枚挙に遑がない。彼等にとっては、実際に視えたり聴こえたり、感じたりするなど、さまざまなことが体験されているのである。精神医学的には、その源はトランスと呼ばれる「宗教的な意識の例外状態」であり、そこからはあらゆる体験が生じ得ると考えられる（第１図）。

高校時代に阿含宗への入信経験をもつなど、もともと神秘的・宗教的な傾向のあった彼である。卒業と医師国試寸前、そして熱望した沖縄県立中部病院での研修医選考が補欠に留まって宙ブラリンなど、ストレスフルな状況下で、黙想中にトランス状態に陥り、最初の「体験」が生じたことは、精神医学的には病因的（発生的）にも病塑的（病像形成的）にも十分了解可能といえる。

②診断と責任能力

では、彼のさまざまな体験や不安・焦燥・苦悶といったことは、精神医学的にはひっくるめてどう診断されるのだろうか。現代風な診断基準を用いれば、DSM-Ⅳ（Diagnostic and Statistical Manual of Mental Disorders 精神疾患診断基準、APA 米国精神医学会）、ICD-10（International Classification of Disorders 国際疾病分類、WHO 世界保健機構）では、「解離性（転換性）障害 Dissociative (Conversion) Disorders の一種」と位置づけられることになろう。我が国流で多少クラッシックなら、森田正馬の「祈祷性精神病の亜型」に当てはめることが出来るかもしれない。

いずれにしても「反応性障害」「心因性」の範疇に属するものと考えられるが、一般に、その責任能力は、その時の状態次第であって、ほぼ完全責任能力から責任能力無しまで、多岐にわたろう。そしてこの苦悶に満ちた状態と舞い上がった状態とが混在したふわふわした彼の異常な精神状態は、少なくとも出家２ヵ月後、最初の坂本事件の時には激しく持続していたと考える方がむしろ常識的である。彼の責任能力をこうした視点から、関与した全事件についても厳密に再検討すべきではないだろうか。

３．「巫病」（フビョウ, shaman disease, Shaman Krankheit）概念の導入

①「巫病」とその研究

彼と接見し、彼の記録を読む時、頻発する「神秘的」な異常体験にさいなまれ、そのことによってその後の全生活が左右され、「信仰」一色に染めあげられた彼の姿がクローズアップされてくる。解離性障害などの診断名と同時に、私の頭をよぎるのは、私にとってあまりにも馴染み深い巫病である。「巫病」とは、もとより精神医学的な概念ではない。文化人類学などでよく使われる概念であって、シャマン（巫者）になるプロセスの途中などで神秘体験と結びついてよく起こってくる心身の異常である。

唐突に「巫病」といわれて、すぐそのイメージが湧く精神科医は、寧ろ少数派であろう。しかし「沖縄のカミダーリィ」といわれれば、恐らく、日本の精神科医の半数程度は見当がつくと思われる。とはいっても、こうした症状を呈する患者が精神科診療を訪れることは、決して稀なわけではない。その場合は一般に、解離性障害とか反応性障害との臨床精

神医学的診断のもとに治療が行われるが、その「神秘体験」は聞き流され、単なる「幻覚・妄想」として扱われ、せっかく訪れた患者は不全感を抱き、医療ルートから脱落することが多い。

要するに、「巫病」とは精神医学的には一種の「社会的診断」とでも位置づけるのが妥当であろう。そして臨床精神医学的には、単一疾患ではなく「症候群」と考えるべきもので、統合失調症、そううつ病などのエピソードも含まれる場合も多い。中川君の場合には、「巫病症候群」の典型、中核群であり、臨床精神医学的には前項で述べたように「解離性障害の一種」と位置付けられよう。附言すれば、「祈祷性精神病」という言葉すら、若い世代の精神科医にとってはすでに「死語」なのかもしれない。とはいえ、精神医学の領域でも、シャマニズム研究の一環などとして、それなりの研究の蓄積はみられる。

私自身、それは、かつて昭和３０年代、日本国内でシャマン（巫者）調査に走り回り、百名になんなんとする対象から面接のたびに聴かされ続けた、彼等の苦しみに満ちた生活史そのものであった。そして昭和３０年代末、東大病院で「カミサマ外来」を設けたこともあるし、現在も日本心霊科学協会の治療研究会で医療相談の場を設けている。また若干遅れて、西村康の研究もスタートしている。

そして広く一般からの市民権をも得ている概念としては、ユタ（シャマン）とセットとしての沖縄の「カミダーリィ（神祟り）」であり、ムーダン（巫堂）とセットでの韓国の「神病（Shin-byung）」である。因みに沖縄県民や韓国国民で、「カミダーリィ」「神病」という言葉を知らぬ者は、殆んどいないはずである。これらに関する精神医学領域での研究者としては、沖縄では仲村永徳医師（元沖縄県立精神保健福祉センター所長）が意欲的で、現在も玉木病院（宜野湾市）に「カミダーリィ外来」を設けているほどである。とはいっても、精神医学的診断名ではないので、カミダーリィや巫病は、各種診断書や健康保険などの正式書類の診断名としては通用しないことはいうまでもない。韓国では李符永医師（ソウル大学名誉教授）、金光日医師（漢陽大学名誉教授）らが長い研究キャリアをもつ。

②「体験先行」という彼の特異性

精神医学の物差しのみではハッキリしなかった彼の姿が、「巫病」概念を導入することにより、一気に鮮明となってくる。それは精神医学そのものが、病院で生まれ育ち、患者の状態を主に横断的に捉えるといった学問であることの限界なのかもしれない。これに反し巫病といった捉え方は、先にも述べたように一種の社会的診断であり、シャマンの生活史・成巫過程の一環として捉えるという、より長い時間軸の縦断的な視点である。その差なのであろうか。巫病となった時、一般にその人の辿る道は、精神科の治療、或はカミの道の２つしかありえない。

精神科治療のルートに乗れなかった中川君は、もはやカミの道、それも麻原に飛び込むしかなかったのである。そして「体験先行」という彼の特異性がより際立ってくる。多くの信者に見られる、教義に賛同し、或はより深い信仰を求めて入信し出家するといったパターンではなく、彼はまず神秘体験ありき、そしてやむにやまれず麻原の世界に飛び込ま

ざるをえなかったという珍しいパターンである。接見の際、彼は「運ばれていく感じでした。レールを走る電車に乗せられたような・・・・・」と表現している。

「竜宮の宴」や入信当時に大阪支部長だった新実も、「入信したばかりで修行も何もしないうちにいろんな体験をする。すごい霊性の持主で尊師との縁が深いと思った」「こういうパターンは青山と２人しか知らない」など証言している（６７回公判、Ｐ１６３）。

かつて私は、シャマン研究の結果、シャマンを成巫過程によって、修行によって体験が出現したタイプと、体験が先行したタイプの２つに分けた。修行型（Ⅰ）と非修行型（Ⅱ）である。困難な状況下での、意識レベルの上（Ⅰ）と下（Ⅱ）での解決の２つのパターンともみなせるかもしれない。そしてその非修行型を、治療が必要でないタイプ（Ⅱa）と治療が必要な状態を伴ったタイプ（Ⅱb）の２つに亜分類した（第２図）。彼の場合は、その後者、治療が必要なタイプに相当しよう。体験先行型の場合、その後の「神秘体験」の鮮烈さとカミへの結びつきの強烈さは修行型の比ではない。このことの理解なくしては、彼の入信・出家にいたる経緯もその後の行動も理解不能である。中山ミキ（天理教）、出口ナオ（大本教）をはじめ多くの有名教祖も、このルートを辿っている。

③麻原との関係

当然のことながら、体験先行でやむにやまれず飛び込んだ麻原との関係は、他の信者とはかなり異なっていたと思われる。

この「中川―麻原関係」については、次の「石川公一証言」（麻原公判、２３３回）も、きわめて示唆深い。「何か激しさといった部分でない部分で、それでもなおかつ一体であるというような感じですね。ちょっと言葉で表現しづらいんですけれども。例えば新実―麻原関係は、ある種、Ｎ極とＮ極、Ｓ極とＳ極で反発し合いながらものすごい力で引き合っているような感じ。でも中川―麻原関係は、自然に融合しちゃってるような感じでした。」

接見の時の彼自身のいくつかの言葉も印象的であった。「自分はオウムの教義に忠実だったのではなく、麻原に忠実だったんだと思う。別世界、麻原の世界に飛び込んだんだ。麻原は怖かった。麻原は少なくとも人間ではない。単純に神とは思わないけれど、人間のふりをした何か得体の知れないものだ。普通の意味で尊敬しているというわけではないのだが。」といった受け止め方である。そして彼にとって、命令された時の麻原の言葉は、「動詞」だったと表現する。

１９９０年ボツリヌス菌の培養に携わった頃、馬血清の精製の失敗で、点滴で自己注射したところアナフィラキシーショックを起した。「麻原の指示」で、なんと重ねて注射を続けるという、およそ医師とは思えぬ自殺行為的暴挙を続け、重症化したことすらあったという（第３回、接見）。彼にとっての麻原の言葉を重みを考えさせられるエピソードといえる。

犯行時の麻原の言葉は、彼にとってはどう受け止められたのであろうか。彼自身の言葉を借りれば、次のようなことになる。「私は、麻原氏がそう考えてると思ったりしたら、もうそれはやらなければいけないことなんですよ。単に言葉でやれといわれたからやったというんではないと思う。もっと密接な、何かその人を動かすものがあったと思う。私と

麻原氏を結びつけていたのは、体験なんですね」（中川証言、第４回土谷公判Ｐ６）。

井上証言（第３４回公判、Ｐ７）では「中川さんが言っていたのは、グルがポアを命じたときに、もうそれは運命と決まってしまっているんだ。だから自分はもうどうしようもないから従うんだ。決定論的な認識でした」と語られている。責任能力は、こうした視点からも再吟味せねばなるまい。まさしく行為能力の検討に相当しよう。

４．現在の精神状態と、遡って推測される各犯行時の状態

接見時、彼は「今は麻原と距離を持てたと思う」と語っている。しかし、麻原の前世からの弟子といったことについては「考えないようにしている。」と苦しそうな表情を浮かべる。そして今でも黙想すると開眼でも、とくに、集中して作業している際にふと気を緩めた時など、「ステンドグラスのようなキラキラした光が見える」と語る。巫病といった縦断的に生活史を説明できる概念を導入すると、彼は現在なおカミの道、修行の道を離れてはいないようである。その途上なのかもしれない。このことは、次章でも触れることになる。

要するに、「神秘体験の発現」（第１図）・「成巫過程」（第２図）といった視点からみれば、１０年余の拘置所生活を経た現在、ようようトランスへの出入りを、自ら多少コントロールできるようになったとみなせるのかもしれない。彼自身も、書簡の中で「自分なりに体のバランス（とくに体幹の深層筋のコントロール）をすることで体験自体もかなりコントロールがつくようになった。つまり、体験に没入しないですむようになった」と記している。また、「コントロールしているというよりは、その世界と距離を保てるようになりました」とも記す。

とすれば、サティアンでの全生活期間中は、入信・出家当時ほど激しくはないにしても、コントロール不能で、きわめて意識変容を来じ易い、不安定な精神状態がかなり長く続いていたと推測される。９３年１２月頃教団で行った脳波測定で、彼は意識レベルの低下を示すとされる除波が出現し易かったという記録が残されている（「ボーディサットヴァ・スートラ」オウム出版）ことも興味深い。こうしたことも念頭におきながら、各犯行当時の彼の精神状態と責任能力は厳密に再検討されねばなるまい。もちろん統合失調症、そううつ病等の狭義の精神疾患の可能性は考える必要はなかろう。

§Ⅲ．正式の精神鑑定の必要性

以上、前章では、まず通常の精神医学の立場から、次には私の専門領域・宗教精神医学の視点から、巫病といった社会診断的概念をも導入して、いわば、生活史の横軸・縦軸の両面から検討してみた。その結果、彼の行動を理解するためには、解明が必須と思われる多くの疑問点・問題点が噴出してきた。

１．責任能力の再検討

それは次の２面から必要と思われる。

ａ．第１はもちろん犯行時の正確な精神医学的診断とその時点の状態像である。少なくとも坂本事件当時は、かなり激しい解離性精神障害の一種であったと診断されよう。それは、責任能力がかなり損なわれていたと考えられるほどの不安定な精神状態の存在が推測される。そしてその残渣は、拘置所生活１０余年を経た現在も、トランスに入り

易いという形で窺われる。となると、その連続線上のサティアン生活中、即ち、各犯行時の精神状態は、当然のことながら精神医学的に厳密な検討対象であらねばならない。

ｂ．第２は麻原の命令が当時の彼の中でどう受け止められたかといった視点（麻原との関係）である。前章でも触れたが、彼にとって、命令された時の麻原の言葉は「動詞」だったという。それは、いわゆるマインドコントロールとも、軍隊などの上下関係とも異なるように思われる。ａに加え、こうした視点からも、行為能力の検討が必須であろう。

２．入信・出家の特異なプロセス（巫病の先行）の真正面からの再検討

「体験先行」という彼の辿った道は、他の信者とかなり異なるように思われる。一般に、体験先行型の場合、①神秘体験の発現や②カミの道への結びつきは、他と較べ、遥かに激烈である。それが彼の場合には、その後の展開に、いかに影響したのであろうか。これはそのまま、上記ａｂの問題でもある。

３．最初と最後の犯行時の精神状態の瞥見

以上、前章から本章前項にいたるまで、繰り返し、強調してきたのは、①「神秘体験先行」の視点を欠いては、彼の連続的な理解が不十分となる。②それは、サティアン時代はおろか、拘置所生活１０余年を経た現在にいたる彼の連続的な理解にも通ずるかもしれぬということでもある。

本小論は正式な鑑定書ではない。冒頭に述べたような限られた条件下では、全犯行時の厳密な検討は不可能である。そこで彼の精神状態を連続的なものとみなし、最初と最後の犯行のみをとりあげ、主に公判の供述調書から瞥見してみたい。

ａ.坂本事件（１９８９．１１．４）

彼の行動は、およそ公立の医学部卒業という力をもった成人とは思えぬほど頼りなく一貫しない。オウムＴシャツを着替えたくせにプルシャをつける（８６回、Ｐ１０９）。押さえつける手はずもなしに、静注用の注射筒をもってボーッと突っ立っている（８６回、Ｐ３２）。そもそも、坂本氏が何者かもよく知らないで参加しているのである。そのくせ、龍彦チャンの口を押さえ、都子夫人の首を絞める。

麻原がすぐそばにいるので狂喜する。心臓が喜ぶ（８７回、Ｐ２７）。「子供を何とかしろ」という男性の声が心臓の中からする（Ｐ４０）。「尊師やめさせてくれ」との思いがあっても動けない（Ｐ４５）。村井が坂本夫人の首を絞めているのをみると、前世の自分が麻原に絞められている映像が浮かび（Ｐ７９）絞める部位の違いを指摘する。

事件後、ポアの間に２週間いれられた彼は、どこでどう間違ったのか分らない状態であった（８８回、Ｐ３８）。そして、彼にとってはブレーキなしで走る一本道しかない（Ｐ３９）。まさしく事件は入信の時から続いていたのである（Ｐ９７）。麻原は光っていて、光に味があり、理屈抜き、無条件で寄っていきたい存在であった（Ｐ８５）。

全くコントロールされずに不随意的に頻発する麻原・村井の想念などに振りまわされ（８５回公判、Ｐ１１）、混乱し、断るという発想もない（Ｐ１２）。すべては夢でもみているんじゃないか（８６回、Ｐ１６３）といった現実感に乏しい出来事であった。早川

証言（５７回公判）にも、「彼は、子供を殺してしまいましたと、泣き出しそうな悲鳴をあげた。非常におかしかった。プルシャをさがすとか、とてもそんな状態ではなかった」とある。まさに解離性障害で、その責任能力としては、理非弁別能力・行為能力ともに半ば以上、損なわれていたとみるのが妥当であろう。

b.新宿青酸事件（１９９５．５．５）と都庁爆弾事件（５．１６）

最後の犯行である。坂本事件からは５年半、最初の「神秘体験」出現からは７年余が経過している。さすがに公判（１０５～７回）の供述調書を読む限り、「神秘体験」の出現はかなりコントロールされ、時を選ばずに頻発して振りまわされるという、“治療”を必要とされる状態は脱しているようである。すなわち、いわゆる責任能力、それも弁別能力についてはかなり回復していたと推測される。

青酸ガス事件が失敗に終わったあとの彼の言葉が象徴的である。社会的混乱を起こしたので、これはこれでよかったと思いました。で、人も死ななかったし・・・・・。とにかく麻原から云われたことはやったということですね（１０７回、Ｐ９９）。

しかし、黙想すると麻原が自分のすぐそばにいる。自分の中にいる。やっぱり戦えとか云ってましたね。麻原が上九にいて中川が東京にいても、メッセージは受けとれた（１０６回、Ｐ１２３）。村井が刺されたＴＶをみた直後、瞑想したら、もう助からないという声がきこえてきた（１０６回、Ｐ１９７）。麻原は人間を超えた生き物、善とも悪ともいえない、混沌とした強烈なもの。自分は奴隷ではないが指示に反撥しようという気もなかった。最初からそうだった（１０６回、Ｐ１４１）など供述している。やはり神秘体験の理解なくしては彼の理解はなりたたない。

以上、最初と最後の事件をとりあげ、公判記録からのみの瞥見を試みた。綿密な直接面接は全くなされていない。あえて無理を承知の上で責任能力を理非の弁別と行為とに二分すれば、前者を左右していた、解離性精神障害の部分は、その激しさは終息の傾向をみせている。しかし後者、行為能力（麻原との関係）に関しては、「体験」は幾分コントロールされてその質が変わったようでもあるが依然活発に出現し、なお完全に麻原の支配下にあったことは明らかである。この頃の彼の活発な「体験」については、富永（第９回）、井上（第１３回）の証言によっても裏付けられている。それは、マインドコントロール（西田公昭「豊田亨に対する意見書」）や軍隊組織の上下関係などとも異なった次元で存在したと考えるべきであろう。「神秘体験」と麻原の存在抜きで、責任能力を云々したら、重大な過誤をおかすことになろう。

以下は、第３回目の接見での彼の言葉である。「現在もなお、劇的な体験がないわけではありません。知人の死の時に、何も知らなかったはずなのに、夢の中で一生懸命お経をあげていた・・・・・など。もし来世というものがあっても、又、麻原と一緒ということで同じことをやらされたらたまらんな一といった心境です。」彼にとっては、ある意味では、「麻原の世界」は現在も続いているのである。

４．気になるコトバの数々など。そして彼が医師であり、かつ内省的であること――

前章でも触れたが、接見時、彼の口からはいくつもの気になる言葉も出ている。「事件に関

わった時の葛藤はあまり無かった。」「出家する際の抵抗はすごかった。」「いろいろな体験が出て、舞い上がった状態のままで出家していたら、まったく違った経過だったかもしれない。」等々である。これらの意味は、十分に説明可能なのであろうか。彼を理解するためのキーワードになるかもしれない。

彼は自らの行為や考えを、言語化・明確化する能力を有し、その努力も出来る。面接を重ねることにより、彼自身の言葉で、自らの行動を説明することもできるのではあるまいか。事実、「麻原の指示は動詞だった」という言葉も、「佐々木先生とお話ししていると、非常にお話ししやすくて出た」と記している（書簡）。マインドコントロールという漠然とした言葉に一括してことをすませてはなるまい。「個別性」こそ精神医学の真骨頂ともいうべき基本的構えである。そしてこうしたアプローチが、「オウム全体の構図」に迫る１つの小さな鍵となりうるかもしれない。もちろん、闇に包まれた麻原本人の問題をはじめ、麻原と信者との間や信者相互間の力動等々、事件後すでに１０余年を経てしまった現在、再現性からも膨大さからも、その全体像の把握は至難ではあろうが・・・・・。

いずれにしても疑問符がこのように多いまま、彼を型通りの法の裁きの流れに乗せていくことには、多大の疑問を感ずる。こうした場合、我が国の裁判では、通例、精神鑑定が行われるのが寧ろ当然だったのではあるまいか。

§Ⅳ．まとめ

１．神秘体験

彼にとって、視えた、聴こえた、前世も麻原の弟子だったということは、嘘・偽りではなく、彼の中で体験されたことである。それは精神医学的に十分に説明可能である。そして、この存在を大前提とし、あらゆる出発点とすえぬ限り、彼の言動は理解不能といえる。

２．精神医学診断と責任能力

少なくとも坂本事件当時、彼は解離性精神障害の一種であり、責任能力は半ば以上損なわれていたと推定される。その後の犯行時にも、その激しさこそ次第に消褪したが、残渣は十分に認められる。そうした視点から、責任能力は厳密に吟味されねばならぬはずである。

３．麻原との関係

彼の中で麻原の命令がどう受け止めれられたか、といった観点からの責任能力も問われるべきではあるまいか。彼の言葉・行動には、常識的な理解を超える疑問点が余りにも多い。軍隊の上下関係とも、「マインドコントロール」とも別な次元の特異な「支配関係」の存在を考えざるをえない。

４．巫病としての視点を導入したとき、「体験先行型」としての彼の特徴が際立ってくる。そしてそれが、上記１・２・３すべてに強烈な影響を与えるとともに、入信・出家からの犯行、そして拘置所生活１０余年の現時点にいたる彼を、連続的に理解する鍵ともなりそうである。

５．坂本事件と新宿青酸ガス・都庁爆弾事件という最初と最後の事件を瞥見した。それは上記１～４を再確認する作業でもあった。

６．冒頭にも述べたように、本小論作成は、肝心の中川君との面接は３０分間づつ３回のガラス越しの接見のみ、などというきわめて限られた条件下で行われた。正式の精神鑑定が必須であると結論できよう。

参考文献

１．森田正馬：余の所謂祈祷性精神病に就いて．精神経誌１４巻：Ｐ２８６－２８７，１９１５
２．佐々木雄司：我国における巫者（Shaman）の研究．精神経誌６９巻：Ｐ４２９－４５３，１９６７
３．佐々木雄司：「宗教から精神衛生へ」，金剛出版，１９８６
４．佐々木雄司：信仰とメンタルヘルス．「生活の場での実践メンタルヘルス」，Ｐ１５２－１６７，保健同人社，２００２
５．吉永真理，佐々木雄司：現代の憑依現象．精神医学，４２巻（１）：Ｐ８－１８，２０００
６．西村康：シャーマニズと憑依状態．臨床精神医学，８巻：Ｐ１０２９－１０３７，１９７９
７．仲村永徳：沖縄の憑依現象．精神医学，４０巻（４）：Ｐ４４５－４４９，１９８８
８．金光日（吉永訳）：韓国の神病．精神医学，４１巻（３）：Ｐ３２５－３３０，１９９９
９．吉野雅博：感応精神病と祈祷精神病．「現代精神医学大系６Ｂ」：Ｐ１４３－１７１，中山書房，１９７８
１０．佐々木宏幹：「シャーマニズム」，中公新書，１９８０
１１．佐木秋夫：「新興宗教」，青木書店，１９６０
１２．乾、小口、佐木、松島：「教祖」，青木書店，１９５５
１３．藤田庄市：彼はなぜ凶悪犯罪を実行したのか．世界，4月，Ｐ２６８－２７７，２００４
１４．訳，高橋三郎他：APA：「DSM－Ⅳ精神疾患の分類と診断の手引き」Ｐ１８５－１８８，医学書院，１９９５
１５．監訳，融道男他：WHO，「ICD－１０精神および行動の障害―臨床記述と診断ガイドライン」：Ｐ１６１－１７０，医学書院，１９９３

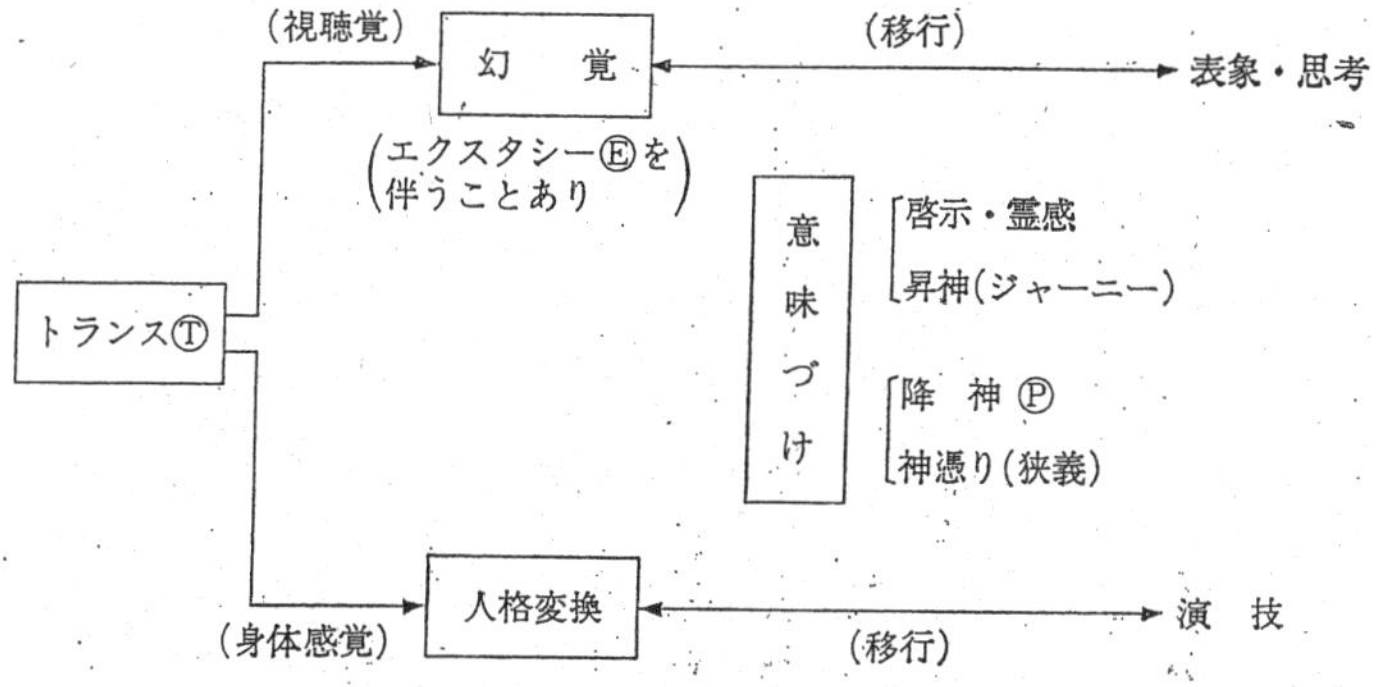

第1図、「神秘体験」の発現と、その変質・移行(佐々木)

(注)一般に「体験」発現の初期は不随意であり、コントロールがきかず、日常生活に支障を来たすことが多い。しかし、次第にコントロール可能となり、「外套のように自由に着脱できる(Janet, P.)」ようになると、“巫者”教祖の「完成」である。しかし、同時に体験の貧困化(移行・変質)や職業的狡猾化などが加わってくることが多い。麻原はどのレベルだったのであろうか。

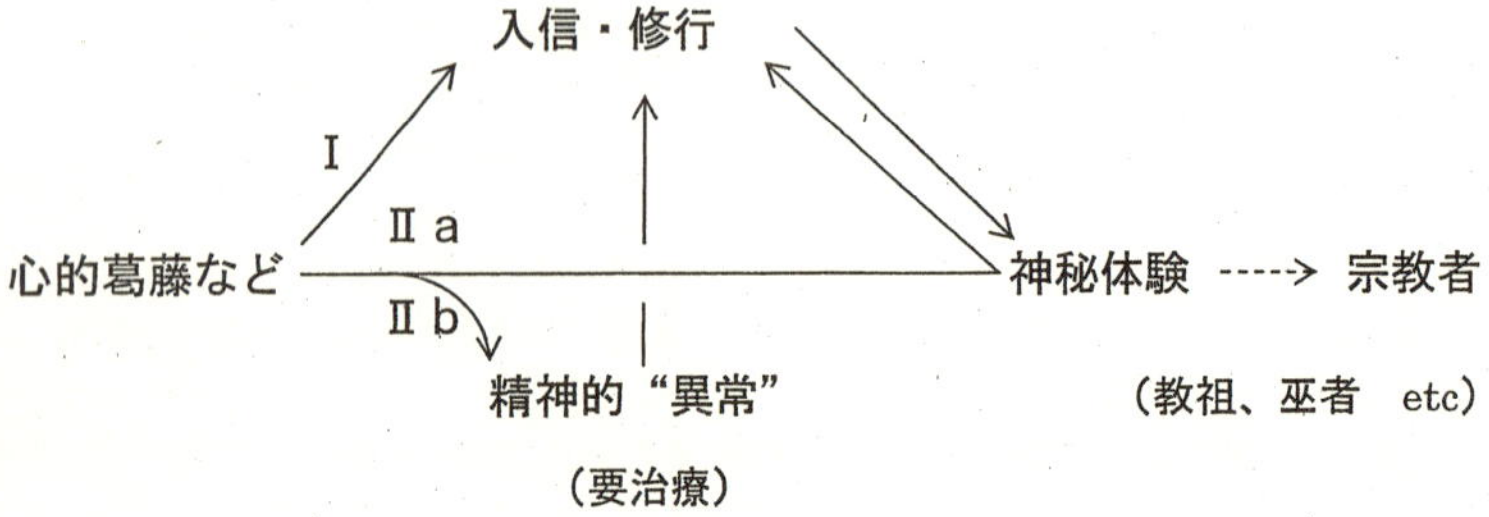

第２図、成巫過程（模式図）佐々木

「鑑定意見書」補遺 Q&A

—東京高裁公判開始にあたって—

２００６．４．２６．
医学博士、獨協大学名誉教授
元東京大学医学部教授（精神衛生学）

先に高裁へ提出した「意見書」（２００５．９．２１）は、正式鑑定要請についての必要な記述は工夫したつもりです。しかし、精神医学領域の問題点の常として、法曹界の方々には一部判り難く、説明不足の点もあったかもしれません。

そこで、内容的には意見書と同一なのですが、視点を若干変えて、「正式文書」の形式にとらわれず、Q&Aスタイルで、できるだけ柔かい記述を心掛けながら、若干の補足を試みました。

Q１．佐々木の専門性と立場は？

私はたまたま弁護団側から依頼されて「鑑定意見書」を作成しました。それは、弁護団が中川君の特異な「異常体験」に着目し、こうした「体験」の持ち主との面接を、我が国では最も数多く手がけた精神科医の１人としての私を探し出し、執拗な要請をくり返したからです。

私は精神科医でその専門領域は２つあります。１つは「メンタルヘルス」であり、昭和４１年秋以来現在も専念している本来業務です。もう１つが、シャマニズムを中心とした宗教精神医学です。これは昭和３０年代に、私が病院勤務の時代に熱中していた主要研究テーマであり、４１年以降も現在まで、興味と関心は持続し、さまざまな形で関与し続けてきた領域です。この２つの領域では、我が国のパイオニアの１人と自負しております。因みに、昭和５２年～５６年の琉球大学赴任の主要目的は、コミュニティの残る沖縄でのメンタルヘルス実践と、ユタ（沖縄のシャマン）の研究だったほどです。

そして、彼と接見し、公判記録なども瞥見しました。まごうことなく、私の専門領域でした。彼の心の動きが、かなり「判る」のです。「意見書」に記したように、「体験 → 入信 → 出家 → 犯行」の、彼の行動も、かなり「理解」できるのです。それは、臨床精神医学者としての、「体験」についての精神病理学的理解に加えて、シャマニズム研究で培った視点に基づくものがより大きいともいえます。

冒頭に強調せねばならぬのは私の立場です。中川被告の味方というわけでも、弁護団と一蓮托生の応援団でもありません。精神医学者としての良心、そして、歴任してきた幾多の公職、東京大学・琉球大学・獨協大学教授、東京都・埼玉県精神衛生センター所長など

の矜持にかけても、厳正中立であることはいうまでもありません。私は「司法精神医学」は専門ではありません。しかし、精神科医生活５０年の間に、精神医学の要諦が、その人物をいかに「理解」するかにかかるかは、叩き込まれました。中川君の心に何が起こり、それがなぜ起こったのか。あの犯行は何だったのか —— 従来の「法と精神医学」の枠内での責任能力論議をはみ出さざるをえないかもしれません。しかし、そのことによって「彼の理解」が一歩でも深まればと思うのです。この枠にとらわれては、彼の赤裸々な姿は見え難いと思われます。

一見、荒唐無稽な「体験」—— しかし、罪を逃れるための嘘ではありません。「鑑定意見書」は、「序論」にすぎません。法廷は、「本論」たるべき「正式鑑定」を実施するという努力を払い、彼の理解を深めた上で、裁きを下すべきだとの私の立場です。闇に閉ざされたままの「オウムの世界」の一端をも明らかにする一助ともなりうるのではありますまいか。

Q２．「解離性障害の一種」というあいまいな診断は？

その１．ＩＣＤ－１０などをめぐって

光がみえる、麻原の想念がうつる、犬の言葉がわかる —— 等は、憑依状態ではなく、トランスとみなすべきでしょう。トランスは、幻覚や気分変調などを特徴とする宗教的な意識の例外状態（変容状態）です（意見書P10、第１図）。こうした神秘体験の出現のみで、苦悩を伴わず、ある程度距離が保て、それに振り回されなければ「障害」とはみなしたくありません。それが一方の極とすると、対極には、極度の不安・苦悶を伴い奇妙な言動を呈する、「治療」の必要な状態があります。時には憑依状態も生じます。さまざまな状態が、その両極の間にさまざまに位置するわけです。

さて、これらのさまざまな状態を呈した中川君を、如何に診断するか —— 実は、甚だ困惑せざるをえないのです。いずれにしても「反応性」「心因性」の範疇に属します。しかし、ICD－１０やDSM－Ⅳに無理にあてはめようとすると大変苦しくなります。トランスのみの場合も、障害と冠するか否かは別として、「解離」には違いありません。

例えば、ICD－10のＦ４４解離性（転換性）障害のＦ４４,０～Ｆ４４,９を列挙すれば「表１」であり、中川君の場合、最も近いのは Ｆ４４：３,「トランスおよび憑依障害」でしょう。

表１

F44	解離性（転換性）障害	
	F44.0	解離性健忘
	F44.1	解離性遁走〔フーグ〕

F 44.2	解離性昏迷
F 44.3	トランスおよび憑依障害
F 44.4	解離性運動障害
F 44.5	解離性けいれん
F 44.6	解離性知覚麻痺〔無感覚〕および知覚〔感覚〕脱失
F 44.7	混合性解離性（転換性）障害
F 44.8	他の解離性（転換性）障害
.80	ガンザー症候群
.81	多重人格障害
.82	小児期あるいは青年期にみられる一過性解離性（転換性）障害
.88	他の特定の解離性（転換性）障害
F 44.9	解離性（転換性）障害、特定不能のもの

以下その項の全文を転記すれば下記となります。

F 44.3　　トランスおよび憑依障害　Trance and possession disorders

人格同一性の感覚と十分な状況認識の両者が、一時的に喪失する障害。症例によっては、あたかも他の人格、霊魂、神、あるいは〔力〕にとりつかれているかのように振る舞う。注意と認識は直接的な環境の1つか2つの局面のみに制限されるか集中し、限れてはいるものの反復する運動、姿勢、発語の組合せがしばしば認められる。ここには、不随意的か意図しないもので、かつ宗教的ないし他の文化的に受容される状況を逸脱して（あるいはそれらの状況の延長として）生じ、通常の活動の中に侵入するトランス状態のみを含めるべきである。

幻覚あるいは妄想をともなう分裂病性あるいは急性の精神病、あるいは多重人格の経過中に起こるトランス状態をここに含めるべきではない。トランス状態が、何らかの身体的障害（側頭葉てんかんや頭部外傷のような）、あるいは精神作用物質の中毒と密接に関連すると判断されるならば、このカテゴリーを使うべきではない。

なお、DSM－Ⅳでは「解離性トランス状態」と表現され、ほぼ同様に定義され、３００，１５「特定不能の解離障害」の中の一つのパターンと位置づけられています。

附言すれば、宮崎勉鑑定などで話題となった「多重人格障害」は、中川君の場合には考える必要はありません。そしてその分類は、近縁ではありますがかなり別なカテゴリーであって、ICD－１０ではＦ４４,８「他の解離性（転換性）障害」の中の一項Ｆ４４,８１に位置づけられています。DSM－Ⅳでも、「多重性人格障害（解離性同一性障害）」は３００，１４として、別カテゴリーとされています。また先頃、麻原公判で、訴訟能力に関する精神鑑定の必要性で論議された１つは、Ｆ４４.８０ガンザー症候群です。

要するに、中川君の場合、無理に「解離性トランス状態」などと当てはめると、限局化されたイメージがつきまとって独り歩きし、実像から遠ざかる怖れを抱かざるをえないのです。それより、いっそのこと正式鑑定以前の「意見書」では、とにかく解離性のカテゴリー内という意味で「解離性障害の一種」というにとどめたのです。もちろん厳密な診断も、正式鑑定の大きな目的の１つです。

その2. 心因性、感応性、解離性などの位置づけとその考え方は？

精神医学の歴史の中では、診断分類についても、かなりの紆余曲折を辿っております。大筋うけいれられてきたのは、心因・外因・内因の３大分類であることは周知のことです。「心因性」とは、精神的な原因によってひきおこされ、そのなりたちの過程などかなり追体験でき、了解可能なグループ。一般からも、否、時には精神科医からも、内因性よりも軽症とみなされがちですが、本人にとっての危機的状況は、時には寧ろ深刻なこともあります。

何度もくり返すことになりますが、中川君は「心因性」の範疇に属します。そして、その中の一種で、信仰にからんだ場合などによく浮かんでくるのが「感応性精神病」という診断名。それは、folie a deux（２人での精神病）に相当するもので、発端者 primary agent, inducer の精神症状や妄想などが、１人あるいは２人以上のメンバー（継発者、recipient, induced）に伝播したと考えられる場合です。これが、麻原と中川君との関係という図式にあてはめられるか否か —— それも、麻原の実態が曖昧なこともあり、正式鑑定の１つの課題でもあります。また、「意見書」（P. 2）にも触れた「祈祷性精神病」は、森田正馬が提唱した概念で、民間信仰ないし民衆宗教の儀礼または関連の信仰状況において起こるとされたものです。中川君の初期の状態は「祈祷性精神病の現代版」とも考えられるかもしれません。

私自身にとっては、ＩＣＤ－１０などの新しい診断基準より感応性精神病、祈祷性精神病などの概念をベースにした方がなじみ深い点もあるのですが、それとて、中川君を説明できるのか否か疑問です。確かに、最初の発現など部分的には説明できそうですが、彼の現在にいたるまでのトータルは、とても「理解」できそうもないのです。やはり、暫定診断としては「解離性障害の一種」と、漠としたものにとどめざるをえないのです。正式鑑定の課題の１つです。

Ｑ３．なぜ彼の「体験先行」が重大な意味を持っているのか？

その１．「巫病」として

オウムのみならず、一般に信仰の途に入るルートとして最も多いのは、まずはさまざまな悩み・苦しみからの救いを求め、或いは、教義に賛同し、或いはたまたま勧誘されて入信します。そして、場合によってはさらに本格的な修行の途に入るというパターンといえ

ます。そしてさらに、その修行者の一部には、その修行の結果として「神秘体験」が生ずることもあるわけです。

これと対称的なパターンが、体験先行型です。中川君は、まず「神秘体験」が頻発し、苦悶にあえぎ、必然的な成り行きとして入信・修行への途を辿りました。

私は昭和３０年代、青年医師の時代、臨床精神科医としての診療生活の傍ら、日本の各地で、市井で生活し活躍する巫者（いわゆる霊能者）を訪ね、その「体験」の発現を中心に詳細な生活史を聴くというフィールドワークに埋没しました。その数は１００名になんなんとします。こうした「体験」の持主を、病院という場のみでなく市井の場にまで求めた精神科医の業績は、他に類をみないといえます。私はその数十例の「体験発現過程」を分析して、修行型（Ⅰ型）と非修行型（Ⅱ型）とに分類しました。そしてⅡ型（体験先行型）はさらに、"治療"を要せぬもの（Ⅱa）と、治療が必要な状態を伴ったもの（Ⅱb）とに亜分類されました（意見書P11、第２図）。そして、「体験」の強烈さ・鮮烈さを比較すると、Ⅰ型よりⅡ型、とくにⅡbが際立っていると結論できたのです。

その後、私は、昭和５０年代前半、琉球大学在職中には、このカミダーリィとされるⅡb型の苦悩に、病院でも、市井でも何例となく遭遇しました。また昭和５０年代後半以降の韓国との交流の深まりは、「神病」の重大性の認識ともなりました。Ⅱb型の正体は巫病と位置づけても差支えなさそうです。「巫病」概念を導入する最大のメリットは、その体験や苦悩の強烈さの理解を助けるのみでなく、意見書（３頁）にも述べたように、その人物の縦断的な生活史そのものが浮彫化されることです。

中川君の場合、病院精神医学の枠組にとらわれては、Ｑ２でも若干述べたように、解離性障害の中のどのカテゴリーに当たるか、そして、その激しさがどの程度だったのか——といった論議にとどまりかねず、彼の赤裸々な姿がみえてきません。「巫病」を経過し、克服した巫者と市井で面接し、その苦悩の生活史を聴く時、或いは、沖縄でカミダーリィの真只中の、不安・苦悶の極にある人達の奇異な言動に接する時、巫病の凄まじさが実感されます。彼らは、全生活がカミの途に向かって規制されるのです。これは、Ｑ１でも述べたように、シャマニズムの精神医学的研究・フィールドワークによって培われた私の学問的蓄積から明言し得ます。

こうした視点でこそ、彼の「体験出現——入信・出家」の姿がリアルに浮かび上がります。彼の頻発する「体験」は、時と所を選ばず、そのため、彼は悩み・苦しみ続けます。彼は、その「体験」をコントロールできず、距離をもてず、振り回されます。彼が、その「体験」を　自らコントロールでき、距離を保てるようになったのは、拘置所生活１０年を経た、ごく最近のようなのです。

このように、「巫病」概念を導入することにより、彼を連続的にかなり「理解」することができそうです。しかし、「責任能力」の論議のためには、その苦悩・困乱の極にあった彼の状態は、常識的な精神医学の枠組の中では、一体どう位置づけられるのかをも論議せざるをえず、やはり厳密で丹念な正式鑑定が必要とされましょう。

その２．麻原との関係

「体験先行」という彼の特異性は、前述の「巫病」概念の導入論議にとどまりません。もう１つの重大な意味は、中川君と麻原との関係を徹底的に左右しているという点です。

彼は、幾多の犯行に手を染めています。彼のみならず、多くの前途有為な若者も・・・・・・そしてその行為は、教団内での地位昇進を考え、・・・・・或いは、教団内で生きるためには麻原の命令をきかざるをえず・・・・・などの世俗的な組織論、稀には、マインドコントロール論によって説明されているようです。しかし、どうも彼の場合、これらとは別な視点が必要とされそうです。

先にも述べたように、巫病となった者の救いの途は、精神医学的治療かカミへの途しかありません。しかも彼の生活圏は京都・大阪といった大都会で、イタコやユタを生み、カミダーリィを許容する文化的土壌はありません。そして、臨床的治療の途をとざされた挙句に辿った彼の途は、当然のこととしてカミの途しかなかったのです。

彼は、前世も麻原の弟子だったのです。それは強烈な「体験」でした。それも「体験先行型」の麻原との関係です。「体験」で連がっている彼らの間では、言葉でいう「命令」すら必要なかったのでしょう。彼自身が、私との接見中に用いた「麻原のことばは動詞だった」が、見事に表現しているのかもしれません。

これは「行為能力」の障害と位置づけなくて何でしょうか。

きわめて模式的に、かつかなり乱暴に、責任能力を理非弁識能力と行為能力とに２分してみます。

前者、弁識能力については、従来の精神医学の枠組の中でもかなり論議することができるでしょうが、この論議だけで彼を十分に理解できるのか否か、甚だ疑問です。となると、後者、行為能力をも重大案件として、前者に加えてテーブルにのせた方が、彼を理解し易くなります。特異な「麻原との関係」の存在の重大性です。それは「神秘体験」であり、「体験先行」です。

そこで何が起こり、なぜ起こったか —— に迫るためには、やはり、「神秘体験」にしっかりと踏み込まねばならぬようです。

この辺になると、ガラス越しの３回の接見のみでは、私自身、充分に説明できるだけの彼とのやりとりは持てておりません。正式鑑定の重大要件の１つともいえます。

Ｑ４．正式鑑定を行う意味は？

３回の接見と公判関係書類の一部の通読により、「鑑定意見書」を作成することはできました。すなわち、彼の心の動きのあらましの見当をつけることはできました。しかし、ここに止まったのでは、凡その輪郭が知れたのみで、内面の襞までは立ち入っておりません。それに、一部は、不十分な情報を、私自身の今までの研究成果に当てはめて展開せざるを

えなかったという苦しまぎれの傾向も否定できません。

但し、正式鑑定が行われたとしても、最初の体験からすでに１８年、最後の事件からも１３年が経過しています。人間の記憶も風化し、ある程度加工されることも想定されます。であればこそ、なおのこと面接を繰り返し、被告人との間の心の壁をとかし、率直な彼の言葉と心に触れねば、断定的な判断は控えざるをえません。

ことは２０世紀の世界を震撼させ、死刑がかかった重大案件です。万人の納得できる法の裁きのためには、そこで何が起こり、なぜ起こったか、少しでも明らかにされるための最大限の努力が払われることが大前提となりましょう。

Ｑ５．検事の取調べや公判初期に、「体験」を喋らなかったことは？

このことは、公判中よく問題視されてきたようです。しかし、意見書にも記したように（Ｐ.２）、こうした「体験」の持主が面接の時期や状況次第によっては、その体験の一部または全部を語らぬことが多い —— ということは、私自身も、よく経験してきたことです。それは、話しても理解して貰えないと彼等自身が判断した場合、あるいは、今は話すべきではないとの「内なる声」などといったさまざまな「体験」によって、不随意的に発言がストップされる場合です。

とはいえ、中川君がなぜこの時期、口を閉ざしていたのか、３回の接見のみでは、聴取できておりません。このあたりを十分に話し合い、かなり納得できる彼の心の動きが把握できれば、彼の姿が、より明確に浮かんでくるかもしれません。正式鑑定の課題の１つでありましょう。

Ｑ６．この領域の特異性について

彼を理解するためには、単に優秀な精神医学者というだけでは不十分でしょう。単に病院精神医学の枠内で横断的に捉えた「解離性障害」の責任能力論議に止まってしまいます。彼の「体験先行」という特異性の把握には、病院場面だけでなく、市井のフィールドワークをも含めた巫病（カミダーリィ）などの研究経験・治療経験も必要でしょう。

Ｑ７．犯行時の記憶と責任能力

犯行時の記憶が曖昧な時には、責任能力を疑い、キチンと検討せねばなりますまい。しかし、逆にその記憶が完全に保たれているからといって、それが短絡的に完全責任能力に結びつくわけではありません。例えば、統合失調症などで激しい幻覚・妄想にかられて事件を起こした場合、寧ろ、当時の記憶は殆ど完全に保たれているのが普通です。記憶の有無のみをとりあげて責任能力を云々することは、全く的ハズレといえます。

Ｑ８．知能と責任能力

前項Ｑ７と殆ど同じ構造です。中川公判では、しきりに「知能優秀だから完全責任能力」という論法が飛び交ったようです。

知能が劣っている場合には、責任能力の検討が必要となります。しかし、逆に、知能が優れていることが、直ちに完全責任能力とは結びつきません。

例えば、激しい幻覚・妄想に左右されている統合失調症でも、一般に知能は冒されません。解離性障害の場合も、知能は冒されず、その発症にも経過にも、本質的には殆ど無関係なこともいうまでもありません。

Ｑ９．Ⅱｂ型（佐々木）、巫病そして解離性障害

私のⅡｂ型は、シャマンとなった者をとりあげ、そのプロセス（成巫過程）の１つ――といった視点です。Ｑ３で述べたように、Ⅱｂは殆ど巫病とイコールでしょう。しかし、巫病でも、シャマンにならぬ（なれぬ？）者もおり、その場合には厳密には私のⅡｂとは呼びたくありません。そして、巫病は鑑定意見書にも述べたように（Ｐ．３）、精神医学的には、いわば社会診断とでも位置づけられるべきであり、症候群です。統合失調症・そううつ病などのエピソードの一部も含まれ、解離性障害は、巫病の中核群・典型群と考えられます。しかし、厄介なことに、解離性障害と診断される巫病の典型例すべてがシャマンになるわけでもありません。私自身も、沖縄で「カミダーリィ」と世間的にはみなされる幾多のケースに面接しました。その中には、統合失調症も解離性障害もありました。そしてその後、ユタになった者も、病者として暮す者も、多少の変り者として市井に暮す者など、さまざまな途がみられました。

いずれにしても、文化的許容度如何と、治療者がこうした「異常体験」にいかに理解がもてるか否かが、予後の鍵を握っているようです。

Ｑ１０．公判における被告人質問と正式鑑定の差は？

もちろん、それぞれに一長一短はありましょう。何といっても公判におけるやり取りの最大のメリットは、傍聴人をも含め、被告・裁判官・検事・弁護人すべてが、同一条件下で共有でき、共通理解の緒ともなりうることでしょう。しかし、何といっても、被告人にとっては極度の緊張を強いられる公判です。ある程度の自己主張の場とはなりうるでしょうが、フランクな応答は期待できないでしょう。ましてや、今まで誰にも話せなかったこと、或いは、自らも見逃し記憶の奥に沈んでいたりした重大なことなどが、引き出される可能性は極めて乏しいとみなさざるをえません。これらこそ、彼を理解する鍵となるもの

といえます。

「面接」こそ精神医学の方法論の基本です。そしてその良い面接の大前提は、よい「場面設定 setting」であり、かつ「面接者と被面接者との相互作用」です。その相互作用如何によって、同一被面接者の応答も変化します。深くも浅くもなるのです。中川君の場合、未知の部分、不可解な部分が余りにも多いのです（意見書§Ⅲ)。この不明確な部分を少しでも明るみに出し、彼を「理解」する努力が必要なのではありますまいか。くり返します。それが有効であるなら、従来の「法と精神医学」の枠組みを超えることも必要でしょう。それにはまず、正式鑑定が大前提です。

以上

鑑定意見書(その2)

―とくに「神秘体験」をめぐって―

２００６．１１．２７
医学博士、獨協大学名誉教授
元東京大学医学部教授（精神衛生学）
佐々木　雄司

目　次

Ⅰ．はじめに

私は昨年「鑑定意見書」（2005.9.21、以下「意見書」という）を、また視点を若干変えて「鑑定意見書補遺Q&A」（2006.4.6、以下「補遺」という）を記述した。前者は３０分ずつ計３回の接見を行い、公判関係書類などの一部を通読しただけ、後者はさらに３０分１回の接見を加えただけといった範囲内での見解である。これらは、正式鑑定からは程遠い不十分な条件下での小論であるとはいえ、その不十分な条件を私の宗教精神医学者としての長いキャリア（補遺１頁、Q1）で補うように努めたつもりである。

長年にわたって中川智正被告を見守ってきた母親や久保田氏が、私の意見書を読んで初めて中川被告の“不可解”な言動を理解できるようになったと述べている（9回公判[redacted]証言７頁、久保田正志証言22頁）ことからも、私の努力はある程度まで成功したのであろう。つまり、私の意見書や補遺は、こうした「異常体験」にさいなまれ、翻弄された中川被告の「心の軌跡を理解するための小論文」としては、きわめて意義深いと自負している。

とはいえ、これらの意見書や補遺は、あくまでも正式鑑定を要請したものであり、診断や責任能力に関しては、あえて筆を一歩手前にとどめ、断定調は避けた。

そして、２００６年3月１日控訴審が始まった。私は、弁護人及び裁判所の意向をも踏まえ、責任能力論と無関係な第７回、８回を除き、第１２回まで、１０回法廷に足を運んだ。この間、検察官からは「被告人中川智正に関する意見書」(2006.8.18、以下「小畠・山上意見書」という）も提出された。

私は傍聴を重ねるほどに、そして小畠・山上意見書を読むほどに、私の意見書や補遺の確かさに自信を深めてきた。同時に、私の経験に照らして、私には中川被告の「体験」の凄まじさ、それに翻弄された彼の姿があらためて良く理解できるものの、同様の対象を見慣れていない方々には、自らの「体験」を落ち着いて語る現在の中川被告の言葉や態度からは、犯行時の精神状態を想像しにくかったのではないかとも感じられた。

そして公判の流れとしては、正式鑑定はおろか、私の証人尋問も採用されないと聞いている。そこで、私は弁護人から、証人尋問が採用されたならば、質問に答えて証言したであろう内容、すなわち、中川被告の「体験」や中川被告と麻原との関係を中心とした意見書の作成を依頼された。私は、現在でも中川被告については正式な鑑定が必要であると考えている上、そもそも「不十分な面接では多くを語らぬ」というのが信条であるから、新たな意見書の作成には必ずしも積極的ではなかった。しかし、弁護人の再三の要請に加え、意見書や補遺では詳述していない事項や慎重を期して断定していない事項もあったので、これに傍聴所感をも加えることで、診断や責任能力に関して新しい角度から論ずることも可能であると考えるに至った。

したがって、本小論の内容は、もとより正式の鑑定書にはなり得ないが、合計１０回の公判傍聴した結果を踏まえたそれなりの重みがあるもの、少なくとも証人採用された際の「証言」と同等以上のものであると考えて、あえて筆をとった次第である。

Ⅱ.「体験」をめぐって

1．宗教犯罪と「体験」――本件の特異性

①私は司法精神医学の専門ではないし、本業の「メンタルヘルス」に専念するため、鑑定依頼は極力避けてきた。しかし、数少ない鑑定例の中には、「信仰」関連なのでやむなく引き受けた次の２例も含まれている。その２例は、医学生時代以来の畏友風祭元博士（元松沢病院院長、帝京大学名誉教授）の近著「精神鑑定医の事件簿、日本評論社、2006.5」にたまたま簡潔に紹介されているので、そのまま引用する。文中Ｓ博士・Ｓ教授とあるのは私のことである（20～21頁)。

ⓐ狐憑きの女性折檻死事件

昭和５０年頃、埼玉県で１９歳の女性が精神病にかかり、乱暴や徘徊などがあったため、この女性の家族は、これは娘に狐が憑いたのだと考え、４８歳の母親が姉と一緒に「狐を娘の体内から追い出すため」、２カ

月にわたり、食事をほとんど与えず、線香でいぶし、折檻を繰り返して衰弱死させた事件があった。

この一家は小さな新興宗教の信者で、病気になっても医者にはかからず、拝んで治す雰囲気の家庭であったという。宗教精神病理学の権威のＳ博士が起訴前鑑定を委嘱され、母親は軽度精神薄弱と診断し、参考意見として限定責任能力を示唆したので、検察官は不起訴処分にした。Ｓ博士は「狐憑き俗信を基調とした本事件は、２０世紀後半に都市部に発生したものとして極めて奇異な印象を受けるが、蒼古的なタイムカプセル内で生きて来ざるをえなかった被疑者の精神生活の所産として、比較的容易に理解し得るものである」と鑑定書で述べている。

ⓑ母親の水行殺人事件

昭和５０年代に岐阜県で、浄土真宗の一派の信徒八人が、約一週間、一種の憑依状態となり、信徒の一人３９歳の男性が、自分の実母を水行と称して初冬の池の中に入れ、死亡させた事件があった。3回の精神鑑定が行われ、起訴前鑑定のＮ教授は主犯の３人について精神障害を否定したので起訴されたが、起訴後、鑑定したＯ教授は、３人は「集団的祈祷性感応性精神病」、Ｓ教授は「感応性祈祷性精神病」と診断し、裁判所は責任能力の若干の軽減を認めて、主犯に懲役４～６年の実刑を下した。

②一般に、宗教犯罪は、こうした２例のように、憑きもの落としなどヒーリング（病気なおし）や修行に関連した傷害・殺人事件と、詐欺商法紛いの事件とに二大別されよう。前者は勿論、後者の場合でも、単に軍隊的な命令組織論・マインドコントロール論や利害得失など世俗的な論理の導入だけで「異常体験」を度外視すると、ことの本質を見誤ることもあろう。

中川被告の関与した犯罪はその極端かつ稀有な例であるといえよう。徹底的に「体験」を中核に据えなければ、中川被告の理解は不可能である。その意味では、本公判のかなりの時間が、「体験」中心の展開であったことは高く評価したい。我が国の裁判史上でも特筆すべき快挙なのかもしれない。

③意見書、補遺でくり返し強調したが、中川被告の「信仰生活」は「体験先行」で始まった。すべては「体験」に始まったのである。そして、拘置所生活１０余年を経た現在でも、ある意味では、未だその「体験」は、質は変り、激しさは薄れ、かなりコントロール可能とはなったが、依然継続しているのである。

それは強烈な「体験」であって、中川被告にとっては、決して「体験したと思った」というレベルではなかった。嘘・偽りでも詐病でもない。精神医学的には「幻覚妄想」などの異常体験であり、時と所を選ばず出現する「体験」に、中川被告は振り回され、翻弄された。混乱の極にあった中川被告の

姿は、精神医学的に如何に考えられるのか。「意見書」「補遺」とも重複するが、「体験」の解説などを通し、責任能力をもからめ、以下、改めて若干の整理を試みた。

2.「体験」と精神科受診——その診断と治療

中川被告は入信・出家の頃、正確には、１９８９年６月、大阪鉄道病院での研修医生活の２年目、院内で倒れ、翌７月はじめ、上司の勧めで精神科医を訪れている（2 回公判 25～29 頁）。中川被告にとっては、ものすごく辛い「体験」の話をした。その精神科医は時々メモをとりながらふんふんと聞いてくれたが、すごく冷静なのでわかって貰えないような気がしたわけである。公判時の中川被告のことばをそのまま引用すれば、「精神科というのが私にとっての最後のこの世界の砦だった。それがぷちっと切れてしまって」、８月３１日に出家する。

実は、私は、４回という接見の時間内では、当時の精神科受診時の面接の様子などに、触れる余裕がなかった。昨年、私は意見書に「こうした症状を呈する患者が精神科外来を訪れることは、決して稀なわけではない。その場合は一般的に、解離性障害とか反応性障害との臨床精神医学的診断のもとに治療が行われるが、その「神秘体験」は聞き流され、単なる「幻覚・妄想」として扱われ、せっかく訪れた患者は不全感を抱き、医療ルートから脱落することが多い」と記述した。これは、こうした「体験」の持主との、市井や病院での多数の私の面接経験から断言したことである。これは、「意見書の一部は、不十分な情報を、私自身の今までの研究成果に当てはめて展開せざるをえなかった」（補遺 6 頁、最下行：Q4）と率直に説明した部分に相当する。

しかし、中川被告の受診状況は、まさしく私の記述通り……。はからずも私の今までの研究成果・意見書記述の確かさの裏づけとなったともいえよう。私の意見書は、かなり控え目に筆を止めてある。それは、私の持前の性格と、学問的な慎重さによるものである。しかし、内容的には、それなりの“重み”を盛り込んだつもりである。

現に、小畠・山上意見書は、診断・論旨など私の意見書と全く同一であり、極言すれば、私が控え目に留めたものの一部を丁寧に解説しただけにすぎない。

私は、意見書でも補遺でも、繰り返し強調した。「解離性トランス状態など、無理に ICD-10 や DSM-Ⅳにあてはめると、限局化されたイメージがつきまとって独り歩きし、実像から遠ざかる怖れがある」と（補遺 Q2、4 頁）。小畠・山上意見書は、まさにこうした診断学の枠内での論議に終始した。心因性・反応性、トランスの発生論などに限局した責任能力論議では、中川被告の実像の把握からはほど遠い。恐らく、こうした基本姿勢では、中川被告についての理解は不十分になろうし、入信出家の頃、仮に外来で面接の機会があったとしても、中川被告にとっては大きな不全感が残ったであろう。あえて ICD-10 や DSM-Ⅳにとらわれなければ、責任能力論議はかなり判り易くなる。先の意見書や補遺では控え目に記述したが、中川被告は、まごうことなく祈祷性精神病なのである。心因性・反応性ではあるが、「精神病レベル」の混乱の極だったのである。

なお、心因性・ヒステリーなどに対する正しい理解を深めるため、以下、若干の説明を加える。

例えていえば、ヒステリーと詐病とは、一方の極にヒステリーが、他極に詐病があり連続的であって、峻別が困難なこともある。しかし典型的な場合には明らかに異なり、区別は可能である。もっと判り易くいえば、不登校と怠学の関係も同様の両極であって連続的であるが、典型的な不登校と怠学とは明らかに異なる。ヒステリーや不登校は、決して意図的に“病”に逃げ込んでいるのではない。詐病や怠学ではない。「心因性は完全責任能力」との主張は、不登校と怠学を同一視するのと同様の暴論である。最近では、不登校に対する偏見はようよう薄らいできた。ヒステリーや心因性という言葉に惑わされ偏見をもってはなるまい。

因みに、「祈祷性精神病」とは、１９１５年に森田正馬が提唱した概念である（意見書、9 頁、文献 1、9)。加持祈祷もしくはこれに類似した事情から起こって、人格変換・宗教妄想・憑依妄想などを経過する症例を位置づけ、錯乱状態・昏迷状態・人格変換状態の３型に分かったものである。

中川被告を京都で診察してくれた精神科医は恐らく優秀であったと思われる。まして友人医師から紹介された後輩医師の悩みである。丁寧に面接してくれたに違いない。現に「何かあるんやったらまた来なさい」と再来も勧めている。全く非難するには当たらない。ただ、宗教・信仰に関心をもたない精神科医は寧ろ大多数であり、患者にとって共感・共振できぬ聴き方をされれば、患者も「受けとめて貰えた」とは思えず、医療ルートから脱落する。

もし……、歴史に“もし”はないが、もし私の前に、当時の中川被告が現れたら如何だったろう。「体験」を熱心に聴け、共感・共振できたであろうことは自信を持っていえる（中川被告の母親や久保田氏は、第９回公判で私との面接後、中川被告が明るくなったと述べたが、私は決して中川被告に迎合した面接をしたわけではない。長い経験を持つ精神科の医師として誠実に面接したまでである)。まして、中川被告はみるからに真面目な好感のもてる同業の青年医師である。真正面から丁寧に面接したであろう。ただ、その場合、中川被告がどこまで私に心を開いてくれたかは判らない。向精神薬の服用は必ず勧めたと思う。そして、「体験」の発生の大きな要因と思われる教団からの隔離の意味もあり、入院治療も勧めたであろう。しかし、すでにオウムに入信して１年５ヶ月ほど経ち、出家を目前とした状態である。当然、「オウム出家問題」をどうするかを主題にして話し合ったと思う。研修医２年目を勘案し、研修医終了まで出家は思い止まるよう説得しただろう。但し、あの時点ではオウムに関する私の認識は、単なる“激しいカルト集団の一つ”に過ぎなかった。それ故、なまじ“巫病（カミダーリィ)”の転帰を熟知するだけに、「オウムに入ってやがて落ち着き、かなり“神がかり”的な変わった医者となるのも一つの生き方」と、妥協した可能性も大きい。しかし、青年医師のことでもあるし、その後の動静の定期的な報告を必ず求めたと思う。また、本人が「普通の社会で医師として生きたい」と強く希望したら、２年目の研修は治療に専念させて中断。再度の研修医２年目を翌春から再開する。その場合、カミダーリィに対する包容力のある社会・文化的背景をもつ沖縄の病院

勤務を勧め、私のコネを介して強力に紹介したかもしれない。

いずれにしても、当時、中川被告には治療の必要があり、通常の社会生活は困難で放置できぬ精神病レベルの混乱した状態だったことは明らかである。

３.「体験」の発生とその消長(波)

トランスもしくは宗教的な意識の例外状態（変容状態）が、「神秘的」なあらゆる「体験」の源であることまでは、精神医学者全員が認めるところであろう。しかし、それから先の議論になると、こうした「体験」の持主との面接の多寡により、かなり別れるかもしれない。例えば、その「体験」の際にエクスタシーが伴うことも多いことは、シャマニズム研究者にとっては、当たり前の現象なのである（※１）。しかし、シャマニズムに無関心な精神医学者は、犯行後のエクスタシーをポアした歓びの表現だなど、見当違いの解釈もしたくなるかもしれない。

私は、意見書の末尾（10 頁、第１図）に、「神秘体験」の発現シェーマを記した。意図的に瞑想を暫く続けトランスに入り、「体験」が生ずる——という展開は、この発現シェーマの典型で判り易い。しかし、全く意図せず前触れもなく、突然「体験」に襲われることもある。その場合でも、本人は認識していなくても、メカニズムとしてはベースにトランスが存することは当然ともいえる。

（※１）エクスタシー；専門用語というより寧ろ一般用語。かなり多くの（半数程度？）シャマン学者が、神秘体験の源をエクスタシーとしている。私は、エクスタシーを伴わぬトランスもあるので、トランスを源とする立場をとっている。

上記について、私自身、「我が国における巫者（Ｓｈａｍａｎ）の研究」と題した論文（以下「シャマン論文」という、意見書９頁、文献２　※２）で、「体験」の発現に関して「“入信・修行”と“偶発”とは、心的葛藤に対する２つの反応様式、すなわち意識水準の上と下とにおける解決方法のあらわれとも見なし得る」とした。換言すれば、小畠・山上意見書が、トランスで起こる諸体験を、「たとえ意識的であれ無意識的であれ、主体の願望欲求の反映」とするのと全く同義である。中川被告の「体験」発現はこれらの２つのパターンのうち、意識水準下での解決（無意識下の解決）であり、意見書で「その体験出現は、精神医学的には、病因的（発生的）にも病塑的（病像形成的）にも十分了解可能」と記した（2 頁 14 行)。確かに、「体験」は統合失調症などの「させられ体験」とは、精神病理学的には異質かもしれない。かなり了解可能かもしれない。しかし、その激しさや振り回され方を取り上げれば、その強度は「させられ体験」より激しい場合もある。まして、中川被告は意見書（4 頁，15 行目）でも補遺(Q4, 5 頁)でも強調したように、「体験先行」型の最強度の体験であり、さらにその内容に「麻原との特異な関係」が加わっているのである。その深刻さ強烈さは被告人の数々の供述に明らかである。単純に心因と位置づけ、とるに足らぬものと切って捨ててよい程度のものでないことは明らかである。

いずれにしても強いストレス下で体験が起こることは、発生論からみても当然

である。犯行は最強・最大のストレスであり、当然、「体験」も増強する。反面、「嘘・偽」の逃げ口上ともみなされ易いが、中川被告は、後述するように「体験の嵐」の眞只中だったのである。まさに発生論からみて、古典的な「ヒステリーの疾病利得説」（ヒステリーは、無意識の中に病に逃げこんで利益をうる）そのものであって、きわめて判り易い。中川被告は、トランス（意識変容）の世界に突入して「体験」に振り回される。しかし、それは意識レベルの下であって、意図的に突入したのではない。「犯行後の光」体験なども、同様の発生メカニズムによるエクスタシーといえる。

（※2）因みに、このシャマン論文は、昭和42年度の日本精神神経学会賞。英文「Psychiatric Study of SHAMAN in Japan」(Mental Health Research in Asia and the Pacific, East-West Center Press, Honolulu, 1970)も国際的に評価された。

中川被告の初期の「体験」は、時と所を選ばず出現した。その際には中川被告は完全にふり回される。しかし、その静穏期には、解離性の症状の常として、不安・焦燥・困惑などこそあれ、当然のことながら、判断能力は、十分とはいえなくとも、それなりに保たれていた。

「坂本事件当時」などといっても、静穏期なのか、「体験」の激燃中なのか……。またそれも実行時（部屋の中）にあたるのか、その前後なのか。これらを混同すると問題の焦点が判り難くなる。比較的クリアな静穏期の言動をもって、実行時の状態まで一括して云々するのは無理があろう。例えば、第4回公判で語られた坂本事件の「ズボンの裾上げ」に際しても、岡山の実家（洋服屋）での場面として行動していた（12頁）ようであって、一見“正常な”行動であるかにみえるこの時期すら、精神医学的には意識変容の只中だったわけである。実行中の精神状態にいたっては、「麻原がすぐそばにいるので狂喜する。心臓が喜ぶ」（意見書6頁）などエクスタシーを伴った「体験の嵐」の真只中であり、判断能力など、保たれている余地は全くない。

また、トランスで生ずる諸体験といっても、その激しさにはさまざまな「移行」があり、一括して論ずるのは甚だ不適当である。中川被告に生じた不安・焦燥・苦悶・困惑などは、寧ろ「脈絡のないむちゃくちゃな体験」（2回公判58頁）から、知的なるが故に二次的に引き起された混乱も混在すると位置づける方が自然であって、すべてを「体験」そのものとして一括すべきではなかろう。これらは、「体験自体にも波がありますし、自分の状態にも波があるということです」との中川被告自身の言葉（5回公判30頁）が、よく表わしているといえよう。

長いシャマニズム研究のキャリアをもつ韓国の金光日漢陽大名誉教授は、神病(Shin-byung）の臨床像を、その経過に沿って3つの段階に分類している（意見書9頁、文献8）。中川被告の初期の状態は、沖縄ならカミダーリー（神祟り）、韓国なら神病、総称するなら「巫病」とされることは意見書でも補遺でもくり返し強調した。これを「解離性障害の一種」とすれば、横断的には、それなりに判り易い精神医学的説明となる。祈祷性精神病も同様である。しかし、巫病概念、

私の成巫過程Ⅱb などを補助的診断として用いると、対象の生活史の縦断的理解がさらに深まるのである（意見書 3 頁，補遺 5 頁）。金光日博士は、「神病」を、ＤＳＭ－Ⅳなどを配慮しながら精神医学の枠組にとらえ直そうと努力している貴重な存在である。この３段階分類も、中川被告の初期の状態を検討するには極めて的確と思われるのでその要旨を記す。

ｉ）第１段階（前駆的な局面）

身体的なとらわれ感と多様な神経症的な症状といえ、易疲労・めまい・不眠、抑うつなど、特に理由もないのにだんだん具合が悪くなると訴える。そして、症状の原因などを示唆してくれるシャマンなどと接触し、その病気の意味を見出そうともがく。

ⅱ）第２段階（トランスの局面）

成巫を促すようなお告げが、幻覚・夢・直感などを通じて行われる。混乱や精神運動性興奮も現われることもある。日常生活でも混乱する。

ⅲ）第３段階（憑依の局面）

二次的な人格が患者の身体に侵入する。２つ或はそれ以上の人格が共存してもともとの人格と葛藤する場合と、さらに進んで完全な憑依の段階にいたる場合とがある。

中川被告の場合は、上記の金の分類に従えば、前駆症状の局面に、ショウ「龍宮の宴」に足を運び、それが引き金となってトランスの局面に突入したとみられよう。

中川被告が外来を訪れたのは、第２段階の初期だったのであろうか。中川被告はそのまま出家し、第２段階の混乱の中で出家生活を続け、犯行を重ねることになる。富士の道場での修行中、パフォーマンスでなく、「叩きつけられていた」「吹きとばされていた」（10 回公判[redacted]証言 12～17 頁）など、第２段階の典型的な精神運動性興奮の症状である。また、瞑想修行中に、突然立ち上がって歩き始め途中で我に返って「あれどうしてここに」と言うなど夢遊病のようだったとの状態（同 18～19 頁）は、典型的な解離性遁走（フーグ）（ICD-10、F44.1）である（補遺、2 頁 Q2)。中川被告は、金の言う第３段階にまで入ったのかもしれない。金光日博士が当時の中川被告に面接していれば、解離性障害（神病）とでも診断したであろう。私が琉球大学在任中、時々反応性障害（カミダーリィ）と診断を併記したように……。

4．二大別される「体験」の領域

「患者や他人の心身の状態が入ってくる」というのは、公判でも、本人からも何人もの証人からも語られている（11 回公判[redacted]証言ほか)。これは、いわゆる“霊能者”といわれる人達のかなりの部分、とくにヒーリング（病気なおし）に携わっている人達の殆ど大部分にみられる体験である。

中川被告は医師であるし、こうした領域の「体験」が頻発してきたのは寧ろ当然。激しい場合には倒れるということも十分に起こりうる。中川被告がもし“平和”に修行の途を歩み続けていたとしたら、「体験」としてはこの領域のものが

主体となり、それもコントロールして使いこなす、一風変わった“神憑り”的な医師として人気が出たかもしれない。

「麻原の想念が入ってくる」とは、本人の受けとめ方としては、上記とは別な捉え方をしているかもしれない。しかし、その発生メカニズムは精神医学的には全く同一の現象と考えて差支えないと思われる。

中川被告は出家生活中、コントロール不能で、きわめて意識変容をし易い、不安定な精神状態が続いていたのであろう（意見書 5 頁）。だからこそ、麻原の想念が入ってきて、公判での中川被告自身の言葉を借りれば「麻原氏の意識と混ざりあったものを自分の意識と考え」（3 回公判 13 頁）、「心の中に入ってきて、自分の心と区別ができぬ」（4 回公判 6 頁）状態であり、他者からみれば、「麻原とダブって、どこからどこまでが中川さんなのか判らず不気味」（11 回公判[redacted]証言）に感じられたのであろう。

先にも述べたように、犯行時には「体験」は増強する。「自分が殺人の実行行為をしたと、自分の意志で実行行為をしたというような感覚は全くなくて」（4 回公判 32 頁）、「麻原が何か云うと、自分が有無を云わさず勝手に動いてしまう」（同 48 頁）。各犯行時の厳密な検討が必要であるが、恐らく、殆ど全ての犯行にあたって、クリアな意識状態での被告自身の明確な意志が働いたことは皆無だったのではないかと推定される。

意見書（10 頁、第 1 図）では、「神秘体験」の発現を大胆にシェーマ化した。トランスに源を発して、視聴覚ルートをとった「体験」の一つが麻原の想念。身体感覚ルートをとった一つが患者や他人の心身状態が入ってくる——と考えれば判り易くなろう。付言すれば、ヒーリングに携わる人達の中には、視聴覚ルートで、レントゲン写真のように、身体の悪い部分が黒くなって見えるなどの体験を持つ場合も多くみられる。何もかも「トランス」に押しつけてしまって面映いが、現在では、残念ながら、そう説明するほかなさそうである。生理学的な説明は、私の専門領域でもない。こうした説明では、中川被告は恐らく不満であろうが……。その「診断」などが、あたるかあたらぬかなどは、別な次元の問題である。

なお、犯行時やトランスに入った時の中川被告の表情や言動は、平常の中川被告の性格などとは、かなり「ヒトが変わったように」見えたことも多いはずである。しかし、中川被告の場合には「多重人格障害」（補遺 13 頁、Q2）の診断上の疑いもなく、「性格」の変化と表現するのは不適当である。

5．麻原と中川被告

私は、東大教授在職中から、麻原はどんな人物で、どんな体験の持主なのか強い関心があったが、本業のメンタルヘルス業務に忙殺され、とくに調べたわけではない。以下は実証的ではなく、すべて、宗教精神医学者としての推論である。

私は、麻原を最初からのペテン師とは思いたくはない。それなりに、豊富な「体験」の持主だったのではあるまいか。信徒にとってはいわば、神秘体験の先輩であり、先達である。だからこそ、教団としてさまざまな激しく巧みな修行法を考

案し、信徒をイニシエーションに導き、体験を発現させることができた。弟子の体験を理解し、自在に導くこともできたはずである。ただ、中川被告の場合、体験先行型であり、いわば“一匹狼”的な「体験」発現であって、麻原にとっては、理解はでき受けとめることもできても、コントロールは難しかったと推測される。両者の関係は、中川被告自身の「体験」を介しての“片思い”であり、麻原はそれを十分に理解し、承知した上で、中川被告を利用したのではなかろうか。

私は「体験」のコントロールが可能となり、外套のように自由に着脱できるようになった時点で、巫者としては「完成」と考えている。但し、その価値や良非は別として……。そして、一般に、この時点あたりから、その人物の持前の性格や、置かれた状況などによって、体験は鮮烈さを失い、職業的狡猾化に走る巫者も多い。まさに「狡猾化した巫者（教祖）麻原に、“巫病”真只中の中川被告が操られた」と位置づけられよう。

小畠・山上意見書は中川被告の非暗示性の高まりや自我活動の低下を指摘する。全く同様のことを私自身も、意見書の５頁２４～３０行目に記載した部分に、「コントロール不能で、きわめて意識変容を起こし易い、不安定な精神状態がかなり長く続いていたと推測される」と控え目に記した。「脳波上の徐派出現」は、私も、前半の補強の意味で、後半に引用した。しかし、測定が１回限りであること、測定時の中川被告の状態や測定条件などが明確でないことなどから、意識変容が起こっていたことの確実な証左とはなし難いが、興味深いデータではある。そもそも、サティアンで工夫され実施されたさまざまな修行は、いかに速やかに意識変容に導くかを志向したものである。脳波測定も、修行を鼓舞激励するための一環として計画されたものであろうか。

意見書の７～８頁に、第３回目などの接見時の中川被告の言葉を記した。「現在もなお、劇的な体験がないわけではありません。知人の死の時に、何も知らなかったはずなのに、夢の中で一生懸命お経をあげていた・・・・・など。もし来世というものがあっても、又、麻原と一緒ということで同じことをやらされたらたまらんなーといった心境です」「今は麻原と距離を持てたと思う」。しかし、麻原の前世からの弟子といったことについては「考えないようにしている。」と苦しそうな表情を浮かべる。

第４回公判で、私との接見について、「自分の姿を振り返るよい機会になった。辛いこともあったが。」と語っていたのも中川被告の本音のようにも思える。中川被告にとって麻原の世界はある意味では現在も続いている。しかし、「体験」が深まらないようにコントロールする術を身につけてきたし、振り回されぬ自信はついてきたという心境なのであろうか。

こうした「麻原に対する心境」は、見方によっては「反省が足りぬ」とみられるかもしれぬ。又、犯した事件に対する反省は十分であっても、その中には、「体験」に振り回されたことに対する反省の部分も混ざっていよう。この二重の意味からも、「反省が足りぬ」と、誤解される可能性もありそうである。

６．「体験」に対する反省とコントロール

中川被告は、弁護士への書簡の中で「自分なりに体のバランス（とくに体幹の深層筋のコントロール）をすることで体験自体もかなりコントロールがつくようになった」と記している（意見書5頁、18〜20行目）。中川被告自身が書簡で述べているように、意識の下のストレスの発散なのかもしれないし、別の問題に「注意」をしっかりと振り向けることによって、意識レベルの低下の深まりが防げるという説明も可能かもしれない。一般に、「体験」の持主達は、それぞれ工夫し、先輩に教示を受け、或いは自然体のままで、時の経過とともに、コントロールするすべを身につけていっているようである。

中川被告には、「体験」は今なお持続している。しかし、「あえて考えないようにしている」と口にしている。そのことによって深入りし、振り回されることのないよう——つまり、「体験」に距離をもってコントロールできるように——という努力だと思われる。中川被告にとって、かつては、「体験」に没入することが幸せの時期もあったはずである。しかし、それでとんでもない犯罪の直行便にのることになった。中川被告はそれを悔い、怖れ、心から反省しているのであろう。

中川被告は意識レベルさえ保たれていれば、つまり「体験」に距離を持てれば、言い換えると、意識レベルの上でなら、絶対に道を踏み外すことがないという自信があるのであろう。つまり、「意識レベルの下での解決」——中川被告の「体験」の殆どがそれだと思われる——の行動の全てには責任が持てないということを実感し、意識変容にブレーキをかけるすべを身につけようと努力していると思われる。つまり、中川被告の激しい「体験」時の犯行の責任能力は、逆にこうした現在の状態からみても、かなり損なわれていたとみるべきである。

中川被告は、内省力に富んだ医師でもあり、自分の辿った途、辿らざるをえなかった過程を理解しようと努力している。そうした、ある意味では“科学的・学問的”態度は、自らの行動を客観視することにも連なる。こうした姿勢が、前記5に加えて、さらに「反省が足りぬ」とみられるかもしれない。しかし、中川被告にとっては、自らの軌跡を真摯に振り返ることは、佐々木面接について「辛いこともあったが」と語ってもいるように最も辛い作業でもあり、反省の一つでもある。

7．「体験」と詐病——供述の遅れ

このことについては、すでに意見書でも（2頁）、補遺（7頁、Q5）でも述べた。

理解して貰えぬと自ら判断したストップの場合と、“話す時期ではない”との「内なる声」などの「体験」による不随的なストップの2大別である。尤も、このことも、補遺にも記したように、接見時に本人から直接聴取できたわけではなく、私の現在までの数多くの面接経験に基づく意見である。

第9回公判で妹、母親、親友久保田氏の証言を聴いた。「体験」をストレートに話して家族から見捨てられた。383回の接見を重ねられた久保田氏のメモでは、神秘体験を口にしたのが30回目あたりから、犯行時の「体験」を口にした

のが９０余回目（1996）など、具体的で納得できる流れであった。

中川被告の供述が遅れたのは、私があげた上記２つの場合のうちの前者であって、後者「体験」による供述ストップではなかったようである。「体験を話さないと、入信した理由がない」（3回公判51頁）ため、捜査官に「入信時の体験の一部」を話したものの理解されず、「到底分からないだろうと思って」話すのをやめた（同50頁）と素直に考えたいところである。

改めて「体験―入信―出家」のプロセスを振り返ってみたい。かつて私は、シャマン論文の中で、ヒステリーと詐病とは連続的であり、それを峻別することは至難――と述べたことがある。中川被告の「体験」についても、出家生活の間には、幾分変質し、鮮烈さを失い、つまり、意見書第１図（9頁）での、表象・思考へ幾分移行した体験も若干混入してきた可能性も否定はできない。

しかし、私の長い臨床経験・調査研究経験からみても、中川被告のプロセスは意見書・補遺でも強調したように、成巫過程（Ⅱb）そのもの、カミダーリィ・神病（巫病）そのものであり、生活史縦断的なそうした視点からも、中川被告の「体験」については詐病の可能性は全くないと断言しうる。このことは、本小論のⅡ－2でも、不登校、怠学、ヒステリーなども引用して触れたところである。

Ⅲ．おわりに――むすびに代えて

１．もし中川被告に「体験」が起こらなかったら……

中川被告の特異性は「体験先行」型であり、「中川被告のとっての体験の存在」の検討を抜きにしては、中川被告の軌跡の理解は全く不可能である。逆に、多くの証人が証言で指摘した中川被告の優しい人柄、医師という職業などからみても、「体験」がなかったら、入信・出家・事件への関与もありえなかったと断言できる。たとえ「体験」が発現しても、それがオウムでなく、他の教団へ向っていたとしたら、やがてはその教団の幹部となり、平和な医師の生活を送っていたはずである。

また、もし沖縄県立中部病院の研修医となっていたら、「体験」が出ても、社会からも温かく受けとめられ、受診した精神科医からも比較的容易に理解され、安定を取り戻し、カミゴト（神事）も判る幅広い変わった医師として、平和な生活を送ったであろう。

２．心因性ではあるが、明らかに精神病レベル

解離性障害という現代の診断名にあてはめるのが一般的である。しかし、漠として巾も広すぎる（補遺 2～4 頁、Q２）。しかも心因性、ヒステリーのイメージが先行する。日本の誇る森田正馬の提唱した「祈祷性精神病」の診断や、韓国の金光日博士の「神病」の記述が、中川被告の実像により近い。それも精神病レベルである。

３．麻原との関係とその影響力

中川被告にとっては、「前世から弟子」という「体験」に基づく絆であり、た

えず「麻原の想念」を受けていた。オウム教団に入信・出家したのではなく、麻原に帰依したのであり、麻原の言葉は、そのまま「動詞」でもあった。

私の第3回接見時でも（意見書、4頁）第3回公判でも語られた（24頁）「馬血清の事件」は、医師とも思えぬ自殺行為的暴挙であり、いかにその言語に絶する強烈な影響下にあったかを示して余りある。軍隊の上下関係ともマインドコントロールとも異なった意味で、責任能力に多大な影響を及ぼしていることは明らかであろう。

4．体験や状態の波（消長）

長い経過の間には、激しい精神運動性興奮から、それなりに判断能力も保たれている静穏期まで混在している。そして道場での“修行”をはじめ、犯行など各種のストレス下では、それは途方もなく増強する。犯行当時の精神状態といっても、かなり厳密な吟味が必要である。

5．結論

以上、「不十分な面接」という限定条件下ではあるが、総合的に考え、精神医学者として、「完全責任能力」という結論は到底導き出せるはずもない。

もちろん、主な犯行時の節目々々の精神状態はじめ、麻原との「体験」に基づいた特異な関係、判り難い奇妙に思える幾多の言葉（意見書8頁）など、疑問は山積みしている。被告人をより深く理解し、責任能力を厳密に論ずるためには、正式鑑定が必要なことはいうまでもない。

以　上

控訴審判決に対する精神医学的所感

—中川智正被告をいかに理解すべきか—

２００８．８．２６
医学博士、獨協大学名誉教授
元東京大学医学部教授（精神衛生学）
佐々木　雄司

目次

§Ⅰ．はじめに——本意見書の趣旨

１）控訴審判決に接して

２００７年７月１３日、東京高裁傍聴席で裁判長の判決文朗読に聴き入っていた私の胸中は、複雑であった。「結論」はともかく、責任能力に関する議論内容がたまらなく「物足らない」のである。その思いは、高裁側と私自身との双方に向けられていたようである。

東京高裁側はなぜもう一歩中川被告の精神状態に踏み込んでくれなかったのだろか。つまり、もう一歩深い理解の上での結論であって欲しかった。——と。しかしこれは私自身に対する反省、警鐘でもあった。精神医学とシャマニズムという判り難い領域の錯綜した本件を、もっと判りやすく明快に説明できなかったか、これら二つの領域のスペシャリストでありながら——という思いである。

判決は解離性障害の存在を認め、さらにその症状である「神秘体験」（中川智正被告の呼称では「体験」）をかなり丁寧にとりあげた。そして、「神秘体験」が犯行を促す方向に働いたことまでは事実上認めているようであるが、これらの意義や重要性については、どこまで受けとめられたか疑問である。

中川被告の希望もあり（控訴審第２回）、控訴審公判では「体験」という言葉が用いられ、判決はそれを「神秘体験」と呼称したものである。そもそも、これは私が最初の鑑定意見書（以下、控訴審で提出した順に「鑑定意見書」（控訴審弁Ⅰ14）、「『鑑定意見書』補遺Ｑ＆Ａ」（控訴審弁Ⅰ25）、「鑑定意見書（その２）」（控訴審弁Ⅰ51）を、それぞれ「意見書（１）」、「補遺」、「意見書（２）」と表記する。またこれら３つの意見書を総称して「意見書３部作」と表記する）で定義したように、現実に存在しない対象を視たり聴いたりした時、「精神医学的には、（中略）幻視であり幻聴であり、幻覚であり、異常体験としか位置づけるほかはない」（1頁）のである。高裁判決の中での「神秘体験」の位置付けは、軽いと言わざるを得ない。しかも「神秘体験」を取り上げながら、背景に存在してその体験の母胎となる意識変容状態について全く言及しなかったことも極めて不十分といわざるを得ない。

その上、高裁判決は、犯行が約５年半にわたっていることなどを述べたうえで、「被告人が単一の心身の異常原因から、このような時間的間隔を置いて、犯行を重ねたとは考え難い犯罪状況にあることを容易に看取できる」（67頁）と述べた。しかし後述するような解離性障害としての彼の特徴を考えれば、むしろ麻原の命令のたびに犯行が行われ、結果として上記のような時間的間隔があいたことこそ容易に看取できるのである。

要するに、中川被告の犯行の背景に、その都度症状の違いや軽重こそあれ、解離性障害があったと考えて少しも矛盾しない。極言すれば本件は、最初から最後まで精神医学の問題なのである。

２）これまでの経緯と本意見書の趣旨

中川被告の拘置生活は逮捕以来１３年を超えた。控訴審最終弁論（2007年3月23日）後、接見禁止を解かれた彼のもとには、幾多の知人・友人が面会に訪れている。そして、私の接見時（2008年4月3日）、その面会人のかなりの部分が、身体不調などに関する助言を求めて

—— ということであった。なんと、いわばガラス越しの「ヒーラー」（民間療法家）である。これは、きわめて稀有な現象ではなかろうか。この件については、彼の複雑な心境も含め、第Ⅳ章で若干の説明を加えるが、この彼の姿を如何に理解すべきなのだろうか。

彼が犯行に関わった期間は教団に出家していた期間とはほぼ一致し、約５年半にも及ぶのである。解離性障害の発症からこの「現在の彼」までを生活縦断史的に把握しなければ、教団時代の彼の真の姿も鮮明にならないのではなかろうか。逆説的に言えば、彼の教団時代をより明確にできる手法があるとすれば、積極的に取り入れるべきであろう。誤解を招かぬためにここで強調しておきたい。それは、私の専門性で、あくまでも精神医学であり、精神医学的見解である。そこにシャマニズムの精神医学的研究者としての知見をも加味すると、中川被告の精神状態や犯行に関わり続けた教団時代がより鮮明化するということであって、宗教学や文化人類学を論じようとしているわけではない。

中川被告は、岡山市内で、紳士服店を営む両親のもと同胞４名の長子として、恵まれた幼少期から小中高の生活を送った。岡山大学教育学部附属幼稚園から小学校、さらに附属中学校に進学している。県下有数の進学校の岡山朝日高校から、一浪して京都府立医大に入学。おっとりした優しい穏やかな性格で、友人も多かったとのこと。小学校時代から読書好きで、科学に関心をもち、成績は小６の頃から上がってきて中学校では「科学部」だった。大学では寮に入り、柔道部。５年の夏には学園祭の実行委員長を務め、女性の友人もできたようである。順風満帆、前途洋々たる人生のスタートといえる。

そして１９８８年（昭和６３年）２月、医学部の卒業と医師国家試験を控えた２５才の彼は、チラシにつられて、オウム教団のショウ「竜宮の宴」が催された大阪のホールに足を運んだ。その２、３日後の夕方、白い光が彼の身体を走った。以来、彼は、さまざまなものが視えたり聴こえたり感じたりして苦しむ。麻原に礼拝する前世の自分、麻原に首を締められる自分、他人の想念が勝手に入ってくる。パニックに襲われ、不安・集燥・苦悶にあえぐ。

大阪で研修医生活に入ったが、時と所を選ばずに頻発する「体験」の嵐に翻弄される。患者の心身の状態がそのまま、自分へ乗り移ってくる。そして彼は患者の手術中に倒れる。研修医２年目に入った１９８９年（平成元年）７月、上司のすすめもあり、自分に何が起こったのか、そしてどうしたらよいのか、「この世界の最後の砦」として（控訴審２回、25 頁）先輩の精神科医を訪れた。苦しい「諸体験」を訴えたが、十分に判って貰えたという手応えが得られなかったうえ、激しい「体験」も改善しなかった。研修医生活を続けられなくなった彼は、８月末、出家する。坂本弁護士事件は、その僅か２カ月後、未だ、時と場所を選ばすに頻発する体験の嵐・混乱の真っ只中であった。

以来１９９５年（平成７年）５月の新宿青酸事件・都庁爆弾事件まで、彼は５年半にわたる９グループ、１１件の事件を重ねることになる。

こうした「体験→入信→出家→（犯行）」の体験先行型としての彼の辿らざるをえなかった一連のプロセスが、私には、かなりよく「理解」できるのである。精神科医としての見地に、シャマニズム研究者としての生活史縦断的な視点をプラスできるからであろう。私の「意見書３部作」は、30 分ずつ４回の接見をベースとし、そうした「理解」のもとに出来上がった。

そして私が専門家として彼を「理解」したことは、彼自身が自らを理解する助けとなり、ひいては、不可解な彼の言動のために断絶状態すら来たしていた身近な人々（父母、友人、知人）に彼への理解と彼との和解をももたらした。

精神医学的には、「解離性（転換性）障害の一種」（ＩＣＤ－１０）とか、感応性精神病、祈祷性精神病（森田）などに相当することは疑いをはさまない。ただ、心因性であることとて、責任能力については、精神科医によっては意見が分かれるかもしれない。

私の「意見書３部作」の趣旨は、意見書（２）の最後の章「Ⅲ.おわりに」で要約した。彼の最大の特異性は、「体験先行型」であるということに尽きる。その意義は、「彼にとっての体験の存在」の検討を抜きにしては、彼の理解は全く不可能であるということ、そして「体験に基づいた麻原との特異な関係」などを含めたこのことの重大性・深刻性を踏まえぬと、精神医学的にもかなり異なった結論に導かれる可能性があることなどである。

私は、意見書作成程度の面接と資料閲覧の浅い理解のレベルで、責任能力の問題まで、自信を持って断定することは出来なかった。それは、本小論の各所で触れるように、厳密な検討が必要とされる点が余りにも多く、正式鑑定の領域と判断されたからである。他方、幻覚・妄想と呼べる激しい「体験」に全生活・全行動を左右され、かつ体験で結びついた麻原からの特異で強烈な影響力の存在を考えた時、精神医学者の良心にかけて、「完全責任能力」という結論は、到底導きだせるはずもなかった。だからこそ、厳密な精神鑑定が必須であり、それを抜きに「死刑」判決を確定することに対して大きな疑問を呈したわけである。

私は、控訴審の法廷に重ねて足を運んだ。全１５回の公判のうち、責任能力と無関係な２回を除いた１３回の全てを傍聴した。そして、控訴審では、多くの時間が「体験」中心に展開された。しかも、頭から荒唐無稽とも嘘・偽りとも決め付けられずに、その存在そのものには、かなりの理解が示されたかにみえた。このことは、我が国の裁判史上で特筆大書すべきことかもしれない。他方、正式鑑定の要請は却下され、私の証人尋問すら実現しなかった。

そして判決では、解離性精神障害の存在は認め、さらに、「体験」をかなり丁寧にとりあげたが、とりあげただけで、これらについて真向から討論せぬまま、刑事責任に疑問を生じさせるものではない、などとした。その根拠は主に次の２点。①犯行時に、一貫して適切で合理的判断のもとに合目的的な行動をとった。②また、犯行時以外の教団内の生活で受け入れられ、一定の評価を得ていた。だから完全責任能力というわけである。同時に、「記憶」が保たれている点、「知能」理解能力が高い点なども、その副次的な根拠としているようである。同じ体験を取り上げ、同一の事象を検討しながら、なぜこうした「結論」が導き出されたのであろう。確かに、彼の心の軌跡を見るのは極めて難しい。実は、３通目の意見書（２）は、控訴審も進み、私の証人尋問すら採用されぬ流れとなったからこそ、それに代わるものとして作成した。したがって、意見書（１）と補遺が総説風であるのに反し、意見書（２）は、彼や彼の体験を理解するにあたって、最も分かり難くそうな点、陥り易い陥し穴のいくつかに焦点をあてたつもりである。

意見書（２）もやはり難解で、私の独りよがりに終わったのかもしれない。今回の小論は、既述の「意見書３部作」とかなり重複するが、判決文を踏まえた、私の反省の弁ともいえる。

そして、理念的に走らずに平易な構成と記述、いわば読み物風・物語り風を心掛け、私が理解した中川被告の姿の具現化につとめた。同時に、先にあげた控訴審判決が完全責任能力とする根拠の主要２点、①合理的・合目的的行動については第２章で、②教団内の生活での受け入れについては第３章で論じた。

改めて強調したい。本意見書は、中川被告への同情・肩入れでも弁護団への応援歌でもない。過剰な理解も厳につつしんだつもりである。精神科医佐々木雄司の学問的良心と信念の発露である。

§Ⅱ．坂本事件を中心に――「一貫した合目的的行動」か？

1）なぜ坂本事件をとりあげるのか――彼を理解する手がかりとして

解離性障害の常として「体験」・困惑・混乱の症状には「波」があり、それは、強いストレス下では激燃する。解離性障害といっても、それが静穏期か激燃中かによって症状は激変する。つまり単に「坂本事件当時」といってもどの時点を取り上げるのかによって中川被告の「体験」の激しさはがらりとが変ってくるわけである。事件にさいしても比較的静隠な時期を選んで中川被告の言動を拾いつなぎ合わせて、世間常識的な解釈を下せば、合目的的行動をしていると見なされることも起るかもしれない。しかし、それは解離性障害という疾患の理解が不十分な場合に起こりがちな誤りである。

なぜ坂本事件を本小論の冒頭にとりあげるのかとの理由は、まず出家僅か２ヵ月後とて、彼はまだ時と所を選ばずに頻発する体験の嵐、幻覚・妄想の真っ只中であり彼の特異性がもっとも顕著に現れている時期であったということ。および、いかにも判り難いかもしれないが、この分野の専門家である私から見ると、彼の精神状態を理解する際に、根幹を成すような、ある意味で代表的なエピソードが幾つか含まれていることである。体験の発生とその消長については意見書（2）で一項を設け（6～8頁）、かなり詳しく触れた。今回はまず坂本事件を取り上げることにより、次の３点を整理してみたい。

①体験には激しい波があるということ。これは、解離性障害の特徴でもある。

②諸体験の源として、意識変容・意識の例外状態の存在を常に考えねば、全ては闇の中であるということ。

③彼の体験先行型という特異性。つまり、体験後発型に較べ、その体験は激越であり、麻原との特異な関係をも生んだ源でもあるということ。

2）実行前のエピソード――夢幻様の意識状態

①ズボンの裾上げ

坂本氏宅に侵入する前に注目すべき２つのエピソードがあった。第４回公判で語られたズボンの裾上げとプルシヤである。彼は公判で述べている（12頁）。安全ピンで裾上げしようとしているのに、針糸でやっているという感覚におちいった。岡山の実家で作業している感覚になってしまった――と。キーポイントにもなることなので、今回の接見時、彼にその状況を出来るだけ正確に言語化に努めてもらった。「まったく同じという訳

ではないが、酒に酔った時のような感覚。直前にズボンを買いに行った時とは記憶の質が違う。妙な高揚感があって、周囲のことは目にも耳にも入らず、裾上げに没入した。新宿の路上の暗い乗用車の中で手には安全ピンを持っていたはずなのだが、実家で母が針と糸で裾上げをしている像が浮かんできて、針と糸でズボンを縫って裾上げをするように安全ピンを使ってしまった。」彼は見えた映像に従い、安全ピンで留める作業を針と糸で縫う作業のように行う気になっていたのである。

結果的に坂本宅に侵入する以前に安全ピンは外れ、彼はズボンの裾を引きずっているが、安全ピンを留め直していないし、留め直そうとした形跡すらない。そもそも中川被告は「安全ピンできれいに裾上げをしようとした」などとは述べていない。控訴審判決でいう「きれいに仕上げようとして逆に失敗した」(75頁)——のではない。判決のこの部分のように事実関係を一部だけ不正確に取り出して、世間常識的な説明をあてはめることが重なると、彼の精神状態の正しい理解からはますますかけ離れてくる。これは意識の変容状態、意識の例外状態での行動とでもいうべきもので、夢幻様意識状態、ともいわれる(Oneiroider Zustand,traumhaftes Bewusstsein : D)。こうした意識変容状態をベースとして、その上にあらゆる体験が生じてくる。このことは、最初に提出した意見書(1)で「トランス」という言葉を使って説明して以来、繰り返し強調してきた。

②プルシャ

同じような現象がプルシャの問題でも起った。実行前に杉並道場へ注射器を取りに行ったときにプルシャが光って見えた。麻原のエネルギーを感じたので身につけた——と、第4回公判で語っている。そして適当な言葉が見つからないので、「お守り」と捜査段階で表現したと説明している(13頁)。控訴審判決では「重罪を犯す犯人の行動として十分了解可能である」とされた(75頁)。しかし私にとっては了解不能の行動としか思えない。オウム信者であることを秘するために、わざわざ上着や下着を買ってオウムTシャツを着替えた上での行動である。日頃落としやすいので着けていなかったというプルシャをつけるなど真っ向から矛盾し、とても知能の高い成人男子の合目的的な行動とは思えない。世間常識的な意味での「お守り」ではない。プルシャが光っていたから麻原を感じて身につけたのである。

なお、プルシャに限らず通常は光るはずのないものが光ってみえるという体験について中川被告は佐々木香世子(一審期日外佐々木香世子公判調書174〜175頁)らに話している。犯行直前という状況で類似の「体験」がプルシャに関して起こっても精神医学的には全く不自然ではない。ズボンの裾上げのときと同様の意識の変容状態の上に起こった彼の体験の1つであり、寧ろ素直に世間常識的には了解不能な行動の1つとみなすべきであろう。彼自身にも何とも説明困難な体験で、捜査段階などで、苦し紛れに「お守り」と表現したのが、「言葉のひとり歩き」となってしまったものである。

この実行前の2つのエピソードは、部分的に抽出すれば、控訴審判決が言うように、正常な意識状態の者の了解可能な範囲の行動と解釈することも可能かも知れない。しかし、中川被告が当時解離性障害を有していたことや元々の知的水準の高さ、そしてこの

時の状況だけでなく、この前後の事情をも仔細に検討すると中川被告の行動は、少なくとも通常の意識状態の中川被告が取るであろう行動からは逸脱しており、その背景に意識変容状態の存在があったと考えるのが精神医学的には妥当である。

3）実行時――体験と混乱の嵐、幻覚・妄想の世界

第１章でも述べた。これは正式鑑定ではない。一審の供述書から瞥見を試みた鑑定意見書（1）（P6～7）を転記する。

a.坂本事件（１９８９年１１月４日）

彼の行動は、およそ公立の医学部卒業という力をもった成人とは思えぬほど頼りなく一貫しない。オウムＴシャツを着替えたくせにプルシャをつける（86 回 109 頁）。押さえつける手はずもなしに、静注用の注射筒をもってボーッと突っ立っている（86 回 32 頁）。そもそも、坂本氏が何者かもよく知らないで参加しているのである。そのくせ、龍彦チャンの口を押さえ、都子夫人の首を絞める。

麻原がすぐそばにいるので狂喜する。心臓が喜ぶ（87 回 27 頁）。「子供を何とかしろ」という男性の声が心臓の中からする（87 回 40 頁）。「尊師やめさせてくれ」との思いがあっても動けない（87 回 45 頁）。村井が坂本夫人の首を絞めているのをみると、前世の自分が麻原に絞められている映像が浮かび（87 回 79 頁）絞める部位の違いを指摘する。

事件後、ポアの間に２週間いれられた彼は、どこでどう間違ったのか分らない状態であった（88 回 38 頁）。そして、彼にとってはブレーキなしで走る一本道しかない（88 回 39 頁）。まさしく事件は入信の時から続いていたのである（88 回 97 頁）。麻原は光っていて、光に味があり、理屈抜き、無条件で寄っていきたい存在であった（88 回 85 頁）。

全くコントロールされずに不随意的に頻発する麻原・村井の想念などに振りまわされ（85 回公判 11 頁）、混乱し、断るという発想もない（同 12 頁）。すべては夢でもみているんじゃないか（86 回 163 頁）といった現実感に乏しい出来事であった。早川証言（57 回公判）にも、「彼は、子供を殺してしまいましたと、泣き出しそうな悲鳴をあげた。非常におかしかった。プルシャをさがすとか、とてもそんな状態ではなかった」とある。自我障害が顕著に認められ、まさに解離性障害と診断される状態であって、その責任能力としては、理非弁別能力・行為能力ともに半ば以上、損なわれていたとみるのが妥当であろう。

改めて、この一審供述を読むと、どこが成人男子として一貫した合目的的な行動といえるのであろうか。完全責任能力といえぬことは精神科医としては当然ともいえる。

なお、中川被告に出現した幻覚・妄想をはじめとする「諸体験」は、基底に意識変容が存在するものであり、慢性の統合失調症の異常体験によくみられる、意識変容を伴わずに病的世界が現実と同時的に併存する「二重見当識」とは異質である。解離性障害は、経時的に病的世界と現実を往復するものであり、その結果として症状に波が出る。坂本事件当時の中川被告の場合、非常に不安定であり、病的世界と現実の間の往復が極めて容易かつ頻繁に起こっていると考えられる。

また、夢幻様意識にあっても一見、合目的的な行動を取ることは可能である。例えば、

中川被告は９０年夏に解離遁走を起こし、その間の記憶が欠落しているが、目をあけて普通に歩いて障害物もよけていた（10回[redacted]19頁）。

このような解離性障害の特徴を考えれば，中川被告の行動が一見合目的的に見える部分があるからといって、安易に世間的な解釈にあてはめ、正常人の普通の意識での行動と見るべきではない。

４）実行後のエピソード――再び夢幻様の意識状態

ズボンの裾上げやプルシャと類似の夢幻様の意識状態を表す実行後のエピソードが、第４回公判で再び語られている。遺体の運び出しの状況が彼の記憶からは欠落し、上空から見下ろしているというもの（31頁）しか残っていないという。要するにこれらは、すべて夢うつつの出来事と位置づけるのが妥当であり、とても、完全な判断能力のもとの合目的的な行動とは思えない。第４回公判でも語られたように（32頁）、自分自身が実行したとの実感がなくて、麻原にあの場面に連れて行かれたというのが実状に近いのであろう。

５）小括

体験先行型であった彼の体験は激烈であった。その初期は全くコントロール不能で、時と所を選ばず頻発し、彼は混乱・困惑の極に喘ぐ。そしてその体験は消長する。激しい体験がない比較的静穏期でも、意識変容をきたし易い、表現を変えれば被暗示性の極めて高まった不安定な状態にあったとみるべきである。出家僅か２ヵ月後の坂本事件の各時点の状態は、これらのことを明確に示している。坂本弁護士宅へ侵入する前のズボンの裾上げ、プルシャの２つのエピソードは、まさに夢幻様の意識状態であったこのことを示して余りある。そして激しい体験、幻覚・妄想の嵐が事件実行時の最中であり、事件後の夢幻様意識状態の行動の一つが遺体の運び出し状況であるなどそれぞれを位置づけると、精神医学的には納得できる。

つまり、傍目からも判るほどの激しい体験を欠いた時期は、一見まとまった対応であるかにみえる。表面的にそのポイントのみをつなぎ合わせ、世間常識的解釈を押し付けると、合目的的行動に見誤ることも起こりうる。しかし、坂本事件で垣間みたように、彼の場合には夢幻様意識での言動である可能性と、それに加わる強力で特異な麻原の影響との両者を常に考慮せねばならぬ。こうした一連の行動は、とても一貫した合目的的な行動とみなせるどころではない。第４回公判で彼が語ったように（32頁）坂本事件のみならず、すべての犯行について、自分が実行したという感覚すら伴っていないというのが実感であろう。「漂流し始めたよう」（一審85回124〜126頁）との彼自身の表現が、けだし云いえて妙であろう。判決でいう「罪障感、不遇感とも言うべき感情が生じた」（74頁）とはまったく異質である。もともと「夢心地」の中の出来事だったのである。

判決はこの「漂流し始めたよう」という言葉を中川被告が心情を吐露したかのように認定している（73頁、77頁）が、中川被告はこの言葉によって、自らの「体験」ないし「症状」を描写しようとしているのである。この点については、中川被告との面会においても

確認をした。解離性障害を持つ者が自己の状態を表現する言葉としては、適切と思われる。

したがって判決が、中川被告が自らの状態を説明しようとするこの種の言葉から、中川被告の状態でなく「心情」をおしはかり、責任能力の根拠としていることは手法として不適切であると言わざるを得ない。

§Ⅲ. その後の教団生活と幾多の事件

1）教団生活――「受け入れられ、評価されていた」とは？

控訴審では解離性障害に相当する幾多の症状がとりあげられた。時と所を選ばず頻発する諸体験に翻弄された彼の姿が、彼自身の口からも[redacted]（第 10 回公判）、林泰男（第 11 回公判）等の口からも語られた。その極は意見書（2）（8 頁）でも触れた精神運動性興奮であり、解離性遁走（フーグ）でもある。判決では、こうした解離性障害の存在は認めながらも完全責任能力としたが、その大きな根拠の 1 つは、教団内において、全体として人格・判断・行動について周囲から肯定的に評価・受容されたこと（判決 78 頁）である。これはいかに考えればよいのであろうか。

実はこのことこそ、彼を理解するのには、解離性障害という狭義の精神医学の枠の中だけでは不十分であることの証左でもある。逆に言えば「体験　→　混乱・困惑　→　入信・出家　→　犯行　→　逮捕・拘留　→（ヒーラー）」といった、現在までの彼の生活史をトータルに縦断的に理解しようとすることこそ、彼の理解に繋がることでもある。「生活の場の文化」の問題なのである。判決は、残念ながらこのことを示すキーワード「巫病」の考えに触れようとしなかった。

「巫病」shaman disease とは文化人類学などでよく使われる概念であって、シャマンになるプロセスの途中などで神秘体験と結びついて起こってくる心身の異常である。沖縄ではカミダーリィ（神祟り）とされ、韓国では神病（シンビョン）とされることなどは、「意見書 3 部作」で繰り返し述べた。かつて私は、「我が国における巫者（shaman）の研究」と題した論文（以下「シャマン論文」という。控訴審弁Ⅰ27）の冒頭で、シャマンの定義なども論じた。しかし、本小論はシャマン論文でもシャマンを定義することでもない。むしろごく一般的に、広く「霊能者、拝み屋、教祖などと言われる人物」と考えた方がわかり易い。そしてシャマンになるプロセス（成巫過程）は、その人物の生活する社会・文化的背景との関連で捉えるべきであるというのが、私のシャマン論文以来の一貫した主張であり、シャマン学の現在の常識でもあろう。シャマンの定義を広くとらえれば、シャマン及びそれとのセットでの巫病（憑依患者など）のペアは、全世界的に普遍的に存在することは云うまでもない。しかし本小論では私自身が直接身近に関与した日本国内と沖縄、韓国に限って話をすすめることにする。

シャマン固有のローカルネームとしてもっとも名高いのは、我国では津軽地方のイタコ、沖縄・奄美のユタであろう。韓国では巫堂（ムーダン）と呼ばれる。だが大多数の地方では、シャマン、巫女、行者、霊能者・拝み屋など一般的な呼び名が用いられている。要す

るにローカルネームを有するということは、祀り・祓い・拝み･お伺いなどというカミゴト（神事）が、その地方の生活の中にいかに浸透しているかというバロメーターであると云っていいかもしれない。その浸透度が更に一歩進み、シャマンとペアの巫病（憑依患者、私のⅡb型）が固有の呼称を有するのは、沖縄のカミダーリィと韓国の神病（シンビョン）であることはすでに繰り返し述べている。

因みに沖縄では、体験に振り回され日常生活に支障をきたせば、精神科治療ということにもなるが、多くは受診前にまずはユタに拝んでもらい、その体験は、むしろサーダカウマリ（性高生まれ）、つまり希少で特殊な能力を持った「霊媒体質」とみなされるので、社会から受け入れられ易く、偏見と直結することも少ない。否、一部からは尊重されることすらある。中川被告自身にとっては、この上もなく辛く苦しい不可解な体験であり、研修医生活すら送れなくなった。しかしオウム教団にいる限り、その体験は沖縄でいうカミダーリィであり、サーダカウマリに相当する。入信当時の大阪支部長であった新実の「入信したばかりで修行もなにもしないのに体験する。凄い霊性の持主で尊師との縁が深いと思った。」との証言（一審67回163頁）が見事に表現している。それに加え教団生活のうち症状が激しくない時期においては、彼の医師としての知識・技術と穏やかな控え目な人柄などは、当然のことながら尊重され愛されたのであろう。

京都、大阪文化圏ではとても受け入れられなかった彼の耐えられぬ辛い体験は、体験重視、麻原との「縁」が尊敬を集める「オウム文化」内では当然のことながら肯定的に評価され受け入れられた訳である。要するに、一般社会と極端に異なる文化や価値観を持ったオウム真理教の中で受け入れられていたことは、当時の彼の責任能力が損なわれていなかったという根拠には全くならない。むしろ逆に、激しい体験が多発していたということの証左ともみなされよう。

なお、判決（67、70頁）は中川被告が坂本事件の殺害行為の重要部分を担うとされたことや事件に主要なメンバーとして関わり続けることができたことをあげて、中川被告の刑事責任能力に異常はなかったという根拠にしている。

しかし、別の角度からみれば中川被告は一審判決も認めるとおり「唯々諾々」（146頁）と麻原に従っているのである。この点に注目すれば、間接的ながら中川被告の行動制禦能力に問題があったのではないかとの疑問も生じ得る 。特に出家して2ヶ月しか経っていない中川被告を麻原が犯行に使うことを決定すること自体疑問を感じざるを得ない。私は意見書（2）の中で麻原と中川被告の関係は「中川被告自身の『体験』を介しての“片思い〞であり麻原はそれを十分に理解し、承知した上で、中川被告を利用したのではなかろうか」（10頁）と述べた。つまり少なくとも麻原から見れば中川被告は「禦し易い弟子」、つまり行動制禦能力を欠いていたのであろう。両者の特殊な関係を考えれば、中川被告が事件に関わり続けたこと自体、間接的に行動制禦能力を疑わせる問題とも言える。判決の見方は、一面的であって、精神医学的には納得できない。このことは、次に述べる馬血清のエピソードで、さらに判り易く現われる。

2）馬血清のエピソード——「麻原との関係」と行動制禦能力との力関係

繰り返すが、体験先行型としての彼の体験はあまりにも強烈であり、しかも麻原との関係は、前世からの麻原の弟子という鮮烈な体験に基づいている。したがってその関係は、他のオウム信者の麻原との関係とはかなり異なっていたと見なければならない。３年前の接見中、「麻原の言葉は動詞であった」という言葉が飛び出し、そのことは控訴審の公判でも何度か説明された。私は彼の行動制禦能力を考えるとき、単なる軍隊などの命令組織・命令系統とか、教団内での地位昇進など、世間常識的な判断とは異なった側面を考えねばならぬと、最初に提出した意見書（１）から強調し続けてきたところである。そのことの極めて明確な１つの証が馬血清のエピソードである。これは意見書（１）でも触れたし、控訴審でも取り上げられた（3回24頁）。

１９９０年５月、坂本事件の半年後である。馬血清の精製の失敗で、点滴で自己注射したところアナフラキシーショックを起こした。しかも、「これはルントラブルだから馬血清を続けろ」という麻原の指示で、医師・中川は何と重ねて自ら注射を打つという自殺行為的暴挙を続け、当然のことながら重症化したという。このエピソードは、麻原との関係が、常識を絶するほどの異常な濃厚さ・強烈さであったことの好適な証左である。

頻発する体験は多少消退したがまだ不安定な時期で、判断能力・理非弁識能力はそれなりに回復してきたという状態の中である。しかも、医学の専門領域であり、麻原に対しても最もものを云える問題のはずである。医師としての医学的な判断能力もそれなりに働いたにも拘わらず、麻原との関係が、行動制禦能力を遥かに上まったと解釈すべきエピソードであろう。坂本事件から半年が経過した時期でなお、この状態である。このエピソードの中でも、中川被告は麻原からエネルギーを入れられると医学的知識が一時的に消えたとの「体験」を述べる（控訴審3回28頁）。接見時（2008年7月24日）にも、「麻原と会うと気持ちがガラっと変わる。それまで考えたことが消えてしまう。理屈で納得するのでも迎合するのでもない」と説明する。このエピソードには、「見える」「聴こえる」といった強烈な体験が含まれない。それだけに、①麻原との特異な関係・影響力②麻原の前での行動制禦能力の無力さなどを明快に物語ってあまりある重要なエピソードである。

判決では、せっかくこのエピソードをとりあげて論じながら（78頁）、上述した肝心の①麻原との関係や②行動制禦能力については全く触れていない。これらのエピソードの問題点には立ち入らないまま、議論の焦点を外して、全体として、教団内などで評価、受容されていた、ことがうかがわれ、日常の判断能力、行動制禦能力が損なわれていたとか、教団内の生活や社会生活に適応できなかったとかいう状況は看取されないとしている。

しかし、疾患としての解離障害の特色を考えれば、そもそも「全体として」見ること自体に無理がある。また、その症状の静穏期に極めて特異な「オウム文化」内で受容されていたといったことを責任能力の根拠にすることそのものが精神医学的に誤りであることは、「生活の場、文化」を視野に入れた時、明らかになることは、前項ですでに述べた。

3）新宿青酸事件、都庁爆破事件

坂本事件と同様に、意見書（1）の７頁の部分をそのまま転記する。

b　新宿青酸事件（1995年５月５日）と都庁爆弾事件（５月６日）

最後の犯行である。坂本事件からは５年半、最初の「神秘体験」出現からは７年余が経過している。さすがに公判（105～7回）の供述調書を読む限り、「神秘体験」の出現はかなりコントロールされ、時を選ばずに頻発して振りまわされるという、“治療”を必要とされる状態は脱しているようである。すなわち、いわゆる責任能力、それも弁別能力についてはかなり回復していたと推測される。

青酸ガス事件が失敗に終わったあとの彼の言葉が象徴的である。社会的混乱を起こしたので、これはこれでよかったと思いました。で、人も死ななかったし・・・・・。とにかく麻原から云われたことはやったということですね（107回99頁）。

しかし、黙想すると麻原が自分のすぐそばにいる。自分の中にいる。やっぱり戦えとか云ってましたね。麻原が上九にいて中川が東京にいても、メッセージは受けとれた（106回123頁）。村井が刺されたＴＶをみた直後、瞑想したら、もう助からないという声がきこえてきた（106回197頁）。麻原は人間を超えた生き物、善とも悪ともいえない、混沌とした強烈なもの。自分は奴隷ではないが指示に反撥しようという気もなかった。最初からそうだった（106回141頁）など供述している。やはり神秘体験の理解なくしては彼の理解はなりたたない。

最後のこの事件の時ですら、被暗示性の高まった状態の中川被告には「体験」が頻発し、麻原の完全支配下にあったとみるべきであろう。

4）小括

私は最初の意見書（1）でも、正式鑑定でないという限られた条件下なので、最初の坂本事件と最後の事件のみに若干触れるにとどめた。それは、彼の精神状態が連続的なものと想定したからである。その考えは今でも変わっていない。

５年半の教団生活の間に、初期の“精神病”的な激しい症状は次第に終息の方向に向ったようである。しかし、被暗示性に富み、意識変容を起し易い不安定な状態は最後まで持続して、その上に体験も頻発し、麻原の強力な影響も常に加わっていたと目される。

§Ⅳ．拘置所生活の現在までをトータルに振り返って

1）現在の彼――「ヒーラー」としての役割期待

現在、彼は、医学関連などの書物を読み、自らをみつめ、贖罪と反省の毎日を送っている。「体験」については、「今でもありますよ」と微苦笑を浮かべるが、３年前の接見時よりさらに距離を置き、かなりコントロール可能になったようである。今となっては、それに振り回され、混乱することはあるまい。

あの「竜宮の宴」直後に始まった、ともすれば意識変容を来しやすい、被暗示性に富んだ不安定な気分は、教団生活を通じて一貫して存在していたと思われる。これが、「体験」発生の根底ともなるものである。麻原に対しては、今なお、複雑な感情が持続している。２００８年５月８日の接見時の彼の言葉をそのまま記せば、「麻原がおかしくなってくれて、

ある意味でよかったという気もする。気は楽になった。法廷で説法でも始められたら堪らなかったかもしれない」と。

そして、本小論の冒頭に記したように、毎日のように訪れてくる面会人のかなりの部分が、彼にヒーラー（民間療法家）的な役割を期待しているのである。２００８年5月２６日の接見時、この件に関して具体的な説明を求めたところ、弁護人を介して以下の回答があった。彼の記録と記憶によれば、控訴審の最終弁論後の２００７年４月半ば以降の１年余の間に、全面会数は延べ２６０回ほど、実数約１５０名で、うち、健康に関する相談者は、実数で２０余名ほどとのことである。それは主に現役信者や元信者であるが、オウム真理教とは無関係の知人も相談してきているようである。狭義の医療相談だけでなく、医者から手術をすすめられているが修行の妨げにならぬか。体調が悪いがどんな修行が向いているか、などといった、信仰関連のものも含まれている。中には、彼を“神通力”の持主だと思っているものもあるとか。勿論彼が望んで起した現象ではない。自分自身、現在裁かれる立場、そしてかつては教団幹部だったという責任感など複雑な心境で揺れながら、悩みながら、「ノーマルな医療ルートにのせる助力が、贖罪の一つ」とも考えて慎重に対応しているという。因みにその対応は極めて的確で、相談のプロを自認する私からみても、納得できるものである。

要するに、解離性障害の診断に相当する、社会・日常生活に支障を来す症状は消えた。残ったのは、かなりコントロール可能な「体験」と、ヒーラーとしての周囲からの役割期待である。つまり「シャマン中川」の誕生である（第２図、成巫過程)。改めて竜宮の宴以来の現在に至る２０年の彼の軌跡を振り返ると、それは、成巫過程そのものといえる。私は「意見書３部作」で、「事件への関与さえなければ、カミゴト（神事）も判る幅広い変わった医師として活躍したであろう」――と述べたが、はからずも、彼は拘置所内でそれを実証した。換言すれば、第Ｉ章にも述べたように、彼の教団生活も、その一過程として捉えるのが「彼の精神状態の正しい理解」に連なる鍵ともいえよう。

2）成巫過程として振り返ると――「体験」の重大性・深刻性の再浮上

成巫過程とすれば、「巫病」概念の積極的な導入が、寧ろ不可欠のなりゆきといえる。「巫病」は、一般には用いられていない文化人類学領域などの専門的用語ではあるが、精神医学領域でも、それなりの豊富な研究の蓄積があることは、意見書（1）（3 頁）以来、くり返し述べてきた。普遍化した日常語なら、ローカルではあるが、カミダーリィであり、神病である。

狭義の精神医学の枠に一旦もどると、解離性障害（ＩＣＤ-１０）はいうまでもなく、心因性であり反応性である。であるが故の“軽い”というイメージが先行しがちである。しかし、カミダーリィであるとの補助診断的概念を導入すれば、その激しい場合にはまさに精神病レベルであり、祈祷性精神病・感応性精神病であることが納得し易くなる。その幾多の事例は、私自身、琉球大学勤務時代、十二分に体験した。

因みに、シャマニズムにも造詣の深い仲村永徳医師（元沖縄県立精神保健福祉センター

所長）に、今回、以下の概況調査を依頼した。その結果、彼が現在勤務する沖縄本島中部のＴ病院で、平成２０年７月１日現在、入院総数２０３名のうち、何らかの意味で信仰の問題と関わりの深い患者は２７名の多くにのぼるとのことであった。もちろん、厳密な診断分類に基づくものでもなく、このことからだけでは多くは語れない。しかし、患者が抱えている問題や症状が信仰と関連した時、その人の生活が大きく揺さぶられ、入院が必要となる可能性が大きいという側面を物語っているともいえる。

話を再び、中川被告のカミダーリィ、神病に限ろう。その位置づけは、まさに、韓国の金光日医師が、神病を現代精神医学の枠組（ＤＳＭ－Ⅳ）で捉え直そうとした試みがそれである（意見書２－７頁）。

長いシャマニズム研究のキャリアをもつ韓国の金光日漢陽大名誉教授は、神病（Shin-byung）の臨床像を、その経過に沿って３つの段階に分類している。極めて的確と思われるのでその要旨を記す。中川被告の初期の状態は、沖縄ならカミダーリー（神祟り）、韓国なら神病とされたであろうことは意見書でも補遺でもくり返し強調した。

ⅰ）第１段階（前駆的な局面）

身体的なとらわれ感と多様な神経症的な症状といえ、易疲労・めまい・不眠、抑うつなど、特に理由もないのにだんだん具合が悪くなると訴える。そして、症状の原因などを示唆してくれるシャマンなどと接触し、その病気の意味を見出そうともがく。

ⅱ）第２段階（トランスの局面）

成巫を促すようなお告げが、幻覚・夢・直感などを通じて行われる。混乱や精神運動性興奮も現われることもある。日常生活でも混乱する。

ⅲ）第３段階（憑依の局面）

二次的な人格が患者の身体に侵入する。２つ或はそれ以上の人格が共存してもともとの人格と葛藤する場合と、さらに進んで完全な憑依の段階にいたる場合とがある。

彼の場合は、上記の金の分類に従えば、前駆症状の局面に、ショウ「龍宮の宴」に足を運び、それが引き金となってトランスの局面に突入したとみられよう。

彼が外来を訪れたのは、第２段階の初期だったのであろうか。彼はそのまま出家し、第２段階の混乱の中で出家生活を続け、犯行を重ねることになる。富士の道場での修行中、パフォーマンスでなく、「叩きつけられていた」「吹きとばされていた」（第 10 回[redacted]証言）など、第２段階の典型的な精神運動性興奮の症状である。また、瞑想修行中に、「あれどうしてここに」――など夢遊病のようだった（[redacted]証言）は、典型的な解離性遁走（フーグ）（ICD-10、F44.1）である（補遺、2 頁 Q2）。中川被告は、金の言う第３段階にまで入ったのかもしれない。金光日博士が当時の彼に面接していれば、解離性障害（神病）とでも診断を併記したであろう。私が琉球大学在任中、時々反応性障害（カミダーリィ）と診断を併記したように…。

中川被告は「体験先行型」であり、カミダーリィ、神病であり、Ⅱｂ型（佐々木）である。その「体験」はすさまじく、その人物の全生活・全人生を振り回し左右する。入信・

出家も「心身の平穏を得たい」（控訴審判決 99 頁）といった世間常識的なレベルの「判断」など加わる余地もない一本道・電車道である。この視点を欠いた精神医学的検討は、それがいかに深い洞察であるかにみえても、彼を半分も理解できないのではなかろうか。少なくとも坂本事件の実行時などは、「体験の嵐」・幻覚妄想の真只中である。判断能力も行動能力も半ば以上損なわれていたことは疑いもない。

麻原との関係のベースは、こうした強烈な体験に基く特別な関係である。だからこそ、馬血清のエピソードも起こった。解離性障害の嵐は多少静まったこの時期でも、被暗示性の高まった状態にあった医師・中川は、麻原の影響力の前には、その行動制禦能力も対抗するすべもなかった。

３）小括——中川被告の供述は、自らの内面をどこまで語れているのか

今回、４度目の鑑定意見書の筆をとり、改めて思いを新たしたのは、こうした「体験」の言語化の難しさである。それは、傍聴を重ねた控訴審で、検察官が、何度となく、中川被告の供述の食い違いを追求していた姿とも重複する。いうまでもなく、警察官・検察官の取調べ、一審、控訴審の３時点での「供述の遅れ」である。ことは逮捕・裁判である。一般論としても、当然のことながら、混乱・興奮・自棄や防衛機制などの影響も無視できまい。１０年前の出来事など、事件関連ならずとも、意図的でなくとも「記憶の加工」も起ろう。しかし、本件でことをさらに複雑化しているのは、供述の内容の根幹が「体験」だったからである。

私は、こうした「体験」の持主との面接件数については精神科医では群を抜いていると自負している。私は、意見書（1）の第２章２項で（2 頁）、「こうした体験の持主が、面接の時期や状況次第によっては、その内容の一部または全てを語らないということは、私の経験上、少なからず存在する。それは、話しても理解してもらえないと彼自身が判断した場合（以下略）である」と述べたが、まさしく、彼がその場合である。

入信の頃、彼の「体験」の話は、身内からすら荒唐無稽だと相手にされず、断絶状態を来たした。そもそも、自分自身でも、何が何だか全く判らず、たとえ体験を話そうという気になったとしても適切に言語化するなど、とうてい望むべくもなかったろう。警察官・検察官の取調べ時に丁寧に話す気にはなれなかったのは当然である。

中川被告との信頼関係が十二分と思われる弁護人ですら、控訴審最終弁論の中で、一審時を振り返り「被告人が自ら積極的に異常体験に関して語る姿勢がなかったのであるが、なによりも、聞く側の弁護人に知識が不足しており、ある程度の先入観があったことは否めない」と率直に述べている（30 頁）。中川被告が自らの体験をある程度語れるようになったのは、私との接見（2005 年 6 月〜8 月）を経た後の、ようやく控訴審に入ってからとみるのが妥当であろう。この「供述の遅れ」に関してはすでに、「補遺」（7 頁）、「鑑定意見書（２）」（11 頁）でも項を設けて論じている。

とにかく自分自身でも漠とした「体験」を、言語化して他人に伝えるのは至難の業である。判って貰うためには、世間常識的な説明に走らざるをえない。2008 年 7 月 24 日の接見時、「一審では説明しすぎましたね。二審でも、その傾向があったかも」と、口にしていたのが印象的

であった。

今回、本小論作成にあたり、３０分づつ５回の接見（2008年４月〜7月）を行った。その際、「ズボンの裾上げ」「プルシャ」などの体験のより正確な言語化を求めた。この結果は第２章に記したが、これまでの私の理解の浅さを恥じざるをえなかった。

彼は５年半わたる犯行時、いったいどんな「体験」に左右されながら行動していたのであろうか。彼には、今まで、十分に語る機会があったのであろうか。軽々しく、世間常識的な解釈・判断を下すことは避け、正式鑑定を行って、より正確な言語化と把握に、努力すべきではなかろうか。厳密な責任能力の論議は、それを踏まえねばなるまい。

§Ｖ．おわりに——最高裁にのぞむ

１）中川被告をいかに理解するか：あえて、最後にもう一度まとめて記したい。

①中川被告は、元来、犯罪とは全く無縁な人物であり、その穏やかで円満な人柄は、参考として末尾に記した心理テストからも窺われる。全ては「体験」から始まった。つまり、「体験」の発現さえなければ、全く何事も起こらなかったのである。そして、彼の最初の「体験」の発現は、少なくとも意図的なメカニズムではない。「体験→入信→出家→（犯行）」というこうした「体験先行型」の特異性を重視せねば、彼の入信動機すら理解できない。因みに、大多数の信者は体験が生ずるにしても「入信→（出家）⇔（体験）」という逆の順である。

②体験先行型の「体験」は凄まじい。幻覚・妄想の世界である。このことを軽視すると、「解離性障害は心因性だから軽い」という、一般論的な先入観にとらわれる怖れがある。しかし、本例の激しい時期は、明らかに入院治療を必要とした精神病レベルである。坂本事件の実行時の諸体験は、まさにそれに相当する。

③解離性障害は、その症状に著しい消長（波）があり、多分にストレスに影響される。その静穏期の言動のみをピックアップすると、一見「正常」とみなされることも起こりがちである。しかし仔細に検討すると、根底に夢幻様意識ともいわれる意識変容が認められることも多い。本小論でとりあげた、坂本事件実行前後の「ズボンの裾上げ」「プルシヤ」「遺体運搬の俯瞰」などのエピソードが好適例である。いわば“ねぼけ”の中の言動である。控訴審判決で完全責任能力とした主要根拠の一つ「一貫した合目的的行動」といえるはずがない。主要な各時点についての慎重な専門的な検討を経ずに、安易に世間常識的な評価を下すことは厳に避けるべきである。

④私は「鑑定意見書３部作」で、彼の理解のためには、精神医学的見地のみではなく、「巫病」といった生活史縦断的な視点を加えることが極めて有効であると強調し続けた。このことの正当性は、皮肉なことに、拘置所に現在彼を訪れる面会人のかなりの部分が、彼に「ヒーラー」の役割を期待しているという現実によって実証された。まさに「竜宮の宴」

直後の体験初発以来、実に２０年にわたる「成巫過程」そのものだったのである。となると、その初期のカミダーリィの際の「体験」の激しさ・鮮烈さは、再度強調するに余りあろう。

㋑解離性障害としても最強度であり、入院を必要とする精神病レベルである。

㋺その鮮烈な「体験」によって結びついた麻原との関係の特異な濃密さ・強烈さは、責任能力を論ずる際には無視できない。馬血清のエピソードが、その好適例といえる。

㋩「教団内・オウム文化内で、体験が受け入れられ、評価される」のは寧ろ当然であり、それは、沖縄文化でカミダーリィがサーダカウマリ（性高生れ）として受け入れられ、偏見に直結しないのと同様である。控訴審判決が完全責任能力の主要根拠の一つとするのは、全く噴飯ものとすらいえる。

2）控訴審判決の問題点

ここまで筆を進めると、判決の特徴がおのずと際立ってくる。各項目毎に、すでに検討を加えてきたが、ここで改めてまとめてみたい。

私は、控訴審で、責任能力と関係する全１３回を傍聴した。公判は、「体験」を中心に展開されたともみられる。解離性障害の激しい症状や、夢幻様意識状態でのさまざまなエピソードが語られた。麻原との特異な関係や強烈な影響力も語られた。つまり、責任能力を論議するための具体的な材料は、かなり豊富に提示された。しかし、判決文を改めて読み返しても、これらの材料の意義や重要性がどこまでうけとめられたのか、疑問が抱かれる。

高裁の判決手法は、中川被告の供述のうち幻覚・妄想とも言うべき「体験」からは一旦目をそむけ、①一貫して合目的的行動をとっていた、②教団内の生活で受け入れられていたとの主要２点と、知能・記憶の副次的理由などから「完全責任能力」という結論を大胆にも掲げてしまう。そのうえで、「神秘体験」や中川被告の言動を取り上げ、これらが「原審の認定を左右されるほどのものではない」「刑事責任能力に疑念を生じさせるものではない」などと繰り返す。精神医学やシャマニズムの知見から導き出される中川被告にとっての「体験」の重大性、「体験」の深刻さ等は無視され、「体験」や「体験」に基づく麻原との関係が、中川被告の犯行に関与した原因、少なくとも主たる原因であるのに、そのこともひどく軽視されている（判決が認めているらしいのは、「神秘体験が犯行を促す方向に作用した可能性があり得るとしても」という限度である）。

また、判決は、中川被告が犯行に関わった動機について正面から取り上げていない。これらが、冒頭に述べた、高裁判決に接して私の抱いた「物足りなさ」の正体でもあろう。

これだけ豊富な「不可思議な」「理解し難い」事象が公判で提示されたのである。避けて通って世間常識的な解釈・判断を下す前に、正式な鑑定を実施すべきではなかったのか。少なくとも、証人尋問という形ででも、専門家の説明を求めるべきだったのではあるまいか。換言すれば、もう一歩踏み込んで、中川被告の精神状態を正確に理解したうえで判決を出そうという姿勢が不十分だったのは、残念でならない。

また、中川被告の幻覚・妄想とも呼べる「体験」は心因性のものであるから、了解可能

な面があるかも知れない。しかし、そのこと自体で中川被告の「体験」を軽視するべきではない。私は意見書（２）（6 頁）で、たとえ心因性でも、その激しさや振り回され方を取り上げれば、その強度は統合失語症などの「させられ体験」よりも激しい場合もあることや、中川被告の場合はまさにそのケースに当たることを述べた。

この点についても、繰り返し述べてきたように高裁判決は中川被告の精神状態を正確に理解しているとは言い難い。

３）結語

本小論も、既述の「意見書３部作」と同様、きわめて限られた条件下で作成された。前回に加わったのは、意見書（２）を作成した後にも重ねた公判傍聴と、３０分５回（2008年4月～7月）の接見である。私は、シャマニズム研究をも専門領域とするきわめて数少ない精神科医であり、中川被告の精神状態を理解するには最適の専門家であると自他とも認めるにやぶさかではない。その私ですら、この現在の段階では、まだ犯罪に関わり続けた教団時代の中川被告を十分に理解できたという自信はない。しかし、「完全責任能力とは認め難い」とまでは、自信を持って断定できる。つまり、意見書(1)で、「少なくとも坂本事件当時、彼は解離性精神障害の一種であり、その後の犯行時にも、その激しさこそ次第に消褪したが残渣は十分に認められる」と述べたとおり、中川被告は、その症状の軽重こそあれ、全事件において解離性精神障害ないし祈祷性精神病の影響によって、麻原の指示に従い、その影響下で犯行におよんでいるわけである。正式鑑定ではないが、強いて附言すれば、坂本事件当時は理非弁識能力・行動制御能力はともに半ば以上損なわれ、最後の新宿青酸事件・都庁爆破事件当時ですら、理非弁識能力はかなり回復したが、行動制禦能力は半ば失われていたと見るのが妥当であろう。

本小論では、坂本事件のいくつかの場面などのみをとりあげて、根拠の一端を示した。幾多の犯行の主要な個々の場面についての詳細な専門的な検討が必須である。これだけ明確な多くの疑問を残したままで裁判が終結することには、本件のような事例の再発防止の観点からも大きな危惧をおぼえる。

あえて最後に繰り返す。中川被告は「体験先行」という稀有なパターンで入信・出家し、その事件関与も徹底的に異常体験に左右された。つまり、本件は、最初から最後まで精神医学の問題であり、宗教犯罪としても極めて特異なものと位置づけられよう。世間常識的な解釈や判断の不用意な介入は、本件を見誤ることとなろう。

本小論を作成するにあたり、正式鑑定の必要性を改めて強調するとともに、最高裁の十分な理解と英断をのぞむものである。

§参考：心理テスト（YG 及び SCT）――犯罪とは無縁な人物であることの傍証として

「意見書３部作」で、繰り返し強調した。彼は元来、犯罪とは無縁の人物である。全ては「体験」に発し、左右された。

いかに、彼が穏やかな円満な人柄であるか、限局された条件下で実施可能な２つの心理テストを試みた。これは、むしろ、「自らを知りたい」という彼自身の希望に応えたものでもある。テスト用紙を、弁護人を介して手元に届け、接見時に私が説明し、記入後に回収した。客観性のある資料として、※以下にＮ臨床心理士の解釈をそのまま記す。

※本心理検査は、直接本人とのあいだで実施したものではなく、結果のみが分析者の手元に渡された形である。したがって、本人の背景に関する情報もほとんどない中で分析しており、ブラインドアナリシス（検査結果だけから本人の人物像を分析・推測する）となっている。

Ｉ．ＹＧ性格検査

矢田部・ギルフォード性格検査（通称ＹＧ）とは、日常の行動傾向や態度に関する、短い質問文１２０問に対して、はい・いいえ・どちらでもない、の３つで回答を求める、質問紙法の心理検査である。この検査結果から得られる情報は、①回答の特徴からみられる検査への構え、②抑うつ性、神経質、協調性、支配性などの１２の性格特性、③情緒安定性、社会適応性、内向性・外向性の組み合わせのパターンから分類する５つの性格類型である。自己回答方式であるため、回答を恣意的に歪曲できる性質の検査であり、真に自分の性格を知りたいという姿勢で取り組まなければ、客観的な情報とはなりにくい。この欠点は、他の心理検査を組み合わせて判断することで、回避することができる。

① 回答の特徴

「どちらでもない」という回答が多い。これは一般的には、自分の本心を見せたくない、という防衛の強い場合に多くみられる回答方法だが、本件の場合は、自ら心理検査を希望し実施したこと、別検査（ＳＣＴ）においてはかなり率直に自己表現をしていることの２点を考えると、それは否定される。であれば、性格傾向として、「はっきりとした自分の意思を表示しにくい遠慮がちな性格傾向」、「即決出来ずに迷いがちな心理状態」、もしくは、自分とはどういう存在であるかという「アイデンティティの混乱」、という３点の可能性が示唆される。

② 性格特性

「抑うつ性」の項目がほぼ満点に近い。これは、悲観的な気分や、罪悪感の強い性質をあらわす。「劣等感」も高い傾向にあることから、常に自己を過小評価し、自己否定的・自責的なになっていると思われる。

逆に低得点を示したのは、「攻撃性」と「非協調性」である。これは、衝動的に人を攻撃したい気持ちや、人への不信感がほとんどない性質をあらわし、人を疑わず、争いを好まず、人を思いやるといった、協調性の高いタイプの性格であることが予測される。

③ 類型

Ａ″型で、これといった大きな特徴がない。つまり、情緒の安定性＝平均的、社会適応性＝平均的、向性＝平均的、という、歪み・偏りのみられない、バランスのとれた性格傾向であるといえる。

Ⅱ．ＳＣＴ

精研式文章完成法検査（通称ＳＣＴ）とは、不完全な文章６０文を提示し、それに続く言葉を自由に書かせて文章を完成させていく、投影法の心理検査で、「人格特徴」、「社会・家族背景」・「葛藤の内容や抱えている問題」などの情報が得られる。頭に浮かんだ最初の事柄を記入してもらう、書く内容や長さに制限はない、というかなり自由度の高い検査であるため、本人が自分では意識していない性格特徴が見出されるといわれている。そのため、数字にて結果が得られる、質問紙法検査と組み合わせて、総合的に判断することによって、より正確な人物像が把握できる。

① 記述の特徴から推測する性格特徴

非常に率直に、現在の自分の気持ちを表現している。文字は丁寧ではないが、文章自体は長文が多く、内容も投げやりではない。検査に対して強く身構える姿勢や、自分を良くみせようという思いはほとんどなく、ありのまま、思いのままに等身大の自分をみせているものと思われる。

②社会的・家族背景

「家の人は私を：叱りました。中学くらいまでは本当によく怒られました」「家では：よく怒られました」という記述からみられるように、幼少期・学童期は、いつも家族から叱られており、家族から認められない、評価されないという思いを、無意識的に抱いていたと思われる。「私の父：は弱く気の毒な人でした。もし私の母：が倒れたら、実家はやっていけるだろうかと思います。」という記述からみられるように、頼りない父、しっかり者の母の下で育ち、「男としてどう生きていくか」というモデルが薄く、青年期には、アイデンティティの獲得に苦しんでいた可能性がある。父性的な、しっかりとした何がしかの指針を、心の奥で求め続けていたのではないか。「私の野心：は、今さら何の野心もありません。勉強はしたいですが」「わたしがひそかに：勉強したいと思っていることは沢山あります」とあるように、自分らしさ＝勉強することであり、勉強だけは、本人の拠り所となっていると思われる。これは、現在のみではなく、「学校では楽しく過ごしました。もう少し勉強しておけばよかったと思います」に代表されるように、学童期から勉学に励み、知識を得ることで自分らしさが支えられてきた部分があったのであろう。

「仕事：は医者をしてましたが、仕事自体は好きでした。」「友だち：は私にかかわってくれてありがたいと思います」など、仕事をしていた時点では、友人との交流もあり、社会的には特に問題のない生活をしてきたと思われる。

③抱えている問題・悩み

「私の失敗：は、生まれてきたことです。こんな人生を歩きたくありませんでした。しかし、歩かざるを得ませんでした。」「もう一度やり直せるなら：といわれても、やり直せるとは思いません。同じ状況になるのはいやです」「もし私が：ああしていたら、こうしていたら、ということは、せんのないことなので、あまり考えないようにしています」というように、自分が何故こんなことをしてしまったのか、自分自身よくわからない、と大変混乱し、その答えを常に探すことが、本人のメインテーマのようである。「悪いことをしました。家の人は大変だったろ

うと思います」ともあり、周囲に大変迷惑をかけたという反省の念を持っている。自分の行為に対しては反省をしている一方で、行為をした経緯については、混乱のゆえか、自分のことというよりも、どこか距離をもって眺めているようなところがあり、いくら考えても答えが見つからず、結果、考える気力さえも、低下することがあるようだ。
ただし、自分の死に対してはまっすぐに受け止めており、「年をとった時：～中略、そもそも年をとるまで生きられるかどうか分かりません」「死：ぬ時にはどんな気持ちなんだろうとよく考えます」と表現している。

＜まとめ＞

ＹＧ・ＳＣＴから予測される本人像をまとめると、以下の通り。

自分を飾らない、大変純粋な勉強好きの人。争いを好まず、協調的で、「誰かの役に立ちたい」、「誰かのために生きたい」という思いが強い。自己評価が低い上に周囲の気持ちを考えすぎるため、自分はどうしたいのか、という自身の判断が乏しくなり、自己犠牲的な行動が多くなることもある。

自分とは何か、というアイデンティティの葛藤を持ち、常によりどころを求める努力をしつつも、獲得に苦労している。今現在の自分の状況を冷静かつ客観的に捉えており、死をどう迎えるかという課題に正面から向き合おうとしている。そのためか、あるいは元々自責的な性格であるためか、現在は軽度の抑うつ状態に陥っていることも予測される。

参考文献

１．森田正馬：余の所謂祈祷性精神病に就いて．精神経誌１４巻：Ｐ２８６－２８７，１９１５

２．佐々木雄司：我国における巫者（Shaman）の研究．精神経誌６９巻：Ｐ４２９－４５３，１９６７

３．佐々木雄司（編）：シャマニズム、現代のエスプリ、至文堂，１９８１

４．佐々木雄司：「宗教から精神衛生へ」，金剛出版，１９８６

５．佐々木雄司：信仰とメンタルヘルス．「生活の場での実践メンタルヘルス」，Ｐ１５２－１６７，保健同人社，２００２

６．吉永真理，佐々木雄司：現代の憑依現象．精神医学，４２巻（１）：Ｐ８－１８，２０００

７．仲村永徳、佐々木雄司：民間療法、「メンタルヘルス事典」改訂増補版 Ｐ８６６－８７４　同朋舎（角川書店）２００５

８．仲村永徳：沖縄の憑依現象．精神医学，４０巻（４）：Ｐ４４５－４４９，１９９８

９．金光日（吉永訳）：韓国の神病．精神医学，４１巻（３）：Ｐ３２５－３３０，１９９９

１０．吉野雅博：感応精神病と祈祷精神病．「現代精神医学大系６Ｂ」：Ｐ１４３－１７１，中山書房，１９７８

１１．佐々木意見書３部作

①鑑定意見書　―中川智正被告に関する精神医学的見解－2005．9．21

②鑑定意見書　補遺Ｑ＆Ａ　2006．4．26

③鑑定意見書（その２）―とくに「神秘体験」をめぐって―2006．11．27

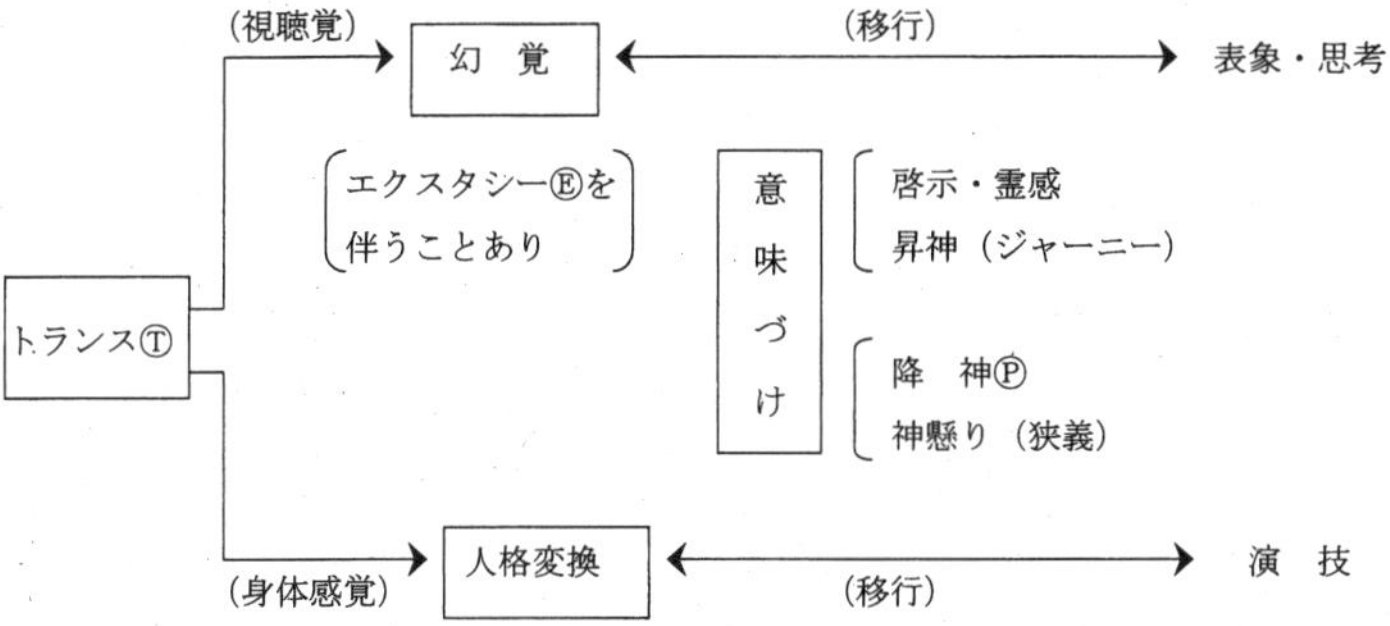

シャマン体験（模式図）

第１図、「神秘体験」の発現と、その変質・移行（佐々木）

（注）一般に「体験」発現の初期は不随意であり、コントロールがきかず、日常生活に支障を来たすことが多い。しかし、次第にコントロール可能となり、「外套のように自由に着脱できる（Janet, P.）」ようになると、“巫者”・教祖の「完成」である。しかし、同時に体験の貧困化（移行・変質）や職業的狡猾化などが加わってくることが多い。麻原はどのレベルだったのであろうか。

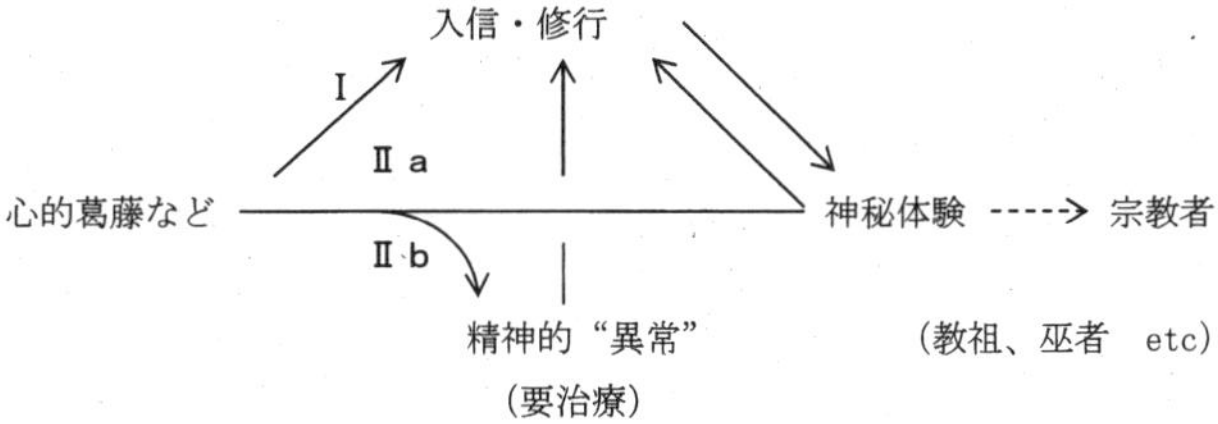

第２図、成巫過程（模式図）佐々木

殺人等被告事件（平成 7 年合（わ）第 149 号，同第 200 号，同第 260 号，同第 283 号，同第 331 号，同第 368 号，同第 406 号，同第 446 号，平成 8 年合（わ）第 34 号，同第 79 号）
被告人中川智正に関する意見書

I はじめに

私たちは、平成 18 年 5 月 30 日に、東京医科歯科大学難治疾患研究所において、東京高等検察庁公安部　濱隆二検事より、佐々木雄司医師作成による「鑑定意見書－中川智正被告に関する精神医学的見解－」（平成 17 年 9 月 21 日付　以下「佐々木意見書」と略記）及び「鑑定意見書補遺 Q & A」（平成 18 年 4 月 26 日付　以下「補遺」と略記）につき、下記の事項を検討し、その結果を意見書として提出することを求められ、これを了承した。

検討を行うにあたり参照した資料は以下の通りである。

佐々木意見書、補遺
判決書、控訴趣意書、控訴趣意書補充書、員面調書、検面調書
公判調書（第一審第 8 回、9 回、10 回、12 回、13 回、31 回、33 回、34 回、51 回、52 回、55 回の一部、59 回、60 回、65 回、66 回の一部、80 回、81 回、82 回、83 回、84 回、85 回、86 回、87 回、88 回、105 回の一部、106 回、107 回、108 回、110 回の一部、第二審第 2 回、3 回、4 回）

II 検討依頼事項　（濱隆二検事による「『佐々木鑑定意見』検討依頼書」より摘記）

1　被告人は、昭和 63 年 2 月以降、本件各犯行の全期間、トランス及び憑依障害（あるいは特定不能の解離性障害）の精神障害にあったと認められるか否か
2　仮に、佐々木意見指摘の上記精神障害が存した場合、被告人の最初の犯行である「坂本弁護士一家殺害事件」当時の被告人の刑事責任能力を明らかにするには、精神鑑定を要するか否か
3　その他参考事項

III 第一審判決書に記載された事実の概要

1）被告人の身上経歴

被告人は、岡山市内で出生し同市内の県立高校を卒業した後、昭和57年4月、京都府立医科大学に入学して、昭和63年3月に卒業し、同年5月に医師国家試験に合格して、同年6月から内科医として勤務していた。

被告人は、子供のころから超能力や神秘体験に対する関心が強く、とりわけ新興宗教団体に強い興味を抱いていた。昭和61年11月ころに麻原の著作を購入して読むなどしたことから、同人やその主宰する会に興味を抱くようになった。昭和63年2月上旬、被告人は当時住んでいた京都市内から大阪市内で開かれた教団主催のコンサートに行き、会場で麻原の姿を目にしたことから教団に対する関心を更に強め、その翌日ころ再び大阪市内に赴いた

折に、同市内にあった教団大阪支部に立ち寄り、教団幹部より教壇の協議や修行の内容等についての説明を受けるなどしたが、その後まもなく、自分の体を光が突き抜けるという体験をしたような感覚に襲われたり、目を閉じると麻原に礼拝している自分の姿が見えるように感じられるなど理解しがたい体験をしたように思い、同月中旬に入信した。その後、研修医として勤務したが、同年末より教団より出家を勧められ、被告人も体調が思わしくなく、医師として働けず通常の社会生活も送れないため、心身の平穏を得るため平成元年8月末に出家した。その後、教団施設で修行のかたわら、診療所開設の準備などをし、同年11月末頃にはステージ（地位）とホーリーネームを与えられた。翌年より「オウム真理教附属医院」の実質的責任者の一人となり、麻原や家族の主治医的役割を果たしていた。麻原の側近として重用され、「菩師長」に昇進し、平成6年6月、教団内に省庁制が導入されると「法皇内庁」の長に抜擢された。平成7年6月17日付で「正悟師」に昇進予定であった。

2) 坂本事件の経緯

平成元年 6 月頃より教団と出家信者の家族との間の紛争が社会問題化し、坂本堤弁護士らは「オウム真理教被害対策弁護団」を結成して、教団を批判・追及していた。教団は、坂本弁護士らの活動により宗教法人の認証が取り消される危惧を覚え、同弁護士に対して強い警戒感を抱くようになった。同年 10 月 31 日、教団幹部らは坂本弁護士と会談をもったが、同弁護士の教団に対する態度は変わらず、話し合いは決裂した。同年 11 月 2〜3 日、被告人は教団幹部らとともに教団施設の麻原の部屋に呼び出された。麻原は教団に敵対的な同弁護士を殺害しなければならないという趣旨の話をし、被告人が塩化カリウムを注射するという具体的な殺害方法に言及した。被告人は、麻原が坂本弁護士殺害の指示をしていることを理解し、麻原の指示に従うほかはないものと考え、その場にいた教団幹部らと坂本弁護士殺害の共謀を遂げた。11 月 3 日、被告人らは塩化カリウム飽和水溶液などを用意し、坂本弁護士のアパート近くの路上で同弁護士の帰宅を待ったが、午後 10 時過ぎ、同弁護士がすでに帰宅しているものと察せられたことから、電話で麻原の指示を仰ぎ、坂本弁護士が帰宅しているのであれば家族共々殺害する旨の指示を受けた。被告人らは上記麻原の指示に従い、全員で坂本方に赴いて坂本弁護士を家族共々殺害する旨の共謀を遂げた。

3) 坂本事件の事実

被告人は上記の経緯で、麻原、村井、岡崎、早川、新実及び端本と共謀の上、坂本堤をその家族共々殺害しようと企て、平成元年11月4日午前3時ころ、その全員がひそかにアパート「サンコーポ萩原」C棟201号室に赴いて、ほぼ一斉に、坂本堤が妻坂本都子及び長物坂本龍彦とともに並べて敷いた布団で就寝していた同室の西側6畳間内に至るや、

1　坂本堤（当時33歳）に対し，端本が，坂本堤の体の上に馬乗りになって手拳でその顔面を数回殴打し、村井や早川らが，坂本堤の足等を押さえ付けるなどした上、岡崎が、背後から坂本堤の頸部に腕を回して絞め付けるなどし、よって、そのころ，その場において、

同人を窒息死させて殺害した。

2　坂本都子（当時29歳）に対し、新實が、坂本都子の体の上にのしかかって手でその口を塞ぎ、端本が、仰向けになった坂本都子の腹部辺りに、体重を掛けながら自分の両膝を数回にわたり打ち付けるなどした上、被告人が、うつぶせの状態の坂本都子の右斜め前方から、自分の腰の左側に坂本都子の右頸部を押し当てながら、同人の着ていたネグリジェの左襟首を右手でつかんで強く引いて、同人の頸部を強く絞め付けるなどし、よって、そのころ、その場において，同人を窒息死させて殺害した。

3　坂本龍彦（当時1歳）に対し、被告人が、近くにあったタオルケットを坂本龍彦の顔面にかぶせた上、その上から両手で同人の口の辺りを強く押さえ付け、さらに、新實が、坂本龍彦の頸部を手で絞め付けるなどし、よって、そのころ、その場において，同人を窒息死させて殺害した。

IV　佐々木意見書の要旨

我々が理解する範囲では、佐々木医師による意見書の要旨は以下のようにまとめられる。

1)　診断および精神医学的説明

光が見える、麻原の想念がうつる、犬の言葉がわかる等の体験の源は、精神医学的には、トランスと呼ばれる「宗教的な意識の例外状態」である。被告人は、DSM-IVやICD-10では「解離性（転換性）障害の一種」と位置づけられ、森田正馬の「祈祷性精神病の亜型」に当たる可能性もある。また、「巫病症候群」の典型であるとも言えるが、これは社会的診断である。いずれにしても、もともとの神秘的・宗教的な傾向に加えて、卒業と医師国試寸前、沖縄県立中部病院の研修医選考に補欠合格で宙ぶらりんであること、のストレスフルな状況下で、黙想中にトランス状態に陥って最初の「体験」が生じたことは、精神医学的に十分了解可能であり、「反応性障害」「心因性」の範疇に属する。

被告人の場合は、神秘体験や不安・焦燥・苦悩から精神科を受診したものの満たされず、宗教の道に飛び込むしかなかった。このように神秘体験が信仰に先行するのは珍しく、佐々木によるシャーマンの分類では非修行型の治療が必要なタイプに相当する。

接見時の様子からみて、現在ようやくトランスへの出入りを自らコントロールできるようになったかもしれないが、サティアンでの全生活期間中は、きわめて意識変容を来し易い、不安定な精神状態がかなり長く続いていたと推測される。

なお、統合失調症、そううつ病等の狭義の精神疾患の可能性は考える必要はない。

2)　責任能力または精神鑑定の必要性に関して

坂本一家殺害事件当時、被告人は麻原がそばにいる感覚を覚え狂喜したり、コントロールされない不随意的な麻原・村井の想念に振りまわされ、混乱し、断るという発想もなく、夢でも見ているかのように現実感に乏しい。つまり自我障害が顕著に認められ、かなり激しい解離性障害の一種と診断される不安定な精神状態であり、理非弁別能力・行為能力ともに半ば以上、損なわれていた可能性もある。また、被告人にとって、麻原の命令がどの

ように受け止められていたかという視点からの行為能力の検討が必要である。

解離性障害は被告人の理非の弁別を左右し、また、麻原との関係は行為能力に影響する。これより、正式の精神鑑定が必要である。

V 検討

1) 宗教犯罪に対する司法精神医学的視点

本人の供述や周囲の証言によれば、被告人は、オウム真理教のイベントに参加し教団支部を訪れた直後から、白い光を見たり、男性の声を聞いたりする不思議な体験をするようになったという。入信後には、体がぴょんぴょん跳ね上がる、とか、麻原や他人の「想念」が入ってくる、といった体験もするようになったようである。本意見書の作成にあたっても、その精神医学的検討が求められているが、これらの体験や行動が宗教・信仰の文脈で生じている点にこの事例の特殊性と難しさがあると言える。佐々木意見書にも記される通り、被告人の体験は、精神医学的にみれば幻覚（幻視・幻聴）ということになり、宗教的にみれば神秘体験と呼びうるが、これらが明確に区別されるものであるのか、あるいは同一の現象の異なる側面であるのか、というのは未だ結論の出ない宗教精神病理学上の一大難問である。

精神医学でいう幻覚とは“対象なき知覚”であるが、宗教的体験としての「幻覚」について、実際に対象が存在しないとはひとつの認識論的偏見を前提としない限り言うことはできない（小田晋：文化と精神医学．弘文堂，1974.）。神秘的・宗教的事象に向かうとき、近代合理主義的科学としての精神医学体系にはおのずと限界があり、宗教的・神秘的体験を単純に病理学的解釈に還元することは慎まなければならない。

しかし、本例のように司法精神医学的判断が求められる場合には、このような認識論的限界を踏まえつつも、被告人の特殊な体験をあくまで標準的・普遍的な精神医学の視点で捉え、症候学的、疾病学的に位置づけ、説明を試みる態度で臨むべきであると考える。これが、以下の考察を行うにあたっての我々の基本的立場である。

2) 診断について

2-a 解離性障害の診断の検討

佐々木意見書は、被告人を「解離性（転換性）障害の一種」と診断し、いわゆる「神秘体験」当時はトランス状態にあったとしている。また、「祈祷性精神病」や「巫病」の診断可能性について言及している。以下、これについて意見を述べたい。

「解離性（転換性）障害」とは、古典的にはヒステリーと呼ばれた病態を総称する概念であり、器質的（身体的）原因なく、内的葛藤や不安を解消しようとする無意識の動機（心因）によって意識、運動機能、知覚機能がそこなわれる障害である。かつては、意識や人格の統一性が失われるタイプを解離ヒステリーと呼び、運動・知覚の障害が前景に立つタイプを転換ヒステリーと呼んだ。「ヒステリー」という呼称は、その語源に女性蔑視的意味

合いがあること、また、学問的に明確な定義がなく用いられ方がしばしば曖昧であったことから現在ほとんど用いられなくなったが、世界保健機構（WHO）による国際疾病分類第10版（ICD-10）はこのような障害を指す用語として「解離性（転換性）障害」を掲げているのである。

「解離」とは、ICD-10では「過去の記憶、同一性と直接的感覚の意識、そして身体運動のコントロールの間の正常な統合が一部ないしは完全に失われた状態」と、また、米国精神医学会（APA）による精神疾患の診断・統計マニュアル第4版（DSM-IV）では「意識、記憶、同一性、または知覚についての通常は統合されている機能の破綻」と定義される。解離とは、状態像や一時的なエピソードを指すひとつの症状名（およびそのような症状を生じる心理的メカニズムを指す用語）である。一方、解離性障害とは、このような解離症状/状態を生じる解離性健忘、解離性遁走（フーグ）、解離性同一性障害（いわゆる多重人格）、トランスおよび憑依障害などの総称であり、診断名である。つまり、臨床上問題となるような解離症状の存在が確認されれば解離性障害の診断が下されるのであるが、解離性障害と診断された者が常に解離状態にあるわけではないということに注意を促しておきたい。

佐々木医師は、被告人が1988年2月に竜宮の宴に参加した後から出現した「尾骶骨から頭頂に白い光が上がり、目の前が真っ白になった」、「体が自然にぴょんぴょん跳ねる」、「人の声が自分の体の中から聞こえた」という体験をトランス状態によるものと判断している。トランスとは、催眠、ヒステリー、宗教的儀礼などにみられる異常意識状態で、受動性、被暗示性が亢進し、自動症的行動や思考、幻覚様の体験などを生じるものであり、精神医学的には解離状態の一種ないしはその辺縁状態とされる。このような意識の変容を表す用語として、近年、変成意識状態（Altered State of Consciousness ; ASC）という言葉が用いられることもある。

この点について、我々は次のように考える。被告人の意思から離れて体が飛び跳ねる自動症的行動や、白い光を見る、人の声を聞くなどの幻覚様の体験は、佐々木医師が指摘するようにトランス状態ないし変成意識状態によるものと理解できる。これは、瞑想の自己催眠的効果からもたらされたものと考えられ、また、それまでに被告人が読んでいたという麻原の著作「超能力　秘密の開発法」の内容や、数日前のオウム真理教大阪支部への訪問が、最初のトランス状態を生じやすくする準備的役割を果たしていた可能性もある。

このような神秘体験を経験することによって、被暗示性がいっそう亢進され超自然的世界観への親和性が高まることが知られている。実際、被告人はこの体験を経て、自分が周りから浮き出た感覚を覚え、自分は一般の社会では生きていくことができないと思い、オウム真理教に入信したのであり、入信後はこのような体験をより頻繁にするようになったという。その理由としては、一般社会から隔絶した宗教的環境に身を置いたことにより被告人の被暗示性が高まったことが考えられるが、また、道場で行った極限修行も大きな役割を果たしていたであろう。第88回公判における被告人の供述によれば、富士山総本部道場では、限界まで息を止める修行や、「不臥」という立っているか座っているかで横になれ

ない修行をしたという。呼吸法による酸素欠乏や睡眠剥奪（断眠）が幻覚、白昼夢等をともなう変成意識状態を引き起こすことが実験的に知られており、かつオウム真理教がこれらの修行を変成意識状態を速やかに引き出す集中的な方法として利用していたことも指摘されている（小田晋：宗教と犯罪．青土社，2002.）。被告人においても、身体的に苦行を課す厳しい修行がトランス状態を生じやすくしたと考えられるのである。

ところで、被告人は「他者の『想念』が入ってくる」ということを繰り返し供述しているので、これについて精神医学的に検討を加えたい。まず被告人は、研修医の時期に患者の肉体的な悪い部分がそのまま自分の中に入ってくる感覚をもつようになった。例えば、癌の患者がいたら自分の体のその部分がきりきり痛むことがあったという（第 51 回公判、以下回数のみ記す）。この体験の発生は被告人の被暗示性の亢進から理解しうるが、本来感じるはずのない他者の感覚を共有するこのような体験は、自他の境界が不明瞭になる自我障害とみられる。また、被告人は「人と話をしたり、人込みの中にいると、その人たちの想念が私の中に入ってくる。最初は人の想念とわかるが時間がたつと区別ができなくなる、疲れる」（第 51 回）、「自分の心と相手の心が一緒になってしまう。自分の中に別の感情がある」（第 82 回）こともあったという。これらの供述からは思考や感情の自己所属感が希薄であり、やはり自我意識（自分が自分であるという自己認識）が損なわれていたことが伺われる。米国の精神科医パトナムは、解離性障害者ではしばしば感覚、思考、衝動などが望まないのに外部から押し付けられたように感じることを指摘し、これを被影響／被干渉症状と呼んでいる（フランク・W・パトナム著　中井久夫訳：解離－若年期における病理と治療．みすず書房，2001.）が、被告人の体験もこれに近いものと解釈できる。

なお、自我意識が失われ、神、悪魔、狐狸など宗教的・迷信的な人格が入り込む事態がいわゆる憑依である。1）人格変換体験、2）憑依者の神秘的ないし宗教的性質、3）内的異常体験による言動異常、の三点を憑依の中核的要素とする考え方（大宮司信：憑依の精神病理．星和書店，1993.）に基づけば、上記の体験は、入ってくるものに人格としてのまとまりがない点や宗教的・神秘的性質がない点で憑依とは呼びがたいが、そのスペクトラムに連なる解離状態の一型であると理解できる。

2-b 操作的診断基準を用いた模擬診断

このように、被告人には解離状態（トランス状態を含む）を呈していたと思われるエピソードがいくつかみられるが、これを現代の代表的な操作的診断基準である DSM-IV および ICD-10 に照らして検討してみたい。なお、我々は被告人と面接した訳ではないので、以下は閲覧しえた資料等に基づく擬診であることを断っておきたい。

まず被告人には、DSM-IV が規定する解離症状（すなわち、意識、記憶、同一性、または環境の知覚について通常は統合されている機能の破綻）が存在し解離性障害のカテゴリーに合致するが、DSM-IV における解離性健忘、解離性とん走、解離性同一性障害、離人症性障害の診断基準は満たさないことから、「特定不能の解離性障害」に該当する。被告人につ

いては、その中でも「解離性トランス障害」の診断可能性が検討されるべきである。

DSM-IV 解離性トランス障害の診断基準（付録B 今後の研究のための基準案）

A. (1) または (2)

(1) トランス、すなわち意識状態の一次的で著しい変化または個人の同一性に関する平常の感覚の喪失で、代わりの同一性によっておきかえられていない状態で、以下の少なくとも1つを伴う

(a) すぐそばのものに対する意識の狭窄、または周囲の刺激に対する関心が異常に狭く選択的になっている

(b) 常同的行動または動きで、自分では制御できないものとして体験される

(2) 憑依トランス、すなわち意識状態での単一のまたは挿話的な変化で、個人の同一性に関する平常の感覚が新しい同一性に取って代わられることが特徴であるもの。これは、魂、力、神、または他の人の影響によるもので、以下の1つ（またはそれ以上）の証拠がある。

(a) 常同的で文化的に規定された行動または動きで、憑きものの力によって支配されていると体験されるもの

(b) その出来事についての完全なまたは部分的な健忘

B. トランス状態または憑依トランス状態は、集合的文化または宗教上の活動の正常な一部分として受け入れられるものではない。

C. トランス状態または憑依トランス状態は、臨床的に著しい苦痛、または社会的、職業的、または他の重要な領域における機能の障害を引き起こしている。

D. トランス状態または憑依トランス状態は、精神病性障害（「気分障害、精神病性の特徴を伴うもの」および短期精神病性障害を含む）、または解離性同一性障害の経過中にのみ起こるものではなく、物質または一般身体疾患の直接的な生理学的作用によるものでもない。

DSM-IVの記述によれば、「解離性トランス障害」とは「特定の地域および文化に固有な単一の、または挿話性の意識状態、同一性または記憶の障害」である。この中には「解離性トランス」と「憑依トランス」が含まれるが、前者は「直接接している環境に対する認識の狭窄化、常同的行動または動作で、自己の意志の及ぶ範囲を越えていると体験されるものに関するもの」、後者は「個人としてのいつもの同一性感覚が新しい同一性に置き換わるもので、魂、力、神、または他の人の影響を受け常同的な“不随意”運動または健忘を伴うものに関するもの」と定義される。なお、「解離性トランス障害」は現在のところDSM-IVに正式に認証された診断概念ではなく、「今後の研究のための基準案と軸」に位置づけられている。

前頁に示した診断基準に基づいて、DSM-IV の解離性トランス障害の診断を検討しよう。基準 A については、被告人は、自分では制御できない常同的な自動症的行動（ぴょんぴょん飛び跳ねる）を伴うトランス状態を示しており、(1) に該当する。先にみたとおり、被告人は憑依近縁の体験もしているが、DSM-IV に定義されるような「憑きものの力によって支

配される体験」も「健忘」も確認されないので(2)の憑依トランスには当たらない。基準 B については議論があろう。オウム真理教は、宗教のスタイルとしてもともと「超能力の獲得」や意識変容状態における神秘的体験を追求してきたのであった。その意味では、被告人が体験したトランス状態は宗教的活動の一部として理解され、障害とみなすべきではないかもしれない。しかし、オウム真理教自体が社会的に容認された宗教体系とはみなしがたく集合的文化として受け入れられていないし、また人間的成長・成熟の過程を抜きにした超自然的体験の追求をはたして宗教上の正常な活動と呼べるかという疑問もある。この点については価値判断が含まれるので、これ以上は立ち入らない。基準 C については、被告人がトランスの体験により周囲から浮き出たような感覚を覚えて一般の社会で生活できないと悩み、医師としての業務を継続できず、最終的に出家したという経緯からみて、この障害が社会的・職業的に著しい苦痛をもたらしたことは確かである。基準Dについては、記録を見る限り、被告人は特定の精神疾患および解離性同一性障害に罹患していたとは言えず、上記トランス状態を誘発する薬物使用や身体疾患も確認されないので合致する。以上のようにみると、基準 B の点で疑問の余地があるものの、概ね DSM-IV における「解離性トランス障害」の基準を満たすと言ってよい。

次に、ICD-10 に基づいて検討を行う。被告人は、ICD-10 における解離(過去の記憶、同一性と直接的感覚の意識、そして身体運動のコントロールの間の正常な統合が一部ないしは完全に失われた状態)にあたる状態を示しており、解離性(転換性)障害、その中でも「トランスおよび憑依障害」の診断可能性が疑われる。その診断基準は次頁に示す通りである。

まず、基準 A の「解離性障害の全般基準」とは、1) 障害を特徴づける症状を説明しうるような身体的障害は証明できないこと(しかし、他の症状を起こすような身体的障害は存在してもよい)、2) この障害の症状発生と、ストレスフルな出来事や問題あるいは要求ごととの間に、明らかに時期的な関連性を認めること、である。被告人自身が一連の特異な体験の原因として器質的疾患を想定し医学的検査を行ったが異常がみつからなかったことからは 1) を、また、後述するように発症前には卒業試験、医師国家試験を控え、また志望していた沖縄県立中部病院の採用試験に落ちるなどストレスフルな状況が存在し、これが発症に影響したと思われることからは 2) を満たしており、基準 A に合致する。基準 B では、人格同一性の感覚が損なわれ、かつ常同的な自動症的運動を繰り返していたことから (1) トランスには該当する。なお、被告人は自身の体験を「とり憑かれている」と確信していたわけではないので(2)の憑依障害にはあたらない。基準 C については、被告人の症状は宗教的に許容される体験の延長線上にあるとは言えるであろう。基準 D については、先述の DSM-IV の解離性トランス状態の基準 D とほぼ同様である。以上より、被告人は ICD-10 の「トランスおよび憑依障害」の基準を満たしているといえる。

ICD-10 トランスおよび憑依障害の診断基準

A. 解離性障害（F44）の全般基準を満たすこと

B. 次の (1)・(2) のいずれかがあること

(1) トランス：意識状態の一過性の変化が、次のうちの2項でみられる。

(a) 人格同一性の感覚の喪失

(b) 身辺の状況に関する認識の狭小化、または周囲の刺激に対する関心が異常に狭く限定される

(c) わずかなレパートリーの繰り返しに終わる運動・姿勢・会話

(2) 憑依障害：霊や何らかの力や神、または他者にとり憑かれているという確信

C. 上記のB(1)とB(2)項の基準は、宗教的またはその他の文化的に許容される状態を逸脱して、あるいはそれらの状態の延長線として生じるものであり、不随意的で厄介なものであること。

D. 主要な除外基準：統合失調症とその関連疾患（F20-F29）、または幻覚や妄想をともなう気分（感情）障害（F30-F39）との同時発症はない。

2-c 性格・素因と解離症状

解離症状の発生には、解離しやすさの素因が関与するとされる。被告人の供述をみる限りでは、以下の二点が注目される。

まず、被告人は小児期より計算をしていると、意識を集中しているにもかかわらず意識が算数の問題から離れ、映画や本の話が勝手に頭の中で始まるようなことがあったというが（第 82 回）、このような集中時の意識の変動しやすさは素質的に解離傾向があったことをうかがわせる。

もう一点は、小児期より、光の粒が降ってくる様子をときどき観ることがあったという特殊な視覚的体験である。小田は、明確で鮮やかな視覚心像、夢体験、とりわけ色彩やシンボルを伴う夢体験を昼間の体験に取り入れやすい性格的素因をもつ者がいることを見出し、このような性格傾向を「夢幻様人格（オネイロイド・パーソナリティ）」と名づけ、シャーマン、神秘的宗教家、芸術家の一資質であるとしている（小田晋：夢幻様人格（oneiroid personality）について－神秘家の病誌研究の一例. 臨床精神病理 1(1)：77-84, 1980.）。被告人もこのような性格的素因を有していたことがうかがわれる。

被告人が、祖父の初盆にその霊が帰ってくるための儀式を行うような宗教的慣習を残す生育環境で育ったことも、この傾向を助長させる一因となった可能性がある。このことが、大学時代の先輩の葬式での「光の粒が体の中を流れていく体験」につながり、さらにオウム真理教入信前後の一連の体験の要因ともなっていると思われる。

2-d 病因論的考察

解離性（転換性）障害は、従来ヒステリーと呼ばれていたものであり、病因論的な観点

から言えば心因性障害、すなわち心理的葛藤を原因とする精神障害に含められる。佐々木医師は被告人の障害を「『反応性』『心因性』の範疇に属する」（補遺 p. 2）とし、1988 年 2 月当時、被告人が卒業試験や医師国家試験を控えていたこと、沖縄県立中部病院の研修医選考に落ち宙ぶらりんになったことなどの負荷的状況を被告人のトランス状態発生の心因として捉えている（意見書 p. 2）が、我々もこの見解に賛成したい。加えるならば、大学を卒業し、これから一人の医師として社会に出て行かなければならないという、いわゆる「出立」の状況にあったことが被告人にとって心因として作用した可能性も考えられる。もっとも、被告人自身は、試験や沖縄県立中部病院の件はそれほど不安に感じておらず、ストレスを感じていなかったと供述している。しかし、第 81 回公判や第二審第 2 回公判における被告人の供述では、1987 年の秋ごろから風邪を引いたような症状や若干の体の異常が続き、なかなか治らなかったという。心理的負荷の気づきが乏しい人ではそのストレスが身体的変調として出現（いわゆる身体化）しやすいことは心身医学的によく知られる事実であり、被告人の場合も自覚されない心理的負荷が身体症状の形で現れた可能性は充分考えられる。

2-e 佐々木意見書中の用語の補足的説明

佐々木意見書の中にみられる、「祈祷性精神病」という用語について説明する。祈祷性精神病とは、日本の精神医学者・森田正馬が 1915 年に提唱した概念であり、祈祷やまじないなどを契機として急激に発症し、憑依妄想、錯乱状態、感情興奮などを呈し、一過性に経過する心因性の精神障害である。被告人の場合も、1988 年 2 月の最初のエピソードは宗教的瞑想を誘因として急激に生じており、祈祷性精神病の特徴を満たすということはできるようである。

また、佐々木医師は「巫病」という言葉も用いているが、これは祈祷者（巫者）が成巫過程において、神がかり、舌語り、不随意運動、体感異常などのさまざまな異常を呈するものをいう。被告人の「神秘体験」は現象的には巫病にみられる体験に類似しており、またそこに伴う情動（苦悶感など）も共通している。佐々木医師が書かれたとおり、被告人の体験の理解を助ける概念ではあろう。ただしこれは医学的概念ではないため、司法精神医学的に考察する場合には、その現象や体験を精神医学の枠組みで捉えなおす作業が必要になるだろう。

2-f 佐々木意見書との診断の比較

佐々木医師は、ICD-10 に基づいて被告人を「解離性（転換性）障害の一種」と診断し、「祈祷性精神病の亜型」の診断可能性を示唆している。また、光が見える、麻原の想念がうつるなどの体験はトランス状態によるものと論じている。我々も、被告人は ICD-10 では「解離性（転換性）障害」に該当し、一連の体験はトランス状態によるものと考えており、この点、佐々木医師の結論とちがいはない。

3) 責任能力の考え方および精神鑑定の必要性について

佐々木医師は、患者の状態を横断面的に捉える学問である精神医学では被告人の全体像を捉えにくく、生活史・成巫過程という長い時間軸の中で理解する「巫病」の視点を導入することによって被告人の特異性が理解できると主張する。しかし、佐々木医師自身も意見書の中で述べているように、「巫病」とは精神医学的に多様なレベルの病態を含む「社会的診断」である。このようなアプローチは、被告人の体験や行動を説明する一助にはなるかもしれない（それは、たしかに宗教精神病理学的には一大関心事である）が、責任能力を判断するにあたっては混乱を来す原因ともなりかねない。このことは、佐々木医師の「従来の『法と精神医学』の枠内での責任能力論議をはみ出さざるをえないかもしれません。しかし、そのことによって『彼の理解』が一歩でも深まればと思うのです」（補遺 p.2）という文章にいみじくも表現されているといえる。

犯行時の責任能力が問題とされる場合には、あくまで犯行時の被告人の横断的状態から判断すること、また、共通の議論を可能にする一般的な精神医学の体系に基づいて検討することが司法精神医学の原則的な考え方である。被告人の利益・不利益を左右する裁判の場などでは、新しい知見やなじみの薄い学説が一方の利益に資するような恣意的な用いられ方をされることもあり、海外では専門家が法廷で対立する説を展開して争う「Battle of Expert」なる事態が生じている。このような事態を避けるためにも、責任能力判断は普遍的に受け入れられた精神医学の考え方に立って行われるべきである。誤解のないよう附言するが、我々は佐々木医師の中立性や学問的誠実さに疑いを挟んでいるのではない。ただ佐々木医師の見解は宗教精神病理学的には説得力をもつものではあるが、司法精神医学的原則に照らしてなじまず、むしろ誤解を招きかねないと考えるのである。

3-a 解離性障害の責任能力

日本における責任能力の考え方は、他の多くの国と同じく、精神の障害という生物学的要因の存在を前提とし、生物学的要因の程度を行為時の自由な意思の欠如といった心理学的要因によって限界づける混合的方法をとっている。すなわち、責任無能力の判定は、「①精神の障害が存在する」という生物学的要因に加えて、その障害により「②行為の是非を弁別し、かつ、これに従って行為しうる能力が失われた」という心理学的要因を併せ備えるときに初めて下されるのである（山上皓：精神医学からみた刑事責任能力．松下正明総編集：司法精神医学第2巻 刑事事件と精神鑑定．pp.11-19，中山書店，2006.）。この原則に則り、被告人の責任能力について一考したい。

従来の責任能力判断の慣習（Konvention）に従えば、解離性障害も含めて心因反応は、統合失調症や躁うつ病などの生物学的基盤の存在が想定される精神疾患とは異なり、一般的に責任能力に著しい障害をもたらすものとはみなされない。ただし、心因反応においてもその病状の程度が著しく精神病等価と認められる場合、たとえば幻覚・妄想などを伴う

心因性精神病状態を呈している、あるいは意識混濁やもうろう状態を呈しているなどの場合には、心神耗弱が認められることもある。

ここで注意したいのは、すでに述べたとおり、解離性障害と診断されてはいても、必ずしもいつも解離状態にあったことを意味するものではない、という点である。たとえば統合失調症に罹患した者が基本的にはその後のあらゆる時点において統合失調症者であるというのとは異なり、解離性障害患者は解離状態に陥っていない場合は健常人と同様の機能と能力を有するものとみなされる。そこで、被告人の責任能力は、

A) 犯行当時、本人が解離状態にあったか否か

B) 解離状態にあったとすれば、その程度はどうであったか

C) 解離状態そのものが犯行にどのような影響を及ぼしたか

という点から検討されねばならない。

上記 A) について言えば、被告人は、坂本一家殺害の方針が決まった後、被告人は注射で三人を殺害するのは不可能と理解している一方で、注射という手段しかないという矛盾した思考をしていたという。この点を、被告人自身は「自分の思考だと認識はしてるんだけれども、自分のコントロールが利かない」と説明している（第 86 回）。また、実行当時には麻原の想念を感じたり、麻原がそばにいる感覚があったと言い、このとき「狂喜するような感じ、自分でも抑えきれないような気持ち」、「怖かったんだけれども、反面、だからそれに突入したようなところもある」、「狂喜している自分をああ怖いなとか、何でこんなになっているんだろうとか、何でこんなことが起こるんだろうとか、そういう考えもありました」と述べている（第 87 回）。これらの供述からは、事件当時、被告人において思考や感情の自己所属感、自我意識が弱まっていたことがうかがわれ、被告人が恍惚感、高揚気分を伴うエクスタシーと呼ばれる解離状態にあった可能性が認められる。

しかし、被告人は幻覚や妄想のような明らかな精神病症状を体験していた訳ではないようである。また、被告人は、当日が祝日であることから坂本弁護士が出勤していない可能性に気づく、都子の首を絞めている村井にその部位の間違いを指摘する等の冷静な判断を行っている。事件当時の状況、自身の行動や感情、自分以外の実行メンバーや被害者の言動などについてかなりしっかりした記憶を保持し詳細に想起していること（調書、第 51 回、86 回、87 回など）からも、当時被告人が意識混濁やもうろう状態にあったとは考えられず、犯行当時の被告人の解離状態の程度は軽度であったと判断される。また、被告人は坂本一家殺害という目的にそった合理的な行動をとっていたようであることから、解離が犯行に影響を及ぼしたとはみなされない。B) C) の点から、被告人は責任能力が著しく損なわれていたとは判断されない。

3-b 弁識能力と行為能力

上記のように、被告人は坂本事件当時、解離状態にあったと思われるが、その程度は軽く責任能力が著しく障害されていたとは判断されない。しかし、佐々木医師は、坂本事件

当時、被告人には「理非弁別能力・行為能力ともに半ば以上、損なわれていた可能性もあろう」（意見書 p. 7）と述べているので、以下、この点について検討を加える。

まず、弁識能力については、平成 7 年 6 月 3 日付の検面調書における「一連の事件を実行するについては、私は、本当に嫌で、決して正しいと思ってやってきた訳ではありませんでした」、「自分は、オウム真理教の中でしか生きていけない人間であり、例え社会の規範に反することでも教団が決定し、教団が行うことであれば、自分は、それに従って行動する」という供述をみる限り、被告人は事件の違法性を認識していたようにうかがわれる。公判においても、「（坂本弁護士殺害の謀議がなされたとき）やりたくない、嫌だなという気持ちはあった」（第 51 回）、「（実行直前）もう本当に消滅したいという気持ち・・もうぱっと消えてしまいたいというような気持ちです」（第 86 回）、「（龍彦の口を押さえたとき）その場からいなくなりたい」（第 87 回）など、被告人が犯行に対する拒否感や嫌悪感を持っていたことが語られており、行為の性質を理解していたと思われる。また、事件現場にプルシャを落としたことを麻原に詫びたことは自分たちの行為の違法性を認識していたからに他ならないであろう。被告人に理非善悪を弁識する能力が損なわれていたとは考えにくい。

次に行為能力について検討する。被告人の「嫌だけどやりますと・・そこのところでほとんど葛藤がなかったです」、「嫌だなという気持ちはあるんだけど、それがやらないとかできないとか、そういうことには全然結び付いていませんでした」、「（嫌だと思いつつもやる方向に行動をとるのは）結局、麻原氏の心というか想念が、直接やっぱり私の中に入ってくると・・」（第 51 回）などの供述は、善悪を弁えていながら犯行に及んだことを述べており、トランスないし憑依類似の状態のために「弁識に従って行為する能力」が障碍されていたように受け取れる。しかし、これはそのような状態における被暗示性の高まりや自我活動の低下によって、本人には他者からの影響を受けたように感じ取られたものであろう。「トランスに基づく神憑りと意識的な演技（イミテーション）との関係は、ヒステリーと詐病との関係と同様であって、そこにはあらゆる移行段階が存在し、峻別は不可能である。」（佐々木雄司：我国における巫者（Shaman）の研究．精神神経学雑誌 69 : 429-453, 1967.）と指摘されているように、トランスの特殊状態は、意識的であれ無意識的であれ、主体の内的な願望欲求の反映と理解される心理的反応であり、そこに外部からの被影響的な体験が生じたとしても、統合失調症のさせられ体験のような現象とは根本的に区別されるべきである。被告人には、統合失調症患者に認められるような行為能力の著しい障害はないと思われる。

4) 精神鑑定の必要性の有無

以上を綜合して勘案すると、被告人・中川智正は、坂本一家殺害事件当時、弁識能力および行為能力が著しく障害されていなかったことは明白であり、責任能力判定のために精神鑑定を行う必要はない。

VI　結論

1　被告人は、1988年2月以降、DSM-IVの「特定不能の解離性障害」における「解離性トランス障害」、また、ICD-10の「トランスおよび憑依障害」に該当していた可能性がある。

2　記録などを参照する限り、坂本一家殺害事件当時、被告人の弁識能力および行為能力には著しい障害はなかったことは明白であり、被告人の刑事責任能力を判定するために精神鑑定を実施する必要があるとは思われない。

平成18年8月18日

東京医科歯科大学難治疾患研究所

小畠秀吾

山上皓

中川智正　年表

1962年10月25日	岡山市で出生
1967年4月	岡山大学教育学部附属幼稚園入園
1969年4月	岡山大学教育学部附属小学校入学
1975年4月	岡山大学教育学部附属中学校入学
1978年4月	岡山県立岡山朝日高等学校入学　在学中阿含宗に入信
1981年3月	同校卒業・同校補習科在籍
1982年4月	京都府立医科大学入学
1986年	学園祭（トリアス祭）の実行委員長となる。
1988年3月	同大学卒業
1987年秋	身体の変調が生じる。
1988年2月6日	オウム真理教主催の「竜宮の宴」に参加
2月10日	白い光が尾骶骨から頭頂に上がるなどの激烈な「神秘体験」をし、以降、その状態が続く。
2月13日	オウム真理教大阪支部で入信手続（書類上の入信は翌日付）
春	この頃、脳腫瘍あるいは癲癇を疑って検査するも異常は見つからず。
5月15日	医師国家試験に合格
6月1日	大阪鉄道病院で医師として勤務開始
1989年6月	この頃病院で倒れる。精神科を受診する。
8月31日	オウム真理教団に出家する（病院はすでに退職）。
11月4日	坂本弁護士一家殺害事件に関与する。
1990年2月3日	この日に公示された衆議院議員選挙に神奈川県第3区から立候補

1990年２月18日	同上選挙で落選
10月	この頃から麻原彰晃のお付きとなる。
1992年１月	麻原に同行してザイールに行く。
1993年6-7月	亀戸異臭事件に関わる。
９月	オーストラリアに渡航、ウランについて調べる。
10月	土谷正実のサリン製法の確立実験の手伝いをする。
12月18日	池田大作創価学会名誉会長邸へのサリン散布事件に関与する。
1994年１月30日	落田耕太郎殺害事件に関与する。
５月９日	甲府地裁で滝本太郎弁護士の乗用車にサリンを滴下する事件に関与する。
６月27日	オウム真理教団の法皇内庁長官の役職に就く。同日夜、松本サリン事件。智正はサリン噴霧車にサリンを注入し、医療役として現場に赴く。
12月２日	水野昇に対するVX滴下事件に医療役として関与する。
12月12日	濱口忠仁に対するVX滴下事件に医療役として関与する。
1995年１月４日	永岡弘行に対するVX滴下事件の準備活動に関与する。
２月28日	假谷清志を拉致し、翌日麻酔の副作用で死亡させる（目黒公証役場事件）。智正は拉致・監禁において麻酔剤を投与することで関与する。
３月20日	地下鉄サリン事件。智正はサリンの生成と袋詰めに関与する。
３月30日	上九一色村を離れた智正はこの日までに上京
４月23日	村井秀夫刺殺事件（同人の死亡は翌24日）

1995年 5 月 5 日	地下鉄丸ノ内線新宿駅の男子トイレの個室に青酸ガス発生装置を設置するも、作動前に発見・撤去される。
5 月16日	智正らが作成した爆発物が都庁で爆発して負傷者がでる。 麻原彰晃が逮捕される。
5 月17日	杉並区永福町で逮捕される。翌日浅草署に移される。
1995年 6 月 7 日	地下鉄サリン事件で起訴される。
6 月19日	医師免許を返上する。
10月24日	東京地方裁判所で第1回目の公判
1996年 3 月25日	東京拘置所に移管される。
4 月16日	逮捕後、筆者と初めて面会する。
1998年 2 月28日	河原昭文弁護士辞任
11月24日	後藤貞人、前田裕司、渡邉良平弁護士の下で公判が再開
2003年10月29日	東京地方裁判所で死刑判決
2005年 6 月	佐々木雄司博士と東京拘置所で接見、解離性障害と診断される。
2007年 7 月13日	東京高等裁判所で被告側の控訴を棄却する判決
2008年 4 月22日	リチャード・ダンジック博士と初めて面会。以降面会を重ねテロ対策のレポート作成に協力する。
2011年 7 月	リチャード・ダンジックがオウムのテロについてのレポート（初版）を公表
10月	「中川智正弁護団」の名義で『絞首刑は残虐な刑罰ではないのか？』を刊行
11月18日	最高裁判所第二小法廷で上告棄却の判決